LAS DIEZ OFENSAS

LAS DIEZ OFENSAS

PAT ROBERTSON

©2004 por EDITORIAL VIDA
Miami, Florida

Publicado en inglés bajo el título:
The Ten Offenses
por *Integrity Publishers*
©2004 por Pat Robertson

Traducción: *Elizabeth Fraguela M.*
Edición: *Wendy Bello*
Diseño interior: *artserv*
Diseño de cubierta: *Gustavo Camacho*

Reservados todos los derechos

ISBN 0-8297-4345-6

Categoría: Vida cristiana

Impreso en Estados Unidos de América
Printed in the United States of America

04 05 06 07 08 09 ❖ 06 05 04 03 02 01

Contenido

El fin de este asunto

es que ya se ha escuchado todo.

Teme, pues, a Dios

y cumple sus mandamientos,

porque esto es todo para el hombre.

Pues Dios juzgará toda obra,

buena o mala,

aun la realizada en secreto.

ECLESIASTÉS 12:13-14

Prólogo

De todas las disposiciones y hábitos que conducen a la prosperidad política, el apoyo religioso y moral es indispensable. En vano reclamaría el tributo de patriotismo aquel que labora para subvertir estos grandes pilares de la felicidad humana.

PRESIDENTE GEORGE WASHINGTON
en su discurso de despedida (1796)

Los Estados Unidos de América es en todo sentido la nación más rica, poderosa, caritativa y bendecida que haya existido en la historia del mundo. Los imperios de Babilonia, Persia, Grecia y Roma palidecen en significado al compararse con los Estados Unidos. Debemos cuidarnos mucho para no destruir los fundamentos que nos han hecho lo que somos.

Muy importante, esta nación se ha convertido en un faro de esperanza para toda la gente alrededor del mundo. Nuestra cultura cristiana ha abierto sus brazos a los judíos de la Europa Oriental, musulmanes del Medio Oriente, hindúes de la India e inmigrantes de Europa, América Latina, Asia y las islas de los mares. A todos los que vienen aquí esta magnífica tierra les ofrece libertad y oportunidades para lograr grandes éxitos en ciencia, medicina, educación, negocios, gobierno, artes y mucho más.

Como veremos en los capítulos siguientes, la historia muestra que los fundadores de los Estados Unidos concientemente intentaron que esta fuera una nación cristiana, guiada principalmente por las verdades de la Biblia. Los principios fundamentales para las leyes y libertades de esta nueva nación se fundaron en los Diez Mandamientos del Antiguo Testamento y en el Sermón del Monte del Nuevo Testamento.

Los historiadores revisionistas han procurado opacar los hechos de la historia, pero la evidencia documentada de nuestros orígenes es demasiado poderosa como para suprimirse. Fue una nación cristiana la que abrió sus brazos al mundo y garantizó lo que ahora prometemos como «libertad y justicia para todos». Fue la enseñanza espiritual, moral y ética del cristianismo la que trajo nuestra prosperidad sin paralelos a la nación.

Desde 1607, cuando los primeros colonizadores angloparlantes plantaron una cruz en las playas del Océano Atlántico en Virginia, hasta los días que siguieron a la Segunda Guerra Mundial, los norteamericanos asintieron a dos principios fundamentales principales, que el Dios de la Biblia existía y que éramos una nación bajo su mando, y segundo, que la Santa Biblia es la guía máxima para nuestra nación y para nuestras vidas. Durante este tiempo, los norteamericanos afirmaron de buena gana las palabras de George Washington, nuestro primer presidente, que dijo en su discurso de despedida: «De todas las disposiciones y hábitos que conducen a la prosperidad política, el apoyo religioso y moral es indispensable. En vano reclamaría el tributo de patriotismo aquel que labora para subvertir estos grandes pilares de la felicidad humana». Creemos en los sentimientos de Daniel Webster, que dijo: «Si nos dejamos guiar por los principios que enseña la Biblia, nuestra nación prosperará». Y de todo corazón nosotros decimos un Amén a las palabras del filósofo francés Alexis de Tocqueville, quien escribió acerca del papel primario de la religión en la vida estadounidense.

La tiranía de la religión establecida

Yo nací durante la depresión en un pueblecito de universidad en Virginia. Mi padre pasó toda su vida en el servicio público. Fue al Senado de los Estados Unidos en 1956 para completar el término del difunto senador Carter Glass. Él, junto con otros hombres como Richard Russell, Harry Byrd, John Stennis, Sam Irwin y Lyndon Johnson, formaron el grupo de los demócratas veteranos del sur que como presidentes de los comités jugaron un papel clave en el senado de los Estados Unidos.

Mis primeros años los viví entre la política de Virginia y la filosofía de hombres como Thomas Jefferson, George Washington, Patrick Henry, Robert E. Lee y Stonewall Jackson.

Mi familia era bautista y mi padre me contó los relatos de los encarcelamientos, las palizas y multas exorbitantes que la iglesia anglicana establecida en Virginia le exigía a mis antepasados bautistas. A los bautistas les ponían impuestos para mantener al clérigo anglicano y multas si no asistían a los servicios dominicales de los anglicanos. Los multaban si intentaban casarse fuera de la iglesia anglicana. Los encarcelaban y azotaban si predicaban el evangelio de Jesucristo. Los bautistas de Virginia instaron a James Madison para que presentara «la ley de la libertad religiosa» de Jefferson a la legislatura de Virginia. Sin duda, mi padre y yo entendíamos lo que James Madison estaba pensando cuando redactó la Primera Enmienda a la Constitución de los Estados Unidos, que prohibía la «institución de la religión». Thomas Jefferson, James Madison y mis antepasados en Virginia experimentaron la tiranía de una religión establecida, y no les gustó.

Una iglesia establecida era una cosa, pero otra completamente diferente era la creencia en Dios y la Biblia. De hecho, los fundadores consideraron que la creencia en Dios era algo vital. Estaban convencidos de que los Diez Mandamientos eran básicos para todas las leyes y moral pública. Nunca mi padre ni sus contemporáneos se hubieran imaginado que Jefferson, Madison o Washington creyeran que el reconocimiento de un ser supremo constituyera la «institución de una religión».

Corroer el fundamento espiritual de los Estados Unidos

Durante décadas, ciertas «élites» en la nación han trabajado con ahínco para desterrar al Dios de la Biblia de toda discusión y debate en cuanto a nuestros asuntos nacionales más importantes, asuntos que son, de hecho, de vida o muerte. Debido a que para los Estados Unidos esta guerra entre la visión espiritual y secular es larga y lenta, y las batallas se libran en juzgados distantes, la mayoría de los estadounidenses está vagamente conciente de la seria y alarmante amenaza a los fundamentos de nuestra nación y la herencia cristiana. No hemos reconocido la guerra continua e implacable por el alma de la nación.

Ninguno de nosotros soñó nunca que un día en 1980 el Tribunal Supremo le iba a negar a los niños de las escuelas a través de los Estados Unidos el privilegio de aprender los principios básicos de Dios para la conducta humana que se encuentra en los Diez Mandamientos. Y ¿quién se hubiera imaginado que en agosto de 2003 un juez del tribunal del distrito Estados Unidos podría ordenar que un monumento grabado con los Diez Mandamientos se quitara de la rotonda del edificio central de la Corte Suprema de Alabama?

La mayoría de los estadounidenses acogen estos mandamientos como parte indispensable de la herencia moral de nuestra nación. Considere esto. Los Mandamientos están en el piso del edificio de los Archivos Nacionales. Una estatua de bronce de Moisés está en la biblioteca del congreso. En el Tribunal Supremo aparece Moisés parado en el centro del pórtico oriental, al igual que en un fresco en el interior de la sala de justicia. Los Diez Mandamientos están grabados sobre las puertas de madera que llevan al Tribunal Supremo. Un relieve en mármol de la cara de Moisés está colocado directamente en el lado opuesto de la silla del líder de la Casa de Representantes. En la rotonda del capitolio hay un retrato de la nave *Speedwell*, compañera del *Mayflower*, donde la Biblia está abierta sobre las piernas del capellán y el lema del peregrino: «En Dios confiamos, Dios con nosotros», está plenamente visible sobre las velas del barco.

En mi ira, me uní a la mayoría de la gente a través de esta tierra que protestó el que se quitaran los Diez Mandamientos de la plaza pública. Las encuestas de la opinión pública claramente demuestran que la mayoría del pueblo estadounidense quiere que los niños oren en las escuelas, quieren que se repita el juramento a la bandera que incluye las palabras «una nación bajo Dios», y quieren que se permita exhibir los Diez Mandamientos, como lo quisieron nuestros fundadores.

El incidente en Alabama es solo una pequeña pieza de una erosión mayor de la moralidad judeo-cristiana que se está produciendo a nuestro alrededor. Ninguno de nosotros dejará de sufrir las consecuencias devastadoras a medida que los que se oponen a las normas de Dios continúen ganando terreno tanto en los tribunales como en la cultura. Y lo que estamos a punto de ver, si no detenemos la erosión de nuestro fundamento espiritual, es un terremoto virtual de violencia, inmoralidad y sufrimiento indecible.

Como si eso no fuera lo suficientemente malo, también está en juego nada menos que la libertad personal. La libertad fundamental reconocida en las democracias es el derecho de la gente a gobernarse. Si jueces guiados por programas políticos suspenden ese derecho, empeñados en estropear al congreso y las legislaturas debidamente elegidas, la libertad se transferirá de la mayoría a una élite, una minoría secular, una nueva clase que será más autoritaria que lo que cualquiera se imagine.

Muchos estadounidenses dedicados a la educación, las leyes, la medicina, la sicología, las artes y los medios de comunicación parecen tener un plan para borrar a Dios y la moralidad bíblica de nuestra nación. ¿Por qué los ofenden los Diez Mandamientos? La respuesta es dolorosamente obvia: Ellos perciben cualquier sistema de absolutos morales que defina o restrinja sus decisiones como anticuados y opresivos, que limita peligrosamente sus derechos. Dicho simplemente, los Diez Mandamientos representan la verdad absoluta, y eso es un obstáculo para su modo de vivir. Pero para aquellos que reconocen su profundo significado, los Diez Mandamientos son una bendición increíble que provee seguridad, paz mental y una vida libre de muchos problemas.

Durante los últimos doscientos años, hindúes, budistas, musulmanes y judíos oprimidos han venido a los Estados Unidos porque nuestra cultura cristiana respeta sus libertades individuales y les ofrece un sin fin de oportunidades, como lo intentaron nuestros fundadores. ¿Cuál otra cultura en el mundo muestra un respeto de esa categoría hacia los derechos de cada individuo? ¿Por qué permitir que jueces liberales de los juzgados, legislaturas inconcientes y organizaciones fieramente seculares destruyan el tesoro mayor y fundamental de la nación que es nuestro fundamento espiritual? El pluralismo florece en los Estados Unidos como un resultado de nuestra herencia cristiana y no a pesar de ella.

El propósito de «Las diez ofensas»

Mi propósito con este libro es brindar una comprensión saludable de lo que significan los Diez Mandamientos, por qué son una ofensa para algunos, y cómo el obedecerlos puede bendecir nuestras vidas y nuestro país. El capítulo uno revela los primeros hechos asombrosos acerca de la fundación de esta nación. El capítulo dos detalla la evidencia espantosa extraída de casos verídicos que muestran la usurpación de poder sin frenos del Tribunal Supremo y la indisposición del Congreso para usar sus privilegios constitucionales y detener al Tribunal. El capítulo tres detalla la vendeta del Tribunal y sus aliados contra los Diez Mandamientos. Desde el capítulo cuatro hasta el trece, escudriñaremos los Diez Mandamientos y el cumplimiento de ellos en nuestra nación. Y el apéndice muestra con claridad el fundamento espiritual sobre el cual se establecieron los gobiernos de los cincuenta estados.

Es hora de que los Estados Unidos vuelva a su fundamento espiritual. Dios nos dio los Diez Mandamientos como una rica fuente de bendición para nuestra nación y para cada ciudadano, sin considerar su herencia religiosa. La ley de Dios no emana del corazón de un opresor. Viene de un Padre amoroso y está hecha para nuestro bien y protección.

Debemos permanecer firmes. He llegado a la conclusión de que si vamos a detener la rápida erosión de nuestra sociedad, nosotros, los que creemos en el Dios de la Biblia debemos insistir en que los Diez Mandamientos se honren en las plazas públicas. Es mi oración que la comprensión más profunda de cada mandamiento lo acerque a Dios para que su vida se enriquezca y reciba abundantes bendiciones.

Uno

Se funda una nación cristiana

Nosotros, … habiendo emprendido para la gloria de Dios, y el avance de la fe cristiana y la honra de nuestro Rey y país, un viaje para plantar la primera colonia en la parte norte de Virginia, solemne y mutuamente en la presencia de Dios y de unos a otros, acordamos y nos unimos en un Cuerpo Político cívico.

—PACTO DEL MAYFLOWER (1620)

Había un poco de frío, un día de abril en el año 1607, cuando en el horizonte del Océano Atlántico aparecieron trcs pequeños botes, escasamente mayores que los yates del siglo veintiuno, navegando hacia la costa de Norteamérica donde anclaron en aguas profundas cerca de la costa. Entonces, ciento veinte viajeros ingleses cansados hasta los huesos, comenzaron a turnarse para subir a los botes de remo que los depositó en la playa arenosa.

Después de una larga y agonizante jornada durante la que los viajeros estuvieron hacinados en sus pequeños barcos, estaban ebrios al sentir la tierra firme bajo sus pies y el perfume de los bosques y las flores. Subieron gateando las dunas de arena adyacentes en busca de bayas silvestres, agua fresca y leña. Pasaron los siguientes tres días explorando y excusándose profusamente unos a otros por las actitudes despreciables que muchos habían mostrado durante su difícil travesía. Pero llegaron para colonizar un continente, no para rastrear las playas de este punto de la tierra que llamaron Cape Henry, en memoria de Henry, el hijo del rey James I de Inglaterra.

El 29 de abril de 1607 el reverendo Robert Hunt, su líder espiritual, sugirió que recordaran su llegada a este nuevo mundo. Mandó que en la arena plantaran firmemente la cruz de roble de dos metros que trajeron de Inglaterra en uno de los barcos. Años después esta playa se convertiría en la ciudad de Virginia Beach, Virginia. Estos audaces pioneros, hombres y mujeres, se arrodillaron para orar alrededor de la cruz toscamente labrada y proclamar que esta nueva tierra sería para la gloria de Dios y de su Hijo Jesucristo.

Siglos más tarde, en la década de los 30, se erigió en este sitio un monumento oficial (aunque, por desgracia, ya no está allí) con una cruz de piedra que tenía la siguiente inscripción:

> *Primer Acto, primera escena del drama*
> *que se despliega en lo que llegó a ser los*
> *Estados Unidos de América.*

Luego de comenzar en esta nueva tierra con una reunión de oración, estos primeros colonizadores de Inglaterra en Norteamérica volvieron a subirse a los barcos y navegaron por un río grande que llamaron James. En una bahía protegida en la ribera nordeste, a unos 20 kilómetros aguas arriba, fundaron un pueblo llamado Jamestown, nombrado así en honor del rey James de Inglaterra.

El edificio central y mayor que construyó la pequeña colonia fue una iglesia donde todos los colonizadores adoraron a Dios, observaron los sacramentos de su fe cristiana y se les enseñó a obedecer los mandamientos de Dios. El concepto de «separación de la iglesia y el estado» era inimaginable para ellos porque su fe cristiana y su gobierno cívico eran como uno. Sus conceptos de la vida, libertad y orden estaban fundados principalmente en los Diez Mandamientos del Antiguo Testamento y el Sermón del Monte del Nuevo Testamento.

Sin duda alguna, los Estados Unidos de América comenzaron como una nación de cristianos y como una nación cristiana enmarcada en los mandamientos de Dios.

El Pacto del Mayflower

Trece años más tarde, otro grupo de colonizadores ingleses navegó en un barco llamado el Mayflower y llegaron a *Cape Cod*, en la costa del Atlántico, de lo que luego llegó a ser el estado de Massachusetts. Después de desembarcar en noviembre de 1620, ellos redactaron un documento conocido como el Pacto del Mayflower que, según los historiadores, fue el primer documento formal que se redactó en Norteamérica para el autogobierno. Aquí está lo que decía (énfasis del autor):

> *En el nombre de Dios,* Amén. Nosotros, cuyos nombres aparecen debajo, sujetos leales de nuestro temido Soberano Señor, el rey James, de Inglaterra, Francia e Irlanda, *por la gracia de Dios,* Rey, Defensor de la fe, … Habiendo emprendido para la *Gloria de Dios y el avance de la fe cristiana* y el Honor de nuestro Rey y país, una travesía para plantar la primera colonia en la parte norte de Virginia, ante los presentes, solemne y mutuamente *en la Presencia de Dios* y de unos y otros, pactamos y nos unimos en un cuerpo político civil, para mejorar nuestra orden y preservación y para adelantar lo previamente dicho; y mediante este pacto nos unimos para promulgar, constituir y redactar tales Leyes, Ordenanzas, Actas, Constituciones y Oficios que de vez en cuando pensamos será provechoso y conveniente para el bien general de la Colonia; a la que prometemos toda la debida sumisión y obediencia. Como testigos hemos inscrito nuestros nombres en Cabo Cod el día once de noviembre durante el reinado de nuestro Señor Soberano, el Rey James de Inglaterra, Francia e Irlanda desde el decimoctavo y de Escocia, desde el quincuagésimo cuarto. *Anno Domini,* 1620.

Una vez más, a pesar del progresismo ideológico y de los historiadores revisionistas, los fundadores de los Estados Unidos de América hicieron esto para «avanzar la fe cristiana y traer gloria a Dios». Tal vez a algunos no les guste este hecho, sin embargo, no deja de ser cierto.

Habría sido inconcebible que la enseñanza de la Santa Biblia, en la cual yacen los conceptos del cristianismo y, a su vez la perspectiva de «las leyes justas e iguales, ordenanzas, hechos, constituciones y oficios», se negara a los niños en las escuelas o se eliminara de la plaza pública por órdenes judiciales en años subsecuentes.

El fuero de la Bahía de Massachusetts

Para recalcar sus claras intenciones, esto colonos del Mayflower y otros que vinieron más tarde redactaron, en lo que se llama el Fuero de la Bahía de Massachusetts, su concepto completo del gobierno que incluía un gobernador, asamblea legislativa y varios tribunales. En este fuero incluyeron las palabras: «…por lo cual nuestro pueblo que habita allí se puede gobernar de forma tan religiosa, pacífica y civil que su buena vida y conducta ordenada pudiera ganar e incitar a los nativos del país al *conocimiento y obediencia al único y verdadero Dios y Salvador de la humanidad y de la fe cristiana*» (énfasis del autor).

Esta nueva nación no fue politeísta, multicultural, islámica, hinduista, budista, animista ni atea. Era una nación cristiana hecha con la intención de que las personas religiosos la gobernaran guiados por los preceptos de la Santa Biblia.

En 1663 el fuero de Rhode Island y Providencia describió a los fundadores como personas que «con mentes apacibles y leales buscaban sus intenciones sobrias, serias y religiosas de *edificarse piadosamente el uno al otro en la santa fe y adoración cristiana de acuerdo con sus convicciones*» (énfasis del autor).

Noventa y cuatro años después de la fundación de Jamestown, el fuero de Delaware de 1701 declara explícitamente: «El Dios Todopoderoso, que es el único Señor de conciencia, Padre de luces y espíritus; y el autor como el objeto de todo conocimiento, fe y adoración divina, quien ilumina las mentes y persuade y facilita el entendimiento del pueblo … *Y que todas las personas que también profesan creer en Jesucristo, el Salvador del mundo serán capaces de gobernar en cualquier puesto tanto legislativo como ejecutivo»* (énfasis del autor).

Trece colonias que se fundaron en la fe

Desde 1607 hasta 1776, surgieron trece colonias en esta nueva tierra. En el 1776 había unos tres millones de habitantes en los trece estados coloniales, de los cuales unos 2,500 eran judíos (de acuerdo con el Congreso Mundial Judío), un puñado de ateos y agnósticos y los demás eran principalmente creyentes protestantes.

Aunque los líderes de las colonias estudiaron los escritos de filósofos europeos contemporáneos, al igual que a los sabios de Grecia y Roma, sus conceptos de libertad ordenada, la dignidad del individuo, el papel apropiado del gobierno y la verdadera moralidad pública y privada se derivaron de la Biblia. Los grandes pensadores de la Reforma, especialmente Juan Calvino y Martín Lutero y los sermones expositivos que predicaron dotados hombres de Dios en toda la tierra, fueron decisivos para el pensamiento de los líderes. Sin una comprensión de la Biblia y particularmente de los Diez Mandamientos de Moisés, el gran legislador, es imposible entender las constituciones, leyes y tradiciones de la Norteamérica colonial o moderna.

Unos 169 años después de la fundación de Jamestown, la nación confrontó una situación intolerable. El Rey George III de Inglaterra, quien era un tirano autócrata, y el parlamento británico bajo el liderazgo de Lord North consideraron a las colonias norteamericanas como una fuente de ingresos que se podía aprovechar repetidamente para subvencionar el gobierno de Inglaterra y no como una porción apreciada del imperio británico.

A los colonizadores se les cobraban impuestos sobre la importación de seda, hilo, bienes manufacturados, pólvora y té al igual que la exportación de tabaco y otros bienes agrícolas. Para agravar la indignidad se requería que los colonos hospedaran a las tropas británicas en sus casas y pagaran el sostén de ellos mediante los impuestos. Aunque cada colonia tenía sus asambleas legislativas, estos cuerpos tenía muy poco que decir en cuanto a la imposición de impuestos. El parlamento británico fijaba los impuestos sobre las colonias y los aumentaba, indiferentes al sufrimiento que estaban causando. El gobierno de Londres rechazó o hizo caso omiso a las muchas peticiones de las colonias. Así fue que al hablar de la rebelión, el descontento comenzó a hervir y desbordarse. Los abusos eran evidentes y el grito que unía a los colonos era igualmente claro: «la imposición de impuestos sin representación es tiranía».

La Declaración de Independencia

En Filadelfia, durante el verano de 1776, se reunió una asamblea distinguida representando a cada una de las trece colonias para catalogar sus quejas y presentar una declaración que estableciera las razones para separar a las trece colonias en una nación independiente de la madre patria, Inglaterra.

¡La gran mayoría de los delegados eran cristianos! Todos recibieron enseñanza bíblica. En la declaración hablaron de verdades que eran «evidentes». La primera «verdad evidente» era que todos los hombres fueron *creados* iguales. Todos dieron por sentado el concepto bíblico de la creación.

Entendieron que Dios había creado un orden mundial en el que todas las personas sin distinción de raza o herencia religiosa tenían derecho a: «la vida, libertad y la búsqueda de la felicidad». ¿Y qué es «la búsqueda de la felicidad?» Es nada menos que la realización personal de los propósitos de cada individuo para los que fue creado, sin el impedimento del gobierno. No puedo más que suponer que los redactores de la Declaración de Independencia conocían las palabras de Jeremías: «Antes de formarte en el vientre, ya te había elegido; … te había nombrado profeta para las naciones» (Jeremías 1.5). Encontrar aquel propósito ordenado, como lo hizo Jeremías, realmente traería felicidad y sería la meta más alta del hombre.

Los historiadores creen que John Adams, nuestro segundo presidente, que era un cristiano dedicado y erudito de la Biblia, formuló los conceptos esenciales de la Declaración. Adams recomendó que Thomas Jefferson de Virginia, un hombre admirado por su estilo para escribir, fuera quien redacta las palabras del documento.

La fe en el centro de la independencia

Así fue que el 4 de julio de 1776, Benjamín Harrison, mi antepasado materno, fue el oficial que presidió la reunión cuando los delegados prometieron sus vidas a la causa de la libertad y firmaron la Declaración de Independencia de los Estados Unidos de América. En el momento de la independencia, el grito que nos unió como una nación surgió de una firme convicción de que debíamos pelear por la libertad que nuestro creador, Dios, nos había otorgado a cada uno de nosotros. En el siglo veintiuno haríamos bien en recordar que el apoyo esencial de nuestra libertad es nuestra fe en Dios. Quite de la vida pública la afirmación de la fe en Dios, y el único apoyo de la libertad que quedará en pie contra la fuerza armada de déspotas crueles, será la pasión inconstante de la opinión pública.

La Declaración de Independencia expone en un lenguaje claro pero apacible los abusos que Inglaterra infligió a las colonias en América del Norte y las razones por las cuales los colonos estimaron necesario cortar los lazos formales con la madre patria. El gobierno británico pudo haber accedido a la petición de los colonos, pudo concederles la independencia y entrar en un trato de amistad, respeto y comercio beneficioso con ellos. Pero en lugar de esto, los británicos recibieron la Declaración de Independencia como un acto rebelde que debía aplastarse con las fuerzas armadas. De ahí en adelante, cada acto hostil de los británicos solo sirvió para endurecer la resolución de los colonos.

Patrick Henry, el elocuente estadista de Virginia, se hizo eco del sentimiento prevaleciente de sus compatriotas cuando tronó: «¿Es la vida tan querida o la paz tan dulce como para conseguirla a precio de cadenas y esclavitud? ¡No lo permita Dios! No sé lo que otros podrán hacer, pero en cuanto a mí, denme libertad o denme la muerte».

Muchos murieron por la causa de la libertad. El sufrimiento de los colonos norteamericanos y de sus soldados en el campo de batalla, fue intenso.

Los colonos ruegan por la protección de Dios

Sin embargo, lo que pareció ser un milagro salvó dos veces a los ejércitos coloniales de la aniquilación. He aquí los relatos de lo que en realidad sucedió.

Los hombres de George Washington habían peleado con valentía para evitar que los británicos tomaran a Nueva York. Los ingleses habían hecho que las fuerzas norteamericanas, a pesar de su heroísmo, se retiraran hasta la orilla del mar en Brooklyn y Long Island. Al anochecer, los británicos lograron puestos que les permitirían aniquilar a los norteamericanos a la mañana siguiente. Pero durante la noche, una densa neblina cubrió el área. Llegada la mañana, la neblina escondió las fuerzas de Washington de la vista de los ingleses. Lentos, pero seguros, subieron calladamente —en barcos y barcazas— a cada hombre, cada pieza de artillería, cada caballo y los llevaron a cruzar el río Hudson para asegurarlos en Nueva Jersey, donde los norteamericanos podían volver a abastecerse y pelear. Más tarde, aquella mañana, cuando la neblina desapareció y los británicos activaron la trampa que habían tendido con tanto cuidado, no encontraron ni a un solo norteamericano. Todos escaparon, gracias a lo que las fuerzas norteamericanas creyeron ser un milagro de Dios.

Más tarde, en la guerra, sucedió un segundo milagro. Lord Cornwallis, de Inglaterra, se posicionó de la ribera del río en Yorktown, Virginia. La flotilla francesa, que llegó para ayudar a los norteamericanos, bloqueó las vías marítimas de la desembocadura del río. Cornwallis estaba rodeado, pero sabía que venía ayuda del sur donde estaba localizada una gran fuerza británica. Otra vez, como en Long Island, una neblina densa cubrió el río en Yorktown y esto impidió que los buques británicos maniobraran. Cornwallis se dio cuenta de que sin los refuerzos, su situación sería insostenible. Ante la probabilidad de una derrota aplastante, Cornwallis sabiamente entregó su ejército a Washington para terminar la guerra que conocemos como la Guerra Revolucionaria.

Los colonos ofrecieron oraciones fervientes a Dios. Y, contrario a todo razonamiento humano, creyeron que Dios los había sostenido, bendecido y milagrosamente librado, ayudándoles a derrotar los ejércitos de la nación más poderosa sobre la faz de la tierra.

Dios en la Constitución

Once años después de firmar la Declaración de Independencia, los delegados de los trece estados volvieron a reunirse en Filadelfia para idear una constitución con el propósito de lograr «una unión más perfecta» que la que tenían bajo los Artículos de la Confederación que sirvió de fuero gobernante después de la Guerra Revolucionaria.

El 17 de septiembre «del año de nuestro Señor» 1787, George Washington firmó la constitución de los Estados Unidos de América, emergente en ese entonces. Para los que afirman que no hay mención de Dios ni de Jesucristo en la Constitución, respondo con esta pregunta: ¿A qué «Señor» se refirió Washington? ¿Al señor North, al Rey George, señor de Inglaterra? ¿O fue al Señor Jesucristo que nació 1.787 años antes y cuyo nacimiento llegó a ser el punto de referencia de todos los calendarios del occidente: los acontecimientos «antes de Cristo» (a.C.) y los acontecimientos «después de Cristo», (d.C.)?

Washington, al firmar «en el año de nuestro Señor», no tuvo que enfrentarse a las protestas, informes de la minoría ni ninguna reclamación que habría violado los derechos de los no cristianos. Cuando Washington afirmó en la Constitución que Jesucristo sería el Señor de los delegados allí reunidos y, de hecho, de toda la nación, no surgió ninguna disidencia porque esta declaración fue un hecho que nadie disputaba en el momento en que se firmó la Constitución de los Estados Unidos.

La Constitución que redactó la convención constitucional en 1787 no estaría vigente hasta que por lo menos las tres cuartas partes de los estados la ratificaran. Los estados querían un gobierno central fuerte y capaz, pero insistieron en que hubiera una declaración de derechos que les impidiera que la legislatura nacional propuesta pisoteara las libertades individuales o las claras prerrogativas de los estados.

«El congreso no hará ninguna ley...»

Les pidieron a James Madison y a George Mason que redactaran las diez enmiendas a la constitución de forma parecida a los Diez Mandamientos de Moisés. James Madison, que era de Virginia, había estudiado teología en la Universidad de Princeton con John Witherspoon, el gran ministro y estadista. Las diez enmiendas, que luego se conocieron como la Declaración de Derechos, comienzan con la Primera Enmienda que dice: «El Congreso no hará ninguna ley respecto a la institucionalización de la religión ni para prohibir el libre ejercicio de la misma». La Primera Enmienda claramente restringe al congreso pero no a los estados ni a ningún individuo o grupo de individuos.

Algunos estados ya tenían iglesias establecidas similares a la Iglesia de Inglaterra. Virginia había luchado para librarse de la opresión de una iglesia institucionalizada donde los no anglicanos sufrieron un poco de persecución. Todos los colonos estaban concientes de la persecución y derramamiento de sangre como resultado de la coerción de los gobiernos demasiado celosos que imponían una religión estatal a sus ciudadanos.

Luego de varios intentos para redactar el lenguaje que prohibiría el establecimiento de una iglesia nacional, Madison escribió: «El congreso no hará ninguna ley en cuanto a la institucionalización de una religión». Se refería con claridad a una iglesia estatal donde los ministros sacaran un sueldo que el gobierno les pagaría, los obispos servirían en la asamblea legislativa e impondrían impuestos y otros cargos al pueblo para sostener los edificios, empleados y actividades de la iglesia establecida.

Así que la Primera Enmienda le prohíbe al Congreso nacional la institución de una religión nacional que el gobierno costee y patrocine o «prohibir el libre ejercicio de la misma». Lógicamente, el gobierno nacional (y sus agencias) no pueden impedir, multar, encarcelar ni restringir indebidamente a los ciudadanos por expresar su religión. Aquí no hay debate en cuanto a la prohibición. Pero de ninguna forma esto socava el hecho de que el cristianismo se diseñara como parte de la estructura del nuevo gobierno federal. Y debemos notar que fue este gobierno fundado sobre principios cristianos y no ideales humanistas el que creó libertades sin precedentes para todas las creencias religiosas.

En el capítulo siguiente mostraré cómo el Tribunal Supremo de los Estados Unidos y los tribunales inferiores usaron la prohibición de la institucionalización de una religión de la Primera Enmienda (que en sí tiene que ver con las actividades del congreso) para lanzar una campaña virulenta contra todas las formas de afirmación pública de fe en la nación.

La «cláusula de la institucionalización»

¿Cómo veía el primer congreso la cláusula de la institucionalización de la religión de la Primera Enmienda? La trataron como las palabras lo especificaban y se tomaron el cuidado de no instituir una iglesia nacional.

Al entrar en la nueva Cámara de Representantes, James Madison, que escribió la Primera Enmienda, sirvió de presidente del comité para elegir a un capellán *pagado* que comenzara cada sesión de la Cámara de Representantes en oración. Madison, que conocía mejor que nadie la prohibición constitucional contra la «institución de una religión», obviamente no creyó que el uso de los fondos públicos para pagarle a un capellán que dirigiera el congreso en oración violaría de forma alguna la prohibición.

El Congreso continental votó para utilizar los fondos y así pagar la importación de 20,000 Biblias (debido a lo que la Biblioteca del Congreso registró como una escasez a causa de la Guerra Revolucionaria). Esto tampoco violó lo que luego llegó a ser la Primera Enmienda. Tampoco el uso de la rotonda del capitolio para los cultos de adoración cristiana pareció en ninguna forma establecer una religión en contravención de la Primera Enmienda.

Como dijo Thomas Jefferson en su segundo discurso de inauguración: «No intenté prescribir ninguna forma de adoración para el gobierno federal, pero dejé el asunto como dice la Constitución *con los estados y varios cuerpos religiosos*» (énfasis del autor). Implícito en esta declaración está el sentido de que Thomas Jefferson podía, si así lo quería, fijar una forma de adoración para los empleados federales en el nuevo gobierno central sin considerar esto como una «institución de religión».

Los fundadores de la patria reconocieron que la fe religiosa era el fundamento esencial de esta nueva nación. En 1798 John Adams, a quienes algunos consideran el arquitecto principal de la Constitución, dijo: «No tenemos un gobierno armado con poderes capaces de contender con las pasiones humanas sin las riendas de la moralidad y la religión. La avaricia, la ambición, la venganza o la valentía podrían quebrar las cuerdas más fuertes de nuestra Constitución como una ballena pasa por una red de pescadores. La Constitución está diseñada solamente para un pueblo moral y religioso. Es totalmente inadecuada para cualquier otro».

Adams reconoció que las «pasiones sin riendas» de un pueblo no regenerado solo se podía controlar mediante la fuerza de una tiranía. Un autogobierno democrático con el máximo de libertad era solamente posible para las personas que habían refrenado sus instintos básicos mediante la regulación interna de la moralidad y la religión.

Nuestros fundadores y su fe

Nuestro primer presidente, George Washington, fue un cristiano consagrado, y dio eco al sentimiento de John Adams en su discurso de despedida cuando dijo: «Tanto la razón como la experiencia nos prohíben creer que la moralidad nacional puede prevalecer cuando se excluye el principio religioso».

En resumen, era claro para estos líderes sabios, cuando se fundó los Estados Unidos, que el temor de Dios y la mano restrictiva de los mandamientos de Dios son los que prohíben a las personas el asesinato, el robo, el adulterio, la inmoralidad, el perjurio y la rebeldía de los jóvenes. La generación que puso los fundamentos morales de esta tierra, conocía bien la advertencia del rey Salomón: «Donde no hay una visión, el pueblo se desenfrena» (Proverbios 29.18, traducción del autor). Sin semejante visión del creador, de un castigo y recompensa finales, solamente la ley marcial y un freno por armas podrían evitar la anarquía y el alboroto.

Luego de establecer la unión federal, cada estado adoptó su propia constitución. La constitución de cada uno de los cincuenta estados incluye una referencia a Dios, o al Dios Todopoderoso, o a la guía divina. Sin duda alguna, el Dios al que hace referencia no es Alá, ni Brahma, ni Shiva, ni el Gran Espíritu. Es Jehová Dios del Antiguo y del Nuevo Testamentos. Ninguna de estas referencias cristianas, hasta donde sé, ha sido motivo de acusación por «instituir una religión». Cada uno indica con claridad que la veneración para el Dios Creador es una parte integral de la estructura de la nación.

Incluyo las referencias de las constituciones estatales en el apéndice del libro. Como ilustración, he aquí algunos de las referencias (énfasis del autor).

CALIFORNIA

(Preámbulo) —Nosotros, el Pueblo del Estado de California, *agradecidos a Dios Todopoderoso por nuestra libertad, con el propósito de conseguir y perpetuar sus bendiciones,* establecemos esta Constitución.

COLORADO

(Preámbulo) —Nosotros, el pueblo de Colorada, *con una profunda reverencia hacia el Gobernador Supremo,* para formar un gobierno más independiente y perfecto; establecer la justicia, asegurar la tranquilidad; hacer provisión para la defensa común; promover el bienestar general y conseguir las bendiciones de la libertad para nosotros y nuestra posteridad, ordenamos y establecemos esta constitución para el «Estado de Colorado».

FLORIDA

(Preámbulo) —Nosotros, el pueblo del Estado de la Florida, *agradecidos a Dios Todopoderoso por nuestra libertad constitucional,* con el fin de conseguir sus beneficios, mejorar nuestro gobierno, conseguir la tranquilidad doméstica, mantener el orden público y garantizar los derechos políticos y cívicos iguales para todos, ordenamos y establecemos esta constitución.

ILLINOIS

(Preámbulo) —Nosotros, el Pueblo del Estado de Illinois —*agradecidos a Dios Todopoderoso por la libertad cívica, política y religiosa que nos ha permitido disfrutar y buscando sus bendiciones sobre nuestros esfuerzos*— con el fin de proveer para la salud, seguridad y bienestar del pueblo; mantener un gobierno representativo y ordenado; eliminar la pobreza y desigualdad; asegurar la justicia legal, social y económica; brindar la oportunidad para el pleno desarrollo del individuo; asegurar la tranquilidad doméstica; hacer provisión para la defensa común; y conseguir las bendiciones de la libertad para nosotros y nuestra posteridad —ordenamos y establecemos esta Constitución para el Estado de Illinois.

IOWA

(Preámbulo) —Nosotros, el pueblo del estado de Iowa, *agradecidos al Ser Supremo por las bendiciones que disfrutamos hasta ahora, y concientes de nuestra dependencia de Él para una continuación de estas bendiciones,* ordenamos y establecemos un gobierno independiente y libre con el nombre del Estado de Iowa.

MASSACHUSETTS

... Por lo tanto, nosotros, el pueblo de Massachusetts, - *reconociendo, con corazones agradecidos, la bondad del gran Legislador del Universo, que nos brinda, en el curso de su providencia,* una oportunidad para deliberada y pacíficamente, sin fraude, violencia ni sorpresa, entrar en un pacto explícito y solemne de unos con otros, y de formar una nueva constitución de gobierno civil para nosotros y para la posteridad; y piadosamente rogando Su dirección en un proyecto tan interesante, acordamos, ordenamos y establecemos la siguiente *Declaración de Derechos, y Modo de gobierno,* como la Constitución del Estado de Massachusetts.

(Artículo II)— Es el derecho al igual que el deber de todo hombre en sociedad, en público y en las temporadas establecidas, *adorar el Ser Supremo, al gran Creador y Sustenetador del universo. No se dañará, molestará ni impedirá a ningún sujeto en su libertad o bienes por adorar a Dios en la manera y tiempo que acuerden mejor con los dictámenes de su conciencia;* o por su declaración o sentimientos religiosos; con tal que no estorbe la tranquilidad pública ni obstruya a otros en su adoración religiosa.

(Artículo III)— *Debido a que la felicidad de un pueblo, y el bien, orden y conservación del gobierno cívico, dependen de la piedad, religión y moralidad; y como estos no se difunden entre el pueblo si no por la institución de la adoración pública de Dios, y de la instrucción pública en la piedad, religión y moralidad:* Por lo tanto, para promover su felicidad y conseguir el buen orden y la conservación de su gobierno, el pueblo de este estado tiene derecho de investir su asamblea legislativa con poder para autorizar y requerir, y *la asamblea legislativa de vez en cuando autorizará y requerirá que los varios pueblos, parroquias, precintos y otros entidades políticas o sociedades religiosas hagan provisión, a sus expensas para la institución de la adoración pública de Dios, y para el sostén y mantenimiento de maestros públicos protestantes o de la piedad, la religión y la moralidad, en todos los casos donde no se haga tal provisión voluntariamente.*

OHIO

(Preámbulo) —Nosotros, el pueblo del Estado de Ohio, *agradecidos a Dios Todopoderoso por nuestra libertad, para conseguir sus bendiciones y promover nuestro bienestar común,* establecemos esta Constitución.

Esto fue los EE.UU. desde su fundación, mediante su revolución, el crecimiento desde el oriente hasta el occidente, y su elevación como la nación más potente sobre la tierra. Esta fue una nación cuyas instituciones, de acuerdo con el caso *Zorach v. Clausen* ante el Tribunal Supremo en 1952, «presupone la existencia de un Ser Supremo».

A pesar de la injusticia, corrupción, soborno, y a pesar de una Guerra Civil, a pesar de la Reconstrucción, esta nación aceptó la creencia en el Dios Todopoderoso, en Jesucristo como Hijo de Dios, en la Santa Biblia, en los Diez Mandamientos de Dios como la norma reconocida de conducta humana.

Veremos en el siguiente capítulo cómo una pequeña minoría de la llamada élite, liberales seculares, decidieron hacer un ataque furtivo contra la fuente de la grandeza de la nación, utilizando a los tribunales para destruir nuestra herencia espiritual.

Dos

Socavar los cimientos de una nación

Considerar a los jueces como los árbitros supremos de todas las cuestiones constitucionales es una doctrina realmente peligrosa, y una que nos someterá al despotismo de una oligarquía.

—THOMAS JEFFERSON (1820)

Hoy en día se hace mucho alarde de la separación de los poderes que la Constitución estableció entre las ramas legislativa, ejecutiva y judicial. La lectura más informal de la Constitución muestra dónde los autores colocaron el énfasis mayor. El primer artículo tiene que ver con la rama legislativa: cómo se debe organizar el cuerpo, cómo se escoge a los miembros y qué poderes tendrán. La Constitución le otorga al Congreso el poder supremo para poner impuestos y gastar dinero. El Congreso tenía el poder de juzgar y quitar al jefe ejecutivo y a cualquier juez federal. Con un voto de mayoría sencilla, el Congreso podía fijar el número de jueces del Tribunal Supremo, establecer los tribunales inferiores según le parecía conveniente y determinar la jurisdicción de apelación del Tribunal Supremo.

En total, los autores le dedicaron al congreso legislativo unas 2.700 palabras en la Constitución. Sin duda, querían otorgar al Congreso, la rama más representativa de todas las personas, el poder predominante del nuevo gobierno central. Por esto, la

Primera Enmienda en la Declaración de Derechos limita el poder del Congreso, no el del presidente ni el de los tribunales.

Cuando los autores de la Constitución llegaron al Artículo III que establece la jurisdicción federal, fue como una ocurrencia tardía. La Sección 1 del Artículo III contiene escasamente 67 palabras para la jurisdicción y la Sección 2 contiene 215 palabras. Este era el total: 282 palabras para establecer los tribunales y 2.700 palabras para el poder legislativo. Es interesante notar que John Jay, el primer presidente del Tribunal Supremo, tenía que haber considerado su oficio como un trabajo de tiempo parcial porque al mismo tiempo sirvió de embajador de los Estados Unidos en la Gran Bretaña. Considere esto: ¿Cuál de las ramas cobraba más importancia en la mente de los autores de la Constitución?

El mandato limitado del tribunal

La Constitución estableció el Tribunal Supremo para atender las disputas que surgen en los tribunales inferiores que el «Congreso puede de vez en cuando ordenar y establecer». El poder judicial era «para extender a todos los casos, en ley y equidad, y que surgen bajo la Constitución, las leyes de los Estados Unidos y los tratados». Los tribunales debían de considerar casos entre los estados o en los que los Estados Unidos fuera un participante. Ciertos casos conocidos como los casos de jurisdicción original deben ir directamente al Tribunal Supremo. El Tribunal Supremo tenía jurisdicción de apelación por ley y hecho, *«pero solamente bajo las excepciones y regulaciones que el Congreso hiciera».*

En resumen, los tribunales se establecieron para ver los casos que trajeran los demandantes contra los demandados. El Congreso podía fijar el número de jueces del Tribunal Supremo y lo fijó de siete, luego de nueve, luego de siete y después de nueve. El Congreso estableció los sueldos de los jueces. El Congreso podía limitar la jurisdicción de apelación. El Congreso estableció todo el sistema de tribunales, bajo el Tribunal Supremo, con un voto de mayoría simple. Los tribunales debían servir al pueblo y a su Congreso y no al revés.

El arrebato de poder de parte del juez Marshall

Ninguna persona racional que haga una lectura inteligente de la Constitución podría llevarse la impresión de que los autores de la Constitución querían que el sistema de los tribunales federales, que en gran medida fue una creación del Congreso, se transformaran en un cuerpo super legislativo capaz de anular, cada vez que quisieran, las acciones del Congreso del pueblo.

Sin embargo, esto es precisamente lo que sucedió durante la historia de la nación. El cuarto presidente del Tribunal Supremo fue John Marshall de Virginia, un hombre de intelecto sobresaliente y una ambición igualmente sobresaliente. Él encontró la oportunidad de aumentar el poder de la jurisdicción federal en un caso oscuro llamado *Marbury vs. Madison* que se decidió en 1803.

El asunto a tratar parecía ser escasamente transcendental. William Marbury, quien recibió la promesa por parte de la previa administración presidencial de una comisión como juez de paz, demandó a la administración de Thomas Jefferson cuando esta se abstuvo de hacer el nombramiento. Marbury no hizo su demanda en los tribunales inferiores, sino que fue directamente al Tribunal Supremo, pidiendo una orden para forzar a James Madison (el secretario de estado de Jefferson) a entregar la comisión mediante un escrito *mandamus* (una orden para obligar a Madison a entregar la comisión). El Congreso le había otorgado jurisdicción al tribunal para casos como ese, pero Marshall falló de otra forma.

Marshall dijo que Madison debía dar el nombramiento, pero entonces sostuvo que la sección de la Ley Judicial de 1789 que le daba jurisdicción a los tribunales para emitir escritos *mandamus* excedía la autoridad que la Constitución en el Artículo III proporcionaba al tribunal y por lo tanto la ley quedaba sin efecto. El tribunal consideró que la Ley Judicial *no era* constitucional. Entonces Marshall, con destreza (algunos dirían taimadamente), dijo que el tribunal no tenía la autoridad constitucional para emitir la orden pedida y que por lo tanto no podía obligar que la administración hiciera el nombramiento. Así Marshall podía castigar a la administración de Jefferson y, no obstante, ahorrarle al juzgado y a sí mismo la vergüenza del desafío de Madison que hubiera ignorado la orden si el tribunal hubiera tratado de obligarlo a someterse.

En ese momento el fallo de Marshall no engendró mucha oposición. Después de todo, un caso obscuro acerca de una acción arcana que trataba de un empleado federal de bajo nivel escasamente es una noticia de primera página. De hecho, no fue hasta 1857 que otra ley del Congreso lo declaró inconstitucional. No obstante, se sembró la semilla venenosa. Y, como veremos, durante el siglo veinte y especialmente desde el año 1950 hasta ahora, el ejercicio de poder por parte del Tribunal Supremo, que la Constitución no otorgó, se aceleró a un paso desastroso. Ahora no solo reclama una autoridad absoluta para declarar como inconstitucional las actas del Congreso (y, por implicación, las del presidente), sino que también reclama ser la autoridad suprema para determinar lo que la misma Constitución dice.

Los presidentes defienden la fe verdadera

Hasta la decisión en *Marbury vs. Madison*, cada presidente y cada miembro del Congreso, luego de jurar defender la Constitución, se consideraba perfectamente capaz de decidir la interpretación constitucional. Tengo en mi biblioteca los escritos de los primeros presidentes. Uno de los mensajes acerca del veto es notablemente informativo. El presidente James Monroe analizó detalladamente las razones por la cual un proyecto de ley que establecía un sistema de carreteras particulares excedía los límites constitucionales del gobierno federal. En ninguna parte del mensaje se veía la idea de referir el asunto al Tribunal Supremo para una decisión. Para el presidente Monroe, su juramento era tan válido como lo era el juramento de cada juez del Tribunal Supremo.

Sin embargo, la semilla venenosa creció hasta que toda la nación comenzó a creer que la mayoría de los jueces no elegidos (primero cuatro de siete, y entonces cinco de nueve) tenían poder para vencer el considerado criterio legal de los representantes elegidos en toda la nación.

Thomas Jefferson luchó amargamente contra el arrebato de poder de parte de Marshall. En 1820 escribió: «Considerar a los jueces como a los árbitros supremos de todas las cuestiones constitucionales es una doctrina ciertamente peligrosa, y una que *nos someterá bajo el despotismo de una oligarquía*. Nuestros jueces no son más honestos que los demás. Tienen en común con otros las mismas pasiones por el partido, el poder y el privilegio de estos ... Su poder es aun más peligro porque tienen su puesto de por vida y no son responsables, como los demás funcionarios, ante un control electivo. La Constitución no ha hecho un tribunal de esta índole porque si no se sabía a qué manos se confiaría, con la corrupción del tiempo y el partido, sus miembros llegarían a ser unos déspotas» (énfasis del autor).

Mucho más tarde Abraham Lincoln apoyó la misma advertencia cuando en su discurso de inauguración declaró: «El ciudadano honesto tiene que confesar que si la política del gobierno, respecto a las cuestiones de importancia vital que afectan a todo el pueblo, se fija irrevocablemente en las decisiones del Tribunal Supremo —desde el momento de hacer el fallo— el pueblo cesará de ser su propio gobernador en acciones personales y en los litigios normales entre ellos por haber entregado (en la práctica) su gobierno en manos de ese eminente tribunal».

Afortunadamente para la nación, durante los siglos diecinueve y bien entrado el siglo veinte, los jueces se limitaron. Utilizaron el poder que arrebataron para interpretar la Constitución, no para volver a escribirla. La regla a que se sometieron era la letra de la Constitución, la interpretación que daban los *Papeles Federales*, y las acciones históricas que mostrarían la llamada «intención original» de los autores de la Constitución.

Jueces que gobiernan la nación

Pero al final, la humildad y la limitación propia cedieron a la arrogancia. Considere la declaración del Juez Charles Evans Hughes del tres de mayo de 1907 ante la Cámara de comercio de Elmira, Nueva York: «Estamos bajo una Constitución, pero la Constitución es lo que los jueces dicen que es». Como los sacerdotes del Oráculo de Delfos, los jueces con togas negras ahora sintieron que solo ellos eran los dueños de los secretos de los misterios. La Constitución ya no era lo que los autores querían. Era lo que la mayoría de los jueces decían en cualquier momento dado.

No pasó mucho tiempo antes de que los académicos radicales se dieran cuenta de que aunque una Norteamérica cristiana nunca votaría por una agenda radical secular, tal agenda se podía imponer sobre la nación por la acción de los tribunales. Lo único necesario sería un demandante agresivo con un equipo de astutos abogados izquierdistas contra un oficial estatal con menos destreza y sueldo para ganar la decisión de cinco de nueve jueces y poder socavar los siglos de la afirmación pública de la fe cristiana. Así fue precisamente como en 1963 la atea, Madalyn Murray O'Hair, pudo eliminar la lectura de la Biblia de todas las escuelas públicas de la nación. El caso estaba previamente arreglado. El argumento escrito por un ayudante del fiscal general en defensa de la lectura de la Biblia en las escuelas del estado de Pensilvania era tan pobre que, en mi opinión, un estudiante de la secundaria sin preparación legal podía haber hecho un trabajo mejor.

No hubo voto por parte de la mayoría del pueblo de Pensilvania, y menos todavía del pueblo de los Estados Unidos. No había una representación de la defensa hecha por los abogados con destreza constitucional. No obstante, a pesar de 340 años de educación bíblica para nuestros hijos, una atea y un puñado de jueces eliminaron la Biblia de todas las escuelas de la nación. Una pequeña minoría izquierdista logró pisotear la educación moral de nuestros hijos.

Son pocos los abogados, que se hayan educado en los Estados Unidos durante los pasados sesenta años, que no recibieran el concepto de la supremacía judicial como un principio fundamental de leyes constitucionales. Hace casi cincuenta años que yo entré en la Falcultad de Leyes de Yale y estudié las leyes constitucionales durante mi primer año. En ningún momento durante el curso analizamos el texto de la Constitución ni los escritos de los autores o sus contemporáneos. El primer caso del libro fue *Marbury vs. Madison*. Desde este punto en adelante aprendimos los casos del Tribunal Supremo que dieron por hecho, y sin duda alguna, la validez del arrebato del poder por el tribunal.

Se elimina la fe de la nación

Es de suponer que mi experiencia se haya reproducido en las facultades de leyes de toda la nación, experiencia que recalca en los alumnos la supremacía del Tribunal Supremo. La élite liberal —los académicos, los grupos de expertos, la prensa, las grandes fundaciones y por supuesto los jueces— no quiere una democracia genuina en el país. Quiere una oligarquía flexible que eliminaría cualquier afirmación pública de la fe cristiana de la nación, y en su lugar pone la religión del humanismo secular. Simultáneamente, estos mismos humanistas otorgan protección constitucional a acciones y estilos de vida que durante siglos la mayoría de los ciudadanos consideraba y todavía considera inmoral e ilegal.

He aquí como el Tribunal Supremo aumentó su poder. En el caso de *Marbury vs. Madison* en 1803, el Tribunal Supremo por primera vez declaró inconstitucional una ley del Congreso. El caso de *Scott vs. Sandford* en 1857 fue el segundo. En los casos decididos entre 1857 y 1900, el Tribunal Supremo decidió que veintiún actos del Congreso no eran constitucionales. Entonces el activismo judicial cambió a una alta velocidad entre 1900 y 2000 cuando en 129 casos, un número asombroso, el tribunal declaró que los actos del Congreso eran inconstitucionales. En este momento, mientras escribo este libro, la Unión

Estadounidense de Libertades Civiles (ACLU, por sus siglas en inglés), está pidiendo una audiencia ante un juez federal del distrito en San Francisco para declarar inconstitucional la prohibición del aborto de niños parcialmente nacidos que hizo el Congreso. No se pide solo al Tribunal Supremo, sino a un solo juez que ejerza más poder que la mayoría de ambas Cámaras del Congreso de los Estados Unidos.

Lo que sucede aquí es algo que deja desconcertada a las naciones del mundo. Lo llaman «la enfermedad estadounidense».

El pleito desesperado en torno a las nominaciones judiciales en el Senado de los Estados Unidos realza la insistencia de los radicales de que los tribunales les pertenecen y son herramientas en una guerra cultural para reformar los valores nacionales. Ahora rechazan a los candidatos para tribunales de circuito si estos son cristianos o si no se subscriben a una agenda radical del aborto por petición, a los derechos para homosexuales, a la educación y el matrimonio homosexual, y por supuesto a la lucha continua contra toda expresión cristiana en la arena pública.

Algunos jueces se mantienen firmes

A pesar del cambio radical hacia la izquierda durante la segunda mitad del siglo veinte, el Tribunal Supremo apoyó la tradición religiosa de la nación y de la fe cristiana durante los primeros 150 años de su existencia.

John Jay, quien fue el primer presidente del recién formado Tribunal Supremo, escribió: «Al que es el autor y dador de todo bien, doy mis más sinceras y humildes acciones de gracias por su misericordia y bendiciones no merecidas, y especialmente por nuestra redención y salvación mediante su amado Hijo. … Bendito sea su santo nombre».

El juez Joseph Story, que sirvió desde 1812 hasta 1845, fue un autor prolífico cuando no ejercía su oficio. Sus *Commentaries on the Constitution of the United States* [Comentarios sobre la Constitución de los Estados Unidos] en varios tomos son los primeros comentarios escritos sobre la Constitución y quedan como la interpretación definitiva de la Constitución en el siglo diecinueve. En una sección de los *Comentarios* acerca de las cláusulas religiosas de la Primera Enmienda, Story trató la relación entre el estado y la religión. Escribió: «Es probable que en el tiempo de la adopción de la Constitución y las enmiendas a la misma, … el sentimiento general si no universal en los Estados Unidos era que el cristianismo debía recibir el apoyo del estado mientras fuera compatible con los derechos privados de conciencia y la libertad de la adoración religiosa».

Story estaba diciendo que nuestros fundadores, que se citan tan a menudo para respaldar la idea de una separación estricta entre la iglesia y el estado, en realidad entendían que el gobierno apoyaría el cristianismo. Para Story, la pregunta no era si el gobierno debía fomentar la religión sino hasta qué punto lo debía hacer. Como explicó, el derecho del gobierno para interferir en los asuntos de la religión era una conclusión pasada:

> El derecho que una sociedad o gobierno tiene de interferir en los asuntos de la religión no lo discutirá casi nadie que crea que la piedad, la religión y la moralidad están íntimamente vinculadas con el bienestar del estado y es indispensable para la administración de la justicia civil. La promulgación de las grandes doctrinas de la religión, el ser y los atributos, y la providencia de un Dios Todopoderoso; la responsabilidad suya para todas nuestras acciones, fundada sobre la libertad moral y responsabilidad ante Él, el estado futuro de recompensas y castigos; el cultivo de las virtudes personales, sociales y benevolentes, nunca podrán ser un asunto de indiferencia en ninguna comunidad bien ordenada. De hecho, es difícil concebir cómo una sociedad civilizada pueda existir bien sin estas. De todas formas, es imposible que los que creen en la verdad del cristianismo, como una revelación divina, duden que es un deber especial del gobierno fomentarlo y apoyarlo entre todos los ciudadanos y sujetos.

La opinión de Story revela mucho acerca de la posición

favorecida del cristianismo, tanto cultural como legalmente, en los Estados Unidos del siglo diecinueve.

Todavía una nación cristiana

En 1892 el Tribunal Supremo emitió un fallo unánime en el caso de *La Santa Trinidad vs. Estados Unidos* que escribió David Brewer, diciendo que los Estados Unidos es: «una nación cristiana».

Brewer dijo que la posición de los Estados Unidos como una nación cristiana hacía virtualmente imposible pasar una ley en contra de la religión cristiana o de cualquier otra religión. Él citó la Declaración de Independencia, los fueros de las colonias y numerosas constituciones estatales (que mencioné en el capítulo 1). Citó las influencias del cristianismo en las cláusulas de religión de la Primera Enmienda y hecho de que la Constitución excluyera los domingos de los días que la Constitución calcula para aprobar o vetar una legislación. En resumen, el Juez Brewer escribió: «No hay disonancia en estas declaraciones. Hay un idioma universal que prevalece en todos y que tiene un solo sentido: ellos afirman y vuelven a afirmar que esta es una nación religiosa».

Entonces el Juez Brewer dirigió su atención a «la vida estadounidense como la expresan sus leyes, negocios, costumbres y sociedad». Escribió:

La forma de juramento que prevalece concluye con una apelación al Todopoderoso; la costumbre de comenzar las sesiones de los cuerpos deliberativos y la mayoría de las convenciones con una oración; la palabra introductora de todos los testamentos: «En el nombre de Dios, amén»; las leyes en cuanto a la observancia del día de descanso, con el cese general de todos los negocios seculares, el cierre de todos los tribunales, cuerpos legislativos y otras asambleas públicas similares en ese día; las iglesias y organizaciones eclesiásticas que abundan en todas las ciudades, pueblos y aldeas; la multitud de organizaciones caritativas que existen por dondequiera bajo el auspicio cristiano; las gigantescas asociaciones misioneras con el apoyo general y con el fin de establecer misiones cristianas en cada sector del globo terrestre.

Tal vez sea asombroso para algunos estadounidenses que viven en este principio del siglo veintiuno que hace solo 112 años el Tribunal Supremo de los Estados Unidos declaró, por decisión unánime, que *«esta es una nación cristiana»*.

El impacto del humanismo, el liberalismo y el comunismo

Durante las primeras cinco décadas del siglo veinte, el mundo experimentó convulsiones geopolíticas, espirituales y económicas en una escala sin precedente, desde los días coloniales en adelante, en la vida de los Estados Unidos.

Dos guerras mundiales trajeron la matanza despiadada de unos setenta millones de personas. El mundo experimentó la depresión económica más devastadora de su historia que dio por resultado una revolución intelectual contra el capitalismo y la libre empresa. Las nuevas agencias gubernamentales, que Franklin Roosevelt creó con una sopa de siglas, estiraron al límite las relaciones entre estados y gobierno central cuando el gobierno federal introdujo un estado de beneficencia social masivo, junto con una expansión de la cláusula de Comercio de la Constitución para dar al gobierno federal poderes suficientes como para decirle a un granjero del estado de Nebraska cuántos cerdos podía criar.

Junto con el estrés social y económico que causaron las dos guerras mundiales y la intervención de la Gran Depresión —durante las cuales el 25 porciento de la fuerza laboral quedó desempleada— vino un mal aun más insidioso: el comunismo internacional.

El comunismo no era tanto un sistema económico como una

religión que substituyó el cristianismo por la creencia en una visión utópica de un paraíso para los obreros. Los esfuerzos humanos lograrían crear este paraíso después que quedaran destruidas todas las estructuras antiguas de gobierno, familia, propiedad privada y religión. Dios no existe para el comunista, solamente el estado controlado por el «nuevo hombre» que se ha librado de las trabas que los comunistas consideran ser «la moralidad burguesa».

Durante la década de los 1890, la llamada crítica más alta logró dominar la iglesia cristiana en Alemania. Para los teólogos que abrazaron estas creencias, la Biblia no era la Palabra inspirada de Dios, sino una compilación de documentos conocidos como «Q» para Quelle (fuente); «J» para Yahvista; «D» para Deuteronómica y «S» para Sacerdotal. Para estos eruditos el «Jesús histórico» era un desconocido y por lo tanto, los relatos del Nuevo Testamento eran esencialmente fábulas compuestas por un «redactor» primitivo. Estos profesores humanistas sembraron la doctrina liberal como un veneno desde Europa hasta las Américas.

Para el 1920 las principales denominaciones protestantes de los Estados Unidos ya se habían entregado a una teología liberal y a un sistema de fe aguada. Los seminarios y los puestos de liderazgos no parecían dispuestos a defender los fundamentos históricos del cristianismo.

Se forma el ACLU

Mientras que las iglesias se hundían en la apostasía, en 1920 un grupo pequeño —algunos afiliados al partido comunista— formaron una unión que se llama la «Unión estadounidense de Libertades Civiles» o ACLU [por sus siglas en inglés]. Durante la década de 1930 uno de los primeros líderes anunció que su meta era transformar a los Estados Unidos en un «estado de obreros».

Los comunistas deseaban el dominio mundial y, en especial, el dominio de los Estados Unidos. Su literatura aclaraba que la mejor manera de tomar posesión de los Estados Unidos era destruir la moralidad norteamericana socavando la estructura de la familia y negando la afirmación pública de la fe cristiana. El ACLU se enfocó en los tribunales. Algunos izquierdistas se concentraron en los medios de comunicación. Otros comunistas infiltraron grandes fundaciones filantrópicas.

Otro punto de la ofensiva liberal señalaba a las escuelas. En 1933 se publicó el Manifiesto Humanista que declaró que los humanistas no creían en ningún ser divino, que no aceptaban ningún libro como inspirado por un ser divino, que la ética es relativa a la situación y que la verdad absoluta no existe sino que es relativa a las culturas. Los humanistas declararon que se oponían a cualquier limitación de expresión de la sexualidad humana consensual y, finalmente, que hallan puntos en común con los socialistas de todo el mundo.

Uno de los redactores del Manifiesto Humanista fue John Dewey, un profesor y luego decano de la Escuela de Maestros de la Universidad de Columbia. Dewey preparó a miles de maestros para que fueran humanistas y aceptaran el relativismo cultural y ético, la economía socialista y el desdén por el cristianismo.

La reacción judía al antisemitismo

Otro fenómeno que venía a afectar la jurisprudencia estadounidense fue la reacción contra el antisemitismo que se había manifestado en Europa desde los años 1880 hasta los horrores de la «solución final» de Hitler durante las décadas de 1930 y 1940. Los muy llamados zares cristianos, príncipes y nobles, lanzaron los pogromos sucesivos contra los judíos indefensos que vivían en Rusia y Polonia. Oleadas de refugiados judíos huyeron de estas persecuciones y llegaron a Norteamérica donde disfrutaron de libertad y emplearon su ética de trabajo y su brillo intelectual para superarse de sus comienzos humildes. Sobresalieron en medicina, leyes, bancos de inversiones, periodismo, entretenimiento, educación y filantropía. La Norteamérica cristiana era una gran amiga del pueblo judío.

Entonces vino el holocausto nazi durante el cual el barbarismo satánico llevó al arresto, tortura y aniquilación de seis millones de judíos. Para los judíos, los nazis eran una forma distorsionada del cristianismo.

Algunos líderes judíos vinieron a los Estados Unidos, dieron por sentado que el antisemitismo había surgido en países europeos cristianos y decidieron que la seguridad judía solo existiría si lo secular reemplazaba al cristianismo en la arena pública. Para hacer que progresaran estos propósitos, se formaron organizaciones tales como el Congreso Judío Americano y la Liga contra la Difamación.

Hace diez años que el senador Rudy Boschwitz me pidió participar en un simposio en la Universidad de Minnesota para hablar acerca del apoyo estadounidense a Israel y el papel de la religión en la vida pública. Uno de mis contrincantes fue un encantador, afable y elocuente rabí judío que estaba en desacuerdo con lo que dije. Le dije: «El Antiguo Testamento es el documento de privilegios donde Dios declaró el estado especial del pueblo judío. ¿Por qué no le gusta que los niños escolares lo aprendan?»

Su respuesta me sorprendió. «El punto de vista mayoritario de los Estados Unidos es cristiano y yo prefiero que las escuelas no tengan ninguna religión, aunque nos apoyen, antes de que tengan una perspectiva cristiana».

Durante la década de los años 1980, un oficial de la Liga Contra la Difamación fue invitado a mi programa televisivo *El Club 700*. Él afirmó, a pesar de la mucha evidencia que contradecía su punto de vista, que nuestro país nunca fue una nación cristiana. Enfáticamente declaró que los fundadores de la nación eran deístas y no cristianos. De modo similar, cuando un oficial de la Coalición Cristiana declaró que los Estados Unidos era una nación cristiana, la Liga Contra la Difamación lo condenó en la prensa popular y tuvo que pedir perdón «por ser insensible a las preocupaciones judías».

Es fácil compadecerse del alumno judío solitario en una escuela pública en la que se obliga a cantar villancicos navideños y escuchar peticiones a Dios que terminan diciendo «en el nombre de Jesús». He oído muchas historias conmovedoras acerca de personas así, especialmente en el sur del país, que tenían que celebrar días festivos y conmemoraciones religiosas que ellos no aceptaban.

La voluntad de unos pocos

Pero, ¿es justo o sabio quitar de la mayoría la celebración de las Navidades, Semana Santa, el invocar a Dios en reuniones públicas, mencionar a Dios en funciones públicas, o la inscripción de los Diez Mandamientos, solamente para satisfacer los requisitos de una minoría que no quiere religión alguna? ¿Debe una sociedad entregar el veto contra sus tradiciones y costumbres queridas solo porque un pequeño grupo no está de acuerdo con ellos?

En casos que tienen que ver con la libertad de expresión, el Tribunal Supremo repetidamente ha fallado que no se puede restringir el hablar solo porque lo dicho ofenda a algunos o a todos los que lo escuchan. Sin embargo, en asuntos religiosos, lo único que se necesita es un ateo que se queje y enseguida se despoja a la mayoría de sus tradicionales afirmaciones públicas de fe.

A medida que el nuevo siglo se desenvuelve, se distinguen nuevas realidades en las cuales los cristianos evangélicos norteamericanos son los que más fielmente apoyan las causas judías y de Israel. Los judíos ortodoxos como el brillante Rabí Daniel Lapin protestan la secularización de la sociedad. Lapin dice abiertamente que prefiere que sus hijos vivan en un Estados Unidos cristiano que en una nación secular que pisotea los valores fundamentales que él aprecia tanto.

¿Pero llegaron estos sentimientos muy tarde como para detener la campaña que las fuerzas del secularismo militante han instado por décadas ante el Tribunal Supremo y a su vez a la nación?

La separación entre la iglesia y el estado

Con las décadas de cambios hirvientes en nuestra sociedad, durante la primera mitad del siglo veinte, el Tribunal Supremo hizo muy poco respecto a la religión hasta tratar dos casos: *Cantwell vs. Connecticut* (1940) y *Everson vs. Junta de Educación* (1947). He aquí el contexto en contra del cual se decidieron estos casos.

Después de la Guerra Civil, el Congreso actuó para asegurarse de que se prohibiera la esclavitud permanentemente. La Decimotercera Enmienda prohibió la esclavitud y la servidumbre involuntaria. La Decimocuarta Enmienda otorga a cada ciudadano por nacimiento o naturalización una ciudadanía doble: de la nación y del estado de su residencia. Prohibió que un estado «hiciera o aplicara leyes que acortan los privilegios o impunidades de los ciudadanos de los Estados Unidos, ningún estado tampoco privaría a ninguna persona de vida, libertad o propiedad sin el proceso debido de la ley, ni negaría a nadie dentro de su jurisdicción la protección por igual de las leyes».

Poco después de la ratificación de la Enmienda Catorce, el Senador Blaine propuso lo que se conoce como La Enmienda Blaine. Esta enmienda quiso hacer que la Decimocuarta Enmienda ampliara las restricciones de la Primera Enmienda en cuanto al Congreso para aplicarlas a los estados. El Congreso debatió calurosamente este concepto y lo rechazó luego de que una mayoría de las dos terceras partes aprobara la Decimocuarta Enmienda. En otras palabras, los que pasaron la Decimocuarta Enmienda nunca quisieron incorporar la Primera Enmienda para aplicarla a los estados.

Pero esta intención original no fue suficiente como para detener a un Tribunal Supremo activista. Durante los años que inmediatamente siguieron a la Segunda Guerra Mundial, en los casos *Cantwell vs. Connecticut* y *Everson vs. Junta de Educación*, el Tribunal aplicó, por su propia autoridad, las cláusulas de libre ejercicio y establecimiento de la religión de la Primera Enmienda no solo para el Congreso sino también para los estados.

Ahora el tribunal estaba en posición de dirigir cuestiones religiosas no solo en el ámbito federal sino también en cada uno de los cincuenta estados. Esto fue decisivo. El uso de las oraciones, juramentos, capellanes, lectura bíblica, inscripciones de los Diez Mandamientos y celebraciones de días festivos ahora estaba a merced de la jurisdicción federal. Esto nunca fue la intención de los autores de la Constitución.

Nunca existió un mandato constitucional para la «separación de la iglesia y el estado». Estas palabras simplemente no aparecen en la Constitución de los Estados Unidos. Era la creencia abierta de los autores y los fundadores de la nación que el cuerpo político recibiera beneficios positivos de la vida religiosa del pueblo y por lo tanto cada nivel del gobierno debía aprobar y animar la religión. El Congreso comienza sus sesiones diarias con una oración que dirige uno de los capellanes a quien el gobierno le paga un sueldo. El Tribunal Supremo comienza sus sesiones diarias con una oración. Desde 1607 hasta 1947, un período de 340 años, el cristianismo y sus costumbres estaban entretejidas en cada una de las facetas de la vida de los Estados Unidos de Norte América.

Sin embargo, en 1947, en el caso *Everson vs. Junta de Educación*, el Tribunal Supremo extrajo palabras de una carta escrita por un hombre que no participó en la redacción de la Constitución de los Estados Unidos. Dicha carta declaraba, de una manera casual, que el gobierno no debía intervenir en el libre ejercicio de la religión. Esta carta personal que Thomas Jefferson escribió en 1804 a la Convención Bautista de Danbury realmente no tenía la fuerza de la ley ni tampoco se aproximaba en importancia a los comentarios del Juez Story del Tribunal Supremo ni a la decisión de la mayoría de los jueces del Tribunal Supremo en el caso *Trinity Trustees* [Fideicomisarios de Trinidad], (1892). Sin embargo, el Tribunal Supremo tomó una frase de una carta de Jefferson, «muralla de separación entre la iglesia y el estado», y la utilizó para promulgar una nueva doctrina radical de la ley constitucional que ordenaba una separación no solo entre la iglesia y el estado sino también entre la religión y el estado. Ahora, según la autoridad propia y sin la autorización del Congreso, el tribunal convirtió una prohibición en contra de la institucionalización de una iglesia nacional en una prohibición de cualquier actividad religiosa de los gobiernos estatales o sus agentes. De hecho, antes de que el Tribunal terminara esta trayectoria tan absurda, hasta se llegó a prohibir que en los mapas de la carretera del estado de Carolina del Norte se imprimiera una oración por la seguridad del viajero.

Deshecho de 340 años de ley

Considere esto, una mayoría sencilla de jueces, no elegidos, echó a un lado 340 años de una ley y conducta clara que ha apoyado el cristianismo.

La decisión *Everson* decía que la carta de Jefferson significaba que el gobierno no podía «pasar leyes que apoyaran una religión, ayudaran a todas las religiones ni prefirieran una religión más que otra», ni tampoco podía recaudar un «impuesto de ninguna cantidad, ni grande ni pequeña … para apoyar ninguna actividad o institución religiosa». El tribunal terminó diciendo: «La Primera Enmienda ha edificado una muralla entre la iglesia y el estado. Esta muralla tiene que mantenerse alta e impenetrable. No podríamos aprobar ni la menor brecha».

Obviamente, la historia de la Primera Enmienda y las costumbres de los primeros Tribunales Supremos y del Congreso de ninguna forma prestan apoyo a esta aseveración tan amplia. Pero el tribunal moderno lo dijo y, con la izquierda liberal pregonando lo acertado de la decisión, se dio un golpe profundo a la afirmación pública de fe cristiana en los Estados Unidos.

En 1947 se decidió el caso *Everson*. En el 1962 y en el 1963, la hostilidad del Tribunal hacia la religión se aceleró dramáticamente en dos casos que no solo enojaron a los cristianos sino que al mismo tiempo motivaron una aceleración precipitada de patologías sociales en toda la nación: crimen, abuso de drogas, embarazo de adolescentes, divorcio y alcoholismo. A partir del 1962 y desde 1963 en adelante, las estadísticas que registran esto males sociales dieron un salto alarmante. De hecho, el claro legado de la hostilidad del Tribunal Supremo hacia la observancia religiosa en las escuelas, es el hecho de que al terminar el siglo veinte los Estados Unidos estaba en primer lugar en el mundo en virtualmente cada patología social: el porcentaje de la población encarcelada, el porcentaje de embarazos de los adolescentes en el mundo industrializado, el consumo de narcóticos ilegales, el porciento de matrimonios que terminan en divorcio, la cantidad de tiros fatales. Entre las naciones avanzadas, Francia y los Estados Unidos son las primeras en el porcentaje de población alcohólica. Y en cuanto a los logros académicos, los hijos de esta nación, una vez bien enseñada, quedaron entre los últimos en las calificaciones de destrezas verbales y lectura, y entre los últimos cinco en destrezas matemáticas.

Para parafrasear a Oseas: «El Tribunal Supremo sembró el viento; la nación cosechó el torbellino».

La oración es lo primero en desecharse

Ángel vs. Vitale (1962), fue la primera de estas decisiones contra la religión, un caso que se opuso a la costumbre bien establecida de los niños escolares en Nueva York que recitan todos los días una oración que escribió la Junta de los Regentes de Nueva York, que es el cuerpo encargado de la educación en Nueva York. El tribunal decidió que esta oración violaba la norma *Everson* de la supuesta «muralla constitucional de separación entre la iglesia y el estado».

El único disidente fue el juez Potter Stewart que escribió en su opinión judicial que al negar «el deseo de estos niños de unirse para recitar esta oración» el tribunal les estaba negando la oportunidad de «participar en la herencia espiritual de la nación». Stewart siguió diciendo: «No veo cómo se establece una "religión oficial" al permitir decir una oración a los que desean decirla».

El juez Stewart decía que igualar una simple oración con el establecimiento y patrocinio de una iglesia por el gobierno federal, mofa los peligros que la Primera Enmienda quería evitar. Hacer una oración antes de las clases no es diferente a hacer una oración antes de las sesiones del Congreso o del mismo Tribunal Supremo. Estas prácticas, decía: «reconocen y... siguen las tradiciones espirituales de esta nación que están profundamente arraigadas y altamente queridas, tradiciones que heredamos de los que hace casi doscientos años juraron su plena confianza en la protección de una providencia divina cuando proclamaron la libertad e independencia de este nueva y valiente tierra».

El Tribunal Supremo no solo echó abajo la recitación voluntaria de oración en las escuelas públicas sino que dio un golpe al mismo corazón de la herencia espiritual de la nación.

La lectura bíblica fue lo próximo en desechar

Poco después de *Engel vs. Vitale* en 1962, se presentó el caso de Pensilvania de la lectura bíblica que se conoce como *Abington School District vs. Schempp* [Distrito escolar Abington versus Schempp], que se decidió en 1963. En el caso *Schempp*, el Tribunal derribó las costumbres de leer la Biblia y recitar la oración modelo en las escuelas públicas. Al hacerlo, el Tribunal eliminó usos que los fundadores del sistema escolar público consideraron ser indispensables para él más alto bienestar de los alumnos y «esencial para la vitalidad de la educación moral».

Un comentario acerca de los escritos de Horace Mann, padre de la educación pública, señalaba que el currículo entero de las escuelas públicas se centraba en las presuposiciones generales de la existencia de Dios, el sentido del universo de Dios, y la espiritualidad de la naturaleza del ser humano. Mann dijo: «El sistema inculca fervientemente todas las morales cristianas; basa sus principios sobre el cimiento de la religión, da la bienvenida a la religión de la Biblia y al recibir la Biblia, permite que esta hable por su cuenta».

El juez Potter Stewart discrepó con vigor la decisión de la mayoría en el caso de la lectura bíblica:

También se puede razonar que los padres que quieran exponer a sus hijos a influencias religiosas pueden cumplir con este deseo fuera de los terrenos escolares y del tiempo de clases. Sin embargo, a pesar de esa persuasiva superficial, este argumento malentiende seriamente la justificación constitucional para permitir [la lectura bíblica en las escuelas públicas]. La religión se coloca en una desventaja artificial creada por el estado si un sistema educativo compulsorio del estado estructura la vida de un niño de manera que la práctica religiosa sea una actividad prohibida en las escuelas. Desde este punto de vista, si las escuelas fueran realmente neutrales en cuanto al asunto de la religión, habría que otorgar permiso para tales actividades a los que así lo deseen. Y negar permiso para celebrar actividades religiosas no es la realización de la neutralidad del estado sino el *establecimiento de una religión secular* (énfasis del autor).

El Juez Stewart lo entendió bien. El tribunal no solo socavó el fundamento moral esencial de la educación pública, sino que hacía precisamente lo que John Dewey y sus humanistas compatriotas estaban abogando desde 1930, establecer en las escuelas públicas la religión del humanismo secular con el séquito de permisividad sexual y aceptación de un solo gobierno mundial y la teoría económica que el marxismo inspira.

Se demuestra el prejuicio contra lo religioso

En las décadas más recientes los jueces conservadores del Tribunal osan hablar francamente acerca del prejuicio del Tribunal contra la religión. En el año 2000 el Tribunal decidió el caso *Santa Fe Independent School District vs. Doe* [Distrito escolar independiente de Santa Fe versus Fulano de tal]. El Tribunal prohibió las oraciones en los juegos de fútbol que el cuerpo estudiantil eligió por mayoría de estudiantes que eran libres para votar a favor o en contra de la oración, quién debe orar y acerca de qué debe orar. Otra vez es imposible creer, hasta en fantasía, que una observancia religiosa en estas circunstancias pudiera considerarse como el establecimiento de una religión que el estado auspicia. Pero en asuntos de religión, la decisión del tribunal «está cargada de antipatía contra todo lo que sea religioso en la vida pública» como dijo Rehnquist, presidente del Tribunal Supremo en su devastadora discrepancia con la mayoría.

He mostrado las lamentables patologías sociales que resultaron del desmantelamiento de la histórica instrucción religiosa en las escuelas. Es posible que nunca podamos comprender el daño que hace a la psique nacional y a nuestra postura en el mundo como bastión de libertad y justicia.

El Tribunal Supremo ha levantado su puño, sacudiéndolo en la cara del Dios Todopoderoso. Y los «Estados Unidos cristiano» y nuestro liderazgo lo permitieron. ¿Se puede esperar que nos libremos del juicio de un Dios justo solo porque repitamos dichos religiosos y cantemos «¡Qué Dios bendiga a América!»?

¿De qué otro atropello es culpable el Tribunal Supremo, y ¿qué podemos hacer para detenerlo?

Tres

El Tribunal Supremo vs. los Diez Mandamientos

Fijar textos religiosos en una pared no tiene ... ninguna función educativa. Si las reproducciones de los Diez Mandamientos que se exhiben en público tuvieran efecto alguno, sería para inducir a los niños a leerlos, meditar en ellos y tal vez venerar y obedecer los mandamientos. ... Esto no es un objetivo del estado dentro de la Cláusula de establecimiento.

—Juez Paul Stevens
para la mayoría en *Stone vs. Graham* (1980)

Si usted fuera a preguntar de dónde se deriva el concepto estadounidense del bien y del mal, la respuesta más común sería: la Biblia. Si fuera a pedir más detalles, la respuesta de la mayoría sería: de los Diez Mandamientos o del Sermón del Monte. Pídale a cualquier historiador que nombre la fuente de los conceptos legales que forman el fundamento de las leyes criminales de la civilización occidental y la mayoría dirá: o la Ley de Moisés o la de los Diez Mandamientos.

El actual presidente del Tribunal Supremo, William Rehnquist, declaró: «Se ve claramente la aplicación secular de los Diez Mandamientos en su adopción *como el código legal fundamental de la civilización occidental y la Ley común de los Estados Unidos*» (énfasis del autor).

Considere, por ejemplo, nuestras leyes que prohíben matar a un inocente. Consideramos que el asesinato es atroz.

Discutimos los motivos para matar, los asuntos de premeditación y la evidencia forense que señala la culpa o inocencia. Y entonces, con ojos emocionados, pasamos horas mirando fijamente las maniobras legales de los juicios por asesinato como en los casos de O.J. Simpson y Scott Peterson, y la nación se convierte en un gran jurado para condenar o absolver. Vemos un sin fin de episodios en la televisión como *Law and Order* [El orden público], donde los fiscales agresivos hablan cada semana acerca de hacer tratos con el acusado para «hombre uno» u «hombre dos» (homicidio sin premeditación de primer o segundo grado).

La mayoría de las personas civilizadas sienten respeto por la vida humana, pero ¿de dónde sacamos la idea de que matar a otro ser humano es malo? La respuesta es sencilla: del Sexto Mandamiento: «No matarás» (Éxodo 20.13).

¿Por qué toda la violencia?

Recuerdo una noticia de hace algunos años acerca de una pandilla de matones adolescentes en el sur de California que un viernes por la noche invadieron las tribunas de un estadio durante un juego de fútbol de escuelas secundarias. Escogieron a una guapa pareja joven y balearon al muchacho a sangre fría. No había provocación ni motivo de venganza. No era un pleito acerca de territorios de pandillas. Solamente una matanza desalmada por la emoción del momento.

Los tres matones huyeron del estadio antes de que la seguridad pudiera intervenir. Lo que sucedió después me hace sentir escalofríos. Con toda tranquilidad entraron a un restaurante de comida rápida y pidieron hamburguesas dobles con queso, papas fritas y Coca Cola. Luego comenzaron a reírse acerca de cómo la víctima se había ahogado con su propia sangre mientras se moría a causa de las heridas que le acaban de infligir.

Piense en esto: ir al pueblo un viernes por la noche para disfrutar, matar a un joven adolescente prometedor y pasar el resto de la noche comiendo hamburguesas dobles con queso y festejarse uno al otro con los detalles acerca de la agonía de la muerte de la víctima. Ni una pisca de conciencia. Ningún remordimiento. Ningún sentido de haber hecho algo malo.

En la década de 1970, David Wilkerson, el fundador de *Teen Challenge*, escribió acerca de una visión que dijo recibir del Señor. Parte de esta visión se centró en el terror que desatarán en nuestras ciudades los niños y adolescentes que nacieron de muchachas solteras o que tuvieron muy poco amor y disciplina de parte de sus padres. de acuerdo con Wilkerson, estos jóvenes se volverán salvajes sin disciplina y afecto natural y comenzarán a aterrorizar a nuestras ciudades con asesinatos, violaciones, robos y violencia.

De seguro que los jóvenes matones del sur de California cumplen con la descripción de los jóvenes salvajes de la visión de Wilkerson.

Solamente un viejo, que se viste con una toga negra y está totalmente alejado de la realidad, podría escribir que enseñar a nuestros jóvenes que su Creador los manda a no matar no «tiene ninguna función educativa» o de hecho ninguna función secular.

¿Cuál será el destino de nuestros hijos?

En el pasado, se dio por sentado que nuestras escuelas debían ser las vías de transmisión de los principios éticos y morales de la nación para la próxima generación. Sin duda la nación creía que robar, asesinar y perjurar era malo. Nuestras leyes imponían penalidades severas para los que violaran estas normas. ¿Pero no es mejor todavía decir a los estudiantes que hay un poder más alto que es el definitivo dador de leyes y que al final hay una recompensa y un castigo para nuestras acciones aquí en la tierra, y que nuestras definiciones legales del bien y del mal no son solamente la creación de una muy a menudo falible mayoría Demócrata o Republicana en una asamblea legislativa?

Hace unos años, en mi programa de televisión *The 700 Club*, tuve un segmento que trataba acerca de la educación ética en un condado importante del estado de Georgia. Mis invitados eran tres maestros de escuelas públicas. Uno me contó de una guía de instrucción para el maestro que la Asociación Nacional de Educación publicó y que estaba aprobada para usar en las escuelas secundarias del distrito escolar.

En el manual del maestro estaba la pregunta: «¿Qué se le dice a un alumno que pregunte si robar en una tienda es malo?» La respuesta aprobada debe sacudirle a usted tanto como me sacudió a mí: «No puedo decirte si robar de una tienda está bien o mal; tú mismo tienes que decidir esto».

Estallé indignado. «Si a ese niño lo agarran robando en una tienda, irá a la cárcel. ¿Cómo se atreven las escuelas a disponer de estos niños para cometer un crimen como este?» Por supuesto, los maestros no tenían respuesta.

Pero esto es la ética relativista y el relativismo cultural de John Dewey que se han enloquecido. Los mandamientos de Dios son absolutos, no circunstanciales. El octavo mandamiento dice: «No robes» (Éxodo 20.15) y no «Tendrás que decidir por cuenta propia si robar es malo, dependiendo de tus circunstancias y cultura». ¿No habrá un beneficio educativo que se derive de enseñar que el robo es malo? Una mayoría del Tribunal Supremo no haya beneficio alguno en obedecer un mandamiento como tal.

En el noticiero CBN [siglas de la red cristiana de teledifusión], nos gusta tomar el pulso de las personas comunes en las calles de las ciudades y pueblos. Es interesante e informativo lo que dicen durante las entrevistas inesperadas. Una de nuestras periodistas tuvo la tarea de probar las actitudes de los adolescentes típicos en las escuelas secundarias en cuanto a los asuntos éticos y morales. Ella descubrió el siguiente patrón:

> *Pregunta:* ¿Asesinar está bien o mal?
> *Respuesta:* Depende. Tal vez sea algo bueno ayudar a
> matar a una persona.

Hace unos años, en una revista popular para adolescentes, se publicó un estudio acerca de las actitudes de los adolescentes.

En una escala del uno al diez, una abrumadora mayoría de los adolescentes entrevistados dijeron que usar el espacio para el estacionamiento de los desvalidos era peor que tener relaciones sexuales premaritales.

En los barrios pobres del centro de las ciudades hay una explosión de nacimientos fuera del matrimonio que supera el setenta por ciento; las inscripciones de los programas de asistencia social se están reventando debido a la pobreza de las madres solteras con hijos; cada año más de tres millones de adolescentes contraen una enfermedad de transmisión sexual. En vista de todo esto, ¿cómo puede el Tribunal Supremo decir que la enseñanza de los Diez Mandamientos no tiene un valor educativo para los niños escolares de hoy?

El Séptimo Mandamiento dice: «No cometas adulterio» (Éxodo 10:14). ¿No tendríamos hogares más fuertes, una sociedad más sana, mejor cuidado para los niños y una disminución de la pobreza si se siguiera este mandamiento? ¿Cómo el juez Stevens se atreve a declarar que, efectivamente, bajo nuestra Constitución no se permite enseñar la fidelidad matrimonial?

La corrupta ética de negocios en el siglo veintiuno

Durante el año pasado nuestros periódicos y programas noticiosos se llenaron de revelaciones escandalosas respecto al fraude de las empresas y el comportamiento engañoso en grandes compañías como Enron, Worldcom, Adelphia y Tyco. Acusaron a algunos de nuestros auditores públicos de obstrucción de justicia y se vieron obligados a cerrar.

Tal vez la figura más fascinante ha sido Martha Stewart. Ella estuvo como invitada en mi programa televisivo para demostrar los secretos de la preparación de una comida perfecta para los días festivos. Fue y es una persona fascinante.

Al comenzar la carrera, sus ideas para decorar, cocinar y hacer jardinería nunca les parecía suficiente a las mujeres. Se hizo tan popular que en poco tiempo ya no solo tenía su propio programa de televisión sino también una revista, una línea de productos para la casa seguida de un jugoso contrato con una de las cadenas principales de ventas. Formó una empresa, *Martha Stewart Living Omnimedia,* considerada como una empresa con potencial para crecer en la bolsa de Nueva York. Martha, que era hija de inmigrantes pobres, llegó a tener acciones en su empresa que el mercado valoró en casi mil millones de dólares.

En su andar, Martha Stewart compró una modesta cantidad de acciones en la empresa *ImClone Systems* fundada por un médico amigo de la familia. *ImClone Systems* subió rápidamente en la bolsa porque tenía las patentes de una droga llamada Erbitux que debía curar ciertos cánceres. Pero FDA [Administración de Comidas y Drogas] rehusó aprobar la medicina y mandó una notificación del hecho a Sam Waksal, el fundador de la empresa.

Lo que sucedió después se deja a la especulación. Martha Stewart vendió sus acciones de ImClone. El precio fue de $300.000 dólares, lo que era insignificante para alguien con las riquezas de Martha. Ella dijo que había dado la orden de venta a su corredor para vender las acciones cuando bajaron a $60.00 por acción. Más tarde, un ayudante del corredor dijo que le había informado a Martha Stewart que los Waksals estaban vendiendo y que ella debía vender también.

De todos modos, Martha no estaba al tanto de lo que se llama información privilegiada. Aunque es posible que vendiera sus acciones después de recibir una recomendación de su corredor de la bolsa, lo peor que le podía haber pasado era ser culpable de una ofensa civil y tener que devolver sus ganancias indebidas.

Sin embargo, parece que el gobierno estaba buscando condenar a una persona prominente como Martha Stewart, así que comenzaron un interrogatorio intensivo. Si hubiera dicho: «Es verdad. Mi corredor de la bolsa me llamó y vendí las acciones. ¿Y qué?», algún contador del gobierno le hubiera impuesto una penalidad modesta y el caso se hubiera cerrado, o

Martha pudo haberle impugnado la penalidad, ganar y asunto resuelto.

Sin embargo, parece que durante el interrogatorio cambió su historia. De pronto los investigadores federales que hasta ese momento no tenían caso alguno, la podían acusar de perjurar y obstruir la justicia. Esta mujer de talento y éxito se vilipendió y se expuso a la mofa pública en todos los Estados Unidos. Cayó el valor de las acciones de su empresa y con ellas cayó el valor neto de sus bienes a razón de cientos de millones de dólares. [*Nota de la traductora*: Un jurado la halló culpable de esto mismo y ella se enfrenta a la posibilidad de pasar muchos años encarcelada.]

Se puede tener poco juicio, cometer errores, omisiones y hasta algunos actos ilegales y a pesar de todo obtener el perdón del público. Pero si se miente para cubrir la mala conducta, el error original se amplía diez veces. Nuestra cultura todavía honra la verdad, así que, ¿cómo es posible que el Tribunal Supremo se ofendiera por la inscripción pública del noveno mandamiento, de no dar falso testimonio?

Una vez más se hace evidente que el enrevesado razonamiento del Tribunal Supremo no solamente está en contra de los propósitos de Dios, sino que pone a nuestros hijos en peligro ante las leyes de nuestra tierra.

Quitar los Diez Mandamientos

Virtualmente todos los ciudadanos, entre ellos Rehnquist que es el presidente del Tribunal Supremo, creen que los Diez Mandamientos forman el fundamento de las normas morales y legales de los Estados Unidos. Así que en 1980, la decisión del tribunal en el caso *Stone vs. Graham*, dejó pasmada a la nación cuando derribaron la ley de Kentucky que requería poner reproducciones de los Diez Mandamientos, pagadas por fondos privados «en la pared de cada aula de las escuelas públicas del estado».

El propósito secular de la asamblea legislativa al exhibir los

Diez Mandamientos fue claramente impreso al fondo de cada muestrario: «La aplicación secular de los Diez Mandamientos se ve claramente en su adopción como el código legal de la civilización occidental y la ley común de los Estados Unidos».

El Tribunal Supremo rechazó esta clara declaración, diciendo que: «requerir la exhibición de los Diez Mandamientos en aulas de escuelas públicas no tiene ningún propósito legislativo secular y por lo tanto es inconstitucional» de acuerdo con lo que se conoce como «la prueba del limón» (derivado de un caso del Tribunal Supremo, *Lemon vs. Kurzman* [1971]). El tribunal siguió diciendo que «El propósito preeminente de exhibir los Diez Mandamientos en las paredes de las escuelas es claramente de naturaleza religiosa. Es innegable que los Diez Mandamientos son un texto sagrado de la fe judía y cristiana, y ninguna recitación legislativa de supuestos propósitos seculares nos puede ocultar el hecho».

Este fallo, de acuerdo con el presidente del Tribunal en su disentimiento, sugiere un propósito indebido de parte del tribunal para aislar a «los sectores públicos ... de todas las cosas que pudieran tener un origen o significado religioso», especialmente las cosas que tienen su origen en la religión cristiana. El fallo del tribunal hubiera horrorizado a los fundadores de la nación y a los autores de la Constitución.

Nuestro primer presidente, el padre de la Patria, y el presidente de la convención que redactó la Constitución de los Estados Unidos lo dijo con elocuencia en su discurso de despedida que una vez más repito: «Tanto la razón como la experiencia nos prohíben creer que la moral nacional pueda prevalecer cuando se excluye el principio religioso».

Y otra vez las palabras de John Adams: «No tenemos un gobierno armado con los poderes capaces de contender con las pasiones humanas sin las riendas de la moralidad y la religión. La avaricia, la ambición, la venganza o la valentía podrían quebrar las cuerdas más fuertes de nuestra Constitución como una ballena pasa por una red de pescadores. La Constitución está diseñada solamente para un pueblo moral y religioso. Es totalmente inadecuada para cualquier otro».

El pueblo y sus representantes elegidos, cuya suma asciende a millones de personas, reconocen que si el principio religioso está ausente, no puede haber ley, orden ni moralidad pública. Sin embargo, una mayoría del Tribunal Supremo, compuesto de cinco personas, ordenó que ninguna agencia del gobierno incluyera la fuerza moderadora de un principio religioso sobre la conducta de sus ciudadanos.

En resumen, en medio de una sociedad que se revuelca en su permisividad sexual, adicción a las drogas, hogares destruidos, crimen y violencia, el Tribunal Supremo prohíbe que los legisladores hagan uso de la gran herencia religiosa de nuestra nación para mostrar a los ciudadanos estadounidenses el camino de Dios que lleva a una vida mejor y más feliz.

El ataque del ACLU y de Planned Parenthood

Como si esta secularización no bastara, considere dos casos recientes: uno en California por el ACLU y el otro en la Florida por *Planned Parenthood* [asociación a favor de la educación sexual y el uso de los contraceptivos]. Afortunadamente, los tribunales no estuvieron dispuestos a fallar a favor de estas mociones estrafalarias, pero el hecho de que los abogados sugirieran tales cosas, muestra cómo la extrema izquierda interpreta la lógica de las decisiones del Tribunal Supremo en contra de Dios.

En California, el ACLU demandó acabar con una ley al no considerarla constitucional porque promueve el matrimonio heterosexual y monógamo. Según el ACLU, el matrimonio heterosexual y monógamo es un concepto «religioso» y por lo tanto prohibido por las decisiones recientes del Tribunal Supremo como un «institucionalización de la religión».

La demanda de *Planned Parenthood* en el Condado Duval de la Florida fue igualmente estrafalaria. La junta escolar del Condado Duval introdujo una asignatura en el programa escolar que promueve la abstinencia sexual entre los adolescentes solteros. Los abogados de *Planned Parenthood* le insistieron al tribunal inferior en que la premisa de la abstinencia sexual es un concepto religioso y por lo tanto enseñarlo en las escuelas públicas es inconstitucional.

Aunque estos dos demandantes no lograron éxito, es fácil ver los resultados absurdos del razonamiento del Tribunal Supremo. Casi todos nuestros conceptos del bien y del mal se derivan de fuentes religiosas. Si cada iniciativa de la legislación tiene que ser puramente secular, entonces la nación habrá perdido el principio religioso regulador que sirve de base para nuestras leyes, y llegará un día en el futuro lejano en que nos encontraremos ante una anarquía violenta.

Asaltos contra los Diez Mandamientos

En el año 2000 se decidió otro caso que tiene que ver con los Diez Mandamientos, es el llamado *Books vs. Elkhart*. En el caso *Elkhart*, el Tribunal Supremo le negó audiencia a una decisión del séptimo distrito acerca de un monumento de los Diez Mandamientos que hace más de cuarenta años está en el césped del edificio municipal de Elkhart, Indiana. El tribunal del distrito decía que esto violaba la cláusula de institucionalización. Washington, Adams y Jefferson habrían pensado que esto era ridículo.

Una vez más Rehnquist, el presidente del Tribunal, argumentó vigorosamente en contra de la decisión del tribunal por no darle audiencia al caso. Al disentir, él consideró que esta ley no exceptúa que a un estado se le permita un acto religioso excepto si este tiene un propósito religioso y no se propone aumentar la causa de la religión. Ya he dicho anteriormente que estos conceptos son ajenos a la intención original de los autores de la Constitución.

Sin embargo, el presidente del tribunal quería apoyar el monumento de Elkhart. He aquí sus palabras:

La ciudad ha puesto el monumento afuera del Edificio Municipal que alberga los tribunales locales y la oficina del fiscal local. Esta ubicación destaca el papel fundamental de los Diez Mandamientos en asuntos seculares y legales. De hecho, una escultura de Moisés sosteniendo los Diez Mandamientos y rodeado de otras históricas personalidades de la ley, adorna el friso de la pared del sur de nuestra sala de justicia, y hemos dicho que esta escultura «señala respeto no para los grandes religiosos sino para los grandes dadores de la ley». De igual modo, el monumento de los Diez Mandamientos y las estructuras que lo rodean dan a entender que el monumento es parte de la celebración de las raíces culturales e históricas de la ciudad y no una promoción de la fe religiosa. Para este fin el monumento comparte el césped afuera del Edificio Municipal con el Monumento de la Guerra Revolucionaria que honra a los soldados enterrados en el Condado Elkhart y una estructura que se llama el «Monumento a la libertad». … Yo pediría audiencia para decidir si hay que sacar un monumento de su lugar frente al Edificio Municipal luego de haber estado allí durante más de cuarenta años y con tanto significado cívico como religioso.

La lógica del tribunal se vuelve loca

Pero las palabras del presidente del tribunal no prevalecieron y el juez Stevens, que con ochenta años continuó su campaña contra los Diez Mandamientos, escribió por la mayoría:

Las primeras dos líneas del texto del monumento aparecen en una fuente significativamente mayor que las del resto. … Estas líneas dicen: «Los Diez Mandamientos —Yo Soy el Señor tu Dios». No es fácil cuadrar el énfasis gráfico de estas primeras líneas con la proposición de que el monumento no exprese una preferencia religiosa en particular. … Además, los tres oradores durante la dedicación fueron un sacerdote católico, un ministro protestante y un rabí judío … que hablaron del significado multicultural de los Diez Mandamientos.

¡Imagínese, una religión que quede establecida luego de que tres cleros hablan acerca del «significado multicultural»!

Presione un poco la increíble lógica del argumento del juez Stevens y el estado de California tendrá que cambiar los nombres religiosos de sus tres ciudades principales: Los Ángeles, San Francisco y Sacramento (los sacramentos sagrados de la iglesia cristiana). ¿O también tendrá el Tribunal Supremo que cambiarle el nombre a las dos ciudades que se llaman Santa Fe por ser nombres que existen debido a motivos religiosos? ¿Y qué de Las Cruces en Nuevo Méjico o de las montañas Sangre de Cristo también en Nuevo Méjico? Tal vez el Tribunal tendrá en sus mirillas a Saint Louis; o Zion, Illinois; o Belén, Pensilvania; o Saint Paul, Minnesota; o Saint Petersburg, Florida. ¿Dónde terminaría esto?

Francamente nos quedamos con la impresión ineludible de que el Tribunal está compuesto de fanáticos izquierdistas ilógicos o de personas atrapadas por sus razonamientos enrevesados que no ven el naufragio emocional, político y espiritual que paso a paso ellos están trayendo a esta gran nación.

El caso contra el juez Moore

Hoy, mientras escribo este libro, estoy viendo los titulares de una historia de la Prensa Asociada: «Tribunal Supremo rechaza pleito iglesia-estado acerca del monumento de los Diez Mandamientos».

¿De qué se trata esta disputa? El juez Roy Moore, juez estatal de Alabama, se hizo famoso después de los casos de Kentucky e Indiana cuando colocó los Diez Mandamientos en su sala de justicia. El pueblo de Alabama estaba furioso con el trato que el Tribunal Supremo le dio a sus queridos símbolos religiosos. El juez Moore se hizo héroe en todo Alabama por defender los Diez Mandamientos. En las siguientes elecciones estatales una mayoría decisiva eligió al juez Moore para que fuera el próximo presidente del tribunal del estado soberano de Alabama.

Poco después de asumir su cargo, el presidente del Tribunal

Supremo de Alabama, con fondos privados, hizo erigir un monumento de 2.360 kg con las palabras de los Diez Mandamientos. Este monumento se colocó en un lugar prominente de la rotonda del edificio que alberga al Tribunal Supremo de Alabama.

El pueblo de Alabama apoyó firmemente los esfuerzos del juez Moore, pero el ACLU que se ha declarado en contra de toda expresión de fe religiosa en la arena pública, exigió que la Corte Federal del distrito quitara el monumento.

Ya que el juez Moore era el presidente del tribunal en Alabama, y como la Constitución de Alabama hacía claras referencias a Dios, él consideró que era perfectamente apropiado tener en su palacio de justicia los mismos mandamientos que adornan las paredes del Tribunal Supremo del los Estados Unidos en Washington D.C. El juez Moore tenía el derecho de cuestionar si un juez del distrito federal tenía autoridad para ordenarle cualquier cosa.

El juez del distrito que juzgó el caso decía que no sabía quién o qué era Dios y procedió a especular acerca de un dios hindú, budista o que incluso no había ningún dios. El juez podía haber aprendido algo con solo examinar el dorso de un billete de un dólar.

El juez del tribunal del distrito ordenó quitar el monumento. El juez Moore apeló pero por desgracia no pidió una prórroga a tiempo, así que quedó como en desacato al tribunal al no quitar el monumento como se le ordenó. Por lo tanto, sus colegas lo suspendieron de su puesto. Quitaron el monumento y lo escondieron en un almacén.

El 13 de noviembre de 2003 los nueve miembros del Tribunal Supremo lo destituyeron de su puesto por haberse colocado por «encima de la ley».

Moore le dijo a los que lo apoyaban en el palacio de justicia de Montgomery: «No tengo pesar alguno. La verdadera causa de esto es si se puede reconocer a Dios como la fuente de nuestra ley y libertad».

El caso de Moore revela la descarada hipocresía del Tribunal Supremo de los Estados Unidos. Como dijo Rob Schenck, presidente del Concilio Nacional de Cleros al tribunal: «Si ustedes pueden mostrar los Diez Mandamientos por encima de sus cabezas, ¿por qué le están negado al pueblo de Alabama que los muestren en la rotonda del edificio de su Tribunal Supremo?

Acoso y destrucción de los Diez Mandamientos

Enardecido por su éxito, el ACLU ha pedido que sus miembros busquen cada exhibición de los Diez Mandamientos con el propósito de erradicarlos mediante la acción judicial. En los días en que ascendía la adoración de Baal en Israel, Dios levantó al profeta Elías para acosar y destruir las estatuas de Baal por todo el país. ¿No es irónico que en la Norteamérica postcristiana se encuentre una organización que movilice sus esfuerzos para acosar y destruir uno de los símbolos públicos más prominentes del mismo Dios que mostró sus poderes contra los sacerdotes de Baal en los días de Elías?

Está meridianamente claro que el Tribunal Supremo ha dado un golpe de estado. Los jueces han robado un poder que la Constitución no les otorgó y lo usaron durante décadas para librar una guerra implacable y a fondo en contra de los fundamentos espirituales judeocristianos de la nación.

En un discurso al *Intercollegiate Studies Institute* [Instituto de estudios intercolegiales] el 23 de octubre de 2003, uno de los miembros conservadores del tribunal, Antonin Scalia, ridiculizó un fallo reciente del Tribunal Supremo acerca de la sodomía consensual que de acuerdo con Scalia, «consideró como derecho constitucional lo que había sido una ofensa criminal desde la fundación del país y durante casi 200 años después».

Scalia dijo que los jueces, incluyendo a sus colegas del Tribunal Supremo, descartan el sentido original de la Constitución cuando les conviene. «Muchos de los expertos de la Constitución piensan que el documento que se escribió durante 1787 en Filadelfia fue sencillamente un intento primitivo de establecer un orden político liberal. Lo único que una persona tiene que hacer para interpretar o aplicar el documento es leer la última comprensión académica de la teoría política liberal e interpolar estas comprensiones constitucionales en el texto constitucional», dijo Scalia de acuerdo con la Prensa Asociada.

Librarse del Tribunal Supremo

¿Cómo puede un pueblo librarse de esta esclavitud de las togas negras? ¿Qué medios quedan disponibles?

El Artículo XI de la Constitución de los Estados Unidos declara que la Constitución es la ley suprema de la nación: «Todos lo puestos ejecutivos y judiciales, tanto de los Estados Unidos como de los estados particulares, estarán obligados por juramento o afirmación a sostener esta Constitución».

Los jueces no sostienen ni defienden la Constitución; están destruyendo su sentido original para forzarlas a decir lo que los redactores nunca quisieron. En sí, esto da base para procesar y destituir. Estos jueces son culpables de violar su juramento y no pueden seguir sirviendo bajo un «buen comportamiento» según declaran en su juramento de inauguración.

Si el Congreso está dispuesto a actuar, o no, es dudoso. El Congreso solamente actuaría si el pueblo se enojara tanto que sus representantes volvieran a tomar el poder que la Constitución les otorga.

Algunos podemos recordar un esfuerzo similar a los de la década de 1960 cuando unos carteles de las carreteras gritaron: «¡Destituya a Earl Warren!» Pero en aquel tiempo no había una marejada de opinión en la nación en contra de los excesos del tribunal de Warren. «¡Destituya a Earl Warren!» se consideró como los delirios de la franja lunática y nada más.

Recientemente pude conseguir 120.000 personas cristianas en toda la nación que le pidieran ayuda al Juez Supremo del universo. En lo que llamamos «Operación libertad del Tribunal Supremo» le pedimos a Dios que librara a esta nación para beneficio de nuestros hijos y nietos mediante el retiro de tres jueces liberales del Tribunal Supremo. Con la ayuda de Dios, esta tarea es relativamente sencilla.

¿Quiénes son estos jueces?

El juez Anthony Kennedy es un católico que el Presidente Reagan nombró para el tribunal y que llegó allí como conservador. Sin embargo, ahora solo vota esporádicamente por las causas conservadoras. En *Lee vs. Weisman* (1992) su denuncia aguda respecto a una oración de graduación de un rabí, tuvo un largo alcance. Su opinión escrita para la mayoría a favor del derecho constitucional de la sodomía en el caso de *Lawrence vs. Texas* (2003) alcanzó un lirismo vertiginoso en apoyo del estilo de la vida homosexual. No solo se apartó de la Constitución, sino que además declaró que el razonamiento del ex juez Lewis Powell, en el caso previo de *Bowers vs. Hardwick* (1986), que confirmaba una ley de Georgia en contra de la sodomía, era incorrecto y debía ser revocado. En el proceso, se fue más allá del Atlántico hasta las decisiones de tribunales europeos para justificar sus razonamientos repugnantes y sus conceptos nebulosos de lo que es ser una persona.

En muchos casos, como los que tienen que ver con las regulaciones que restringen las protestas en contra del aborto y las regulaciones en contra de los clubes bíblicos en las escuelas, Kennedy ha formado parte del bloque conservador del tribunal. En resumen, a menudo Kennedy se deja llevar por un liberalismo equivocado y en otras ocasiones lo motiva un aire fresco de sentido común y justicia.

Cuando Ronald Reagan consideró nombrar a una mujer para el tribunal, se mostró a favor de una colega del juez Rehnquist que sirvió en el senado estatal de Arizona y luego en la jurisdicción de Arizona. Una persona del estado de Barry Goldwater tenía que ser conservadora, pero en este caso no fue así.

Yo me reuní con Paul Weyrich, jefe de la Fundación de un congreso libre, para tener un almuerzo privado con James Baker, jefe del personal de Reagan. Tratamos de convencerlo de que Sandra Day O'Connor ni tan siquiera estaba a favor de la vida [en contra del aborto] ni era una conservadora firme. Baker nos aseguró que esta era «una mujer para tiempo y destiempo» y que probaría ser una jueza que disfrutaría de la plena confianza del presidente.

Baker estaba equivocado. La jueza está a favor del aborto sin restricción y siempre es una incógnita o un voto en contra de los valores tradicionales que tienen que ver con los asuntos religiosos. Dicen que la jueza O'Connor desea retirarse del tribunal y volver a Arizona con su marido. Si la reemplazaran con un conservador firme que se dedicara a sostener el intento original de la Constitución, entonces tendríamos cuatro votos sólidos a favor de la libertad de la tiranía.

A la izquierda está la jueza Ginsberg, que fue abogado general de la infame ACLU. Pasma la imaginación que un senado controlado por los republicanos permitiera que el Presidente Bill Clinton nombrara a una enemiga declarada de los valores tradicionales. Este nombramiento fue tan atroz y la confirmación por el senado tan sin principios que se me hace difícil pensar que no hubiera una presión indebida detrás del escenario.

En estos momentos, mientras escribo este libro, el Juez Stevens tiene ochenta y tres años. Su odio visceral para nuestra tradición cristiana se manifiesta en las decisiones escritas. Si se retirara y lo reemplazara un juez de la filosofía conservadora de un Thomas o un Scalia, se podrían revocar un montón de casos erróneamente decididos y esta nación se libraría de la tiranía de la oligarquía judicial.

Reestructurar el Tribunal Supremo

Ya que hay tanto en juego, el pleito respecto a los próximos tres jueces del tribunal será amargo y sangriento. Los grupos de la extrema izquierda como *People for the American Way* [El pueblo a favor del camino estadounidense], la Liga de acción para los derechos del aborto y la reproducción, la Organización nacional de mujeres [NOW, por sus siglas en inglés], la ACLU y la

Gay-Lesbian Alliance [la alianza homosexual-lesbiana] emplearán todo tipo de maniobra sucia para difamar a los candidatos conservadores para el tribunal. El asunto dependerá de que los cristianos evangélicos estadounidenses y sus aliados tengan el valor de enfrascarse en una batalla larga y costosa. Una vez Ronald Reagan dijo: «Para tratar los asuntos con el Congreso, no es necesario que los miembros vean la luz, sino que sientan el calor». Los miembros republicanos y demócratas necesitan entender que si votan en contra de la confirmación de los candidatos conservadores, no volverán a su puesto en las próximas elecciones. No puede haber ni cuartel ni transigencias.

Nosotros los norteamericanos respetamos mucho la ley y el orden. El gran Samuel Rutherford escribió *Lex Rex:* «La ley es el rey». Una vez me senté con la que fuera primera ministra Margaret Thatcher en una comida privada en Londres. Le pregunté: «Lady Thatcher, ¿qué se debe hacer para corregir el desorden en Rusia?»

Su respuesta fue inmediata: «Necesitan jueces ingleses que les enseñen el imperio de la ley».

Nosotros atesoramos un poder judicial independiente, libre de presiones políticas, que tome decisiones imparciales guiado por la ley y la razón. El pueblo estadounidense da por sentado que las decisiones judiciales se hacen con justicia y de acuerdo con la ley. No tenemos un monarca arbitrario que reclame gobernar por derecho divino. Nuestro sistema de libre empresa se basa en el concepto del imperio de la ley que sostiene obligaciones contractuales y protege a los ciudadanos en contra del ejercicio del poderío de los fuertes.

Sin embargo, en los Estados Unidos la ley no es el rey; los jueces se han convertido en reyes. Lo que los europeos llaman «la enfermedad estadounidense» se debe curar y el pueblo debe recuperar su autoridad.

Una solución radical

Si los nombramientos no se llevan a cabo, el curso final será anular las decisiones del Tribunal Supremo. El tribunal no tiene ejército, ni ningún mecanismo para aplicar sus decisiones ni la capacidad para levantar fondos. Las decisiones del Tribunal Supremo solamente tienen peso porque el presidente, su fiscal general y los mariscales federales se lo dan. El Tribunal Supremo no puede funcionar si el Congreso se niega a asignar los fondos más allá de los sueldos que requiere la Constitución.

Si el presidente declara que las decisiones se han pasado de los límites constitucionales y se niega a hacerlas cumplir, entonces las decisiones no tendrían efecto excepto si vinieran de tribunales inferiores. Si el Congreso se negara a permitir que el tribunal revocara las leyes que aprobaron, entonces estas leyes quedarían en efecto. Si el Congreso desea limitar la jurisdicción del Tribunal Supremo sobre toda una clase de casos, lo podría hacer bajo la Constitución.

El Tribunal Supremo ha tomado el poder porque las otras dos ramas del gobierno se niegan a actuar. Una crisis constitucional no se precipitaría si a un arrogante usurpador de poder se le obligara a funcionar entre los límites expuestos por los padres de la patria. Está en juego nuestra existencia como nación libre. ¿Estamos dispuestos a actuar?

Ahora dejo las leyes hechas por el hombre para exponer las leyes de Dios, los Diez Mandamientos, que nuestro poder judicial está eliminando de la plaza pública. ¿Cuáles son estos mandamientos y por qué se han convertido para muchos en «Las diez ofensas»?

CUATRO

Primer mandamiento: Adore al Dios único y verdadero

Yo soy el SEÑOR tu Dios. ...
No tengas otros dioses además de mí

—ÉXODO 20:2-3

Imagínese el escenario: Unos 600,000 hebreos andrajosos, juntos con sus familias, todos ex esclavos, se libraron de la esclavitud después de cuatrocientos años de cautiverio en la tierra de Egipto. Su líder fue un hombre llamado Moisés que, según nos dice el registro, crió la hija del Faraón, el gobernador de Egipto. Moisés fue un príncipe de Egipto, un guerrero fuerte y un hombre adiestrado en toda la sabiduría de la nación. Lo criaron en el palacio del gobernador de la nación más potente de la tierra, Moisés tuvo todo lo que un hombre joven y viril podía ambicionar: dinero, poder, sirvientes, mujeres, fama, oportunidades ilimitadas, incluyendo la posibilidad de llegar a poseer el trono de Egipto como hijo de la hija del Faraón.

Pero Moisés creció un poco más y supo una verdad amarga. Él no era un príncipe egipcio, sino el hijo de un hebreo llamado Amirán. Un día Moisés vio a un capataz egipcio golpeando a un hebreo sin misericordia. En la lucha subsiguiente, Moisés golpeó y mató al egipcio. Después, al saber que este hecho se había conocido, abandonó su herencia real y huyó al desierto de Madián para salvar la vida. Allí, con cuarenta años de edad, se casó con la hija de Jetro, sacerdote y jefe de Madián, y pasó los cuarenta años siguientes pastoreando las ovejas en el desierto de Sinaí.

Un día, mientras Moisés buscaba una oveja perdida, vio una zarza que se estaba quemando sin consumirse; así que se acercó para observarla. Al acercarse, la voz de Dios le advirtió que se quitara los zapatos porque estaba pisando tierra santa. Entonces, Dios le dijo que había oído el clamor de su pueblo en la tierra de Egipto y que lo iba a mandar para que los sacara de Egipto y los llevara hasta la tierra prometida a sus antepasados.

¿Quién es el Dios único y verdadero?

Dios le dijo a Moisés: «Yo soy el Dios de tu padre. Soy el dios de Abraham, de Isaac y de Jacob» Éxodo 3.6.

Entonces Moisés le preguntó a Dios qué respuesta podría darle a los Hebreos si le preguntaban cómo se llamaba el Dios que lo envió. La respuesta de Dios fue: «YO SOY EL QUE SOY. … Y esto es lo que tienes que decirles a los israelitas: "YO SOY me ha enviado a ustedes"» (v. 14).

¿Cuál es este nombre que traducimos al español como «Jehová» o como SEÑOR con letras versalitas? Esto representa el Tetragrámaton hebreo, YHVH, que los eruditos creen ser el tiempo gramatical *hiphil* del verbo hebreo «ser». La traducción sería: «El que es la causa del ser de todo». Por reverencia los judíos ortodoxos solamente lo identifican como *HaShem*, el nombre. Pero para simplificar tomaron los puntos vocales de «Elohim», se lo agregaron a «YHVH» y obtuvieron: «Yehowah» o Jehová.

Jehová demostró ser el Dios que creó todo lo que hay. No hubo un dios antes que él ni habrá uno después de él. A través de la historia el nombre de Dios ha evidenciado suficiencia para su pueblo: Soy provisión; soy la paz; soy sanidad; soy la victoria; y en el caso de Jesús, soy la salvación.

Hasta el tiempo de Moisés, Dios se había revelado a los patriarcas como Elohim, el Creador del mundo. Solo cuando se mostró como el Redentor del pacto del pueblo judío, dio a conocer su nombre del pacto: Jehová.

Armado con el nombre de Jehová y una vara, Moisés y su hermano Aarón salieron desde el desierto de Madián hasta los atrios del Faraón, rey de Egipto. Moisés y Aarón, en el nombre de Jehová, exigieron la liberación del pueblo de Israel. El Faraón se mofó del nombre de Dios, igual que hace la gente en la actualidad. «¿Quién es Jehová, … para que lo obedezca y deje ir a Israel?» exigió él (Éxodo 5:2). Esto causó que Jehová mandara diez plagas sobre Egipto —que culminaron con la muerte de todos los hijos primogénitos de Egipto— antes de que Faraón reconociera que estaba tratando con la deidad más poderosa del universo y que más le convendría hacer lo que él mandaba.

Jehová sacó a sus escogidos de la esclavitud y de Egipto, a través del Mar de Cañas hasta el Sinaí, donde por fin llegaron al Monte Horeb (también llamado el Monte Sinaí).

A medida que los israelitas se reunían alrededor del monte, Jehová descendió en una columna de fuego sobre la cima de la montaña. Esta montaña gigante comenzó a temblar como con un temblor de tierra. Nubes densas, truenos y relámpagos cubrieron la cima de la montaña, y un toque muy fuerte de trompeta llenó el aire. de acuerdo con la Biblia, «puso a temblar a todos» (Éxodo 19:16). Bueno, era lógico que temblaran ante esas circunstancias.

Jehová advirtió que cualquiera que intentara subir la montaña moriría instantáneamente. Entonces, obedeciendo el mandato de Dios, Moisés subió a la montaña con su hermano Aarón.

El mismo Dios hizo un pacto con el pueblo. Otros reyes y deidades habían hecho exigencias de la gente, pero nunca como esta. Él dijo: «Yo soy el SEÑOR tu Dios. Yo te saqué de Egipto, del país donde eras esclavo» (Éxodo 20:2). Él era su deidad por medio del pacto. Él era su deidad por librarlos. Él era el Dios que oyó sus oraciones. Él era el Dios que iría delante de ellos para guiarlos hasta la Tierra Prometida. Desde el momento en que nacieron hasta que murieran, él estaría allí con ellos.

El primer mandamiento de Dios

Pero la parte del pacto que les pertenecía a los israelitas era obedecer diez sencillas reglas que se establecieron por su bien y por el bien de la sociedad. Dios escribió estos mandamientos en dos tablas de piedra.

Estos Diez Mandamientos, y el resto del código legal que le seguía, constituían sin duda alguna el código legal más exaltado de la conducta humana en el mundo antiguo. No se ha encontrado nada en la historia de aquel tiempo que lo pueda igualar. La sabiduría y lo práctico de los Diez Mandamientos atestiguan sus orígenes divinos. Con todo lo inteligente que era Moisés, nada en su récord apoya la premisa de que él era lo suficientemente inteligente como para redactar el código mosáico por sí mismo.

Los Diez Mandamientos se acoplan como una unidad. Cada mandamiento puede hacer mucho bien, pero la lógica para todos los mandamientos fluye del Primer Mandamiento: «Yo soy el SEÑOR tu Dios. ... No tengas otros dioses además de mí» (Éxodo 20:1-3).

Los cristianos que vinieron a Nortemérica abrazaron a Jehová como su Dios. Cuando decimos: «en Dios confiamos», el Dios del que hablamos es Jehová, el Dios de los Diez Mandamientos. Cuando cantamos «Dios, bendice a América», le estamos cantando a Jehová Dios. Cuando juramos: «Así que, ayúdame, Dios», nos referimos a Jehová Dios. Cuando oramos: «Padre nuestro que estás en los cielos» le estamos orando a Jehová Dios. Cuando los cristianos recitan el Credo Apostólico «Creo en Dios el Padre, hacedor Todopoderoso de los cielos y la tierra», afirman su fe en Jehová Dios.

Nunca nadie en los Estados Unidos ha discutido quién es Dios. Él es el Dios de Génesis, Éxodo, los profetas, David, Jesús y los apóstoles. No tenemos ningún otro Dios en toda la historia de esta nación. El Dios que rescató a los judíos de Egipto, es el Dios de los fundadores de los Estados Unidos.

Así que en estos tiempos modernos nos preguntamos ¿cómo es posible que un juez en Alabama haya declarado que el reconocimiento del mismo ser divino a través de nuestra historia esté ahora constitucionalmente prohibido?

¿Quiénes son los muchos dioses?

En el libro que escribió el profeta Isaías, Dios dijo: «Así dice el Señor, ... Yo hice la tierra, y sobre ella formé a la humanidad. Mis propias manos extendieron los cielos, y di órdenes a sus constelaciones. Yo soy el SEÑOR, y no hay otro; fuera de mí no hay ningún Dios» (45:11-12, 5).

El Primer Mandamiento deja claro que Jehová no tolerará ningún rival. ¿Por qué no? Primero, él es la fuente de la verdad absoluta y solo él tiene la llave para la salvación eterna. Él es absolutamente benevolente y totalmente altruista. Como él nos hizo, es el único que conoce la clave para nuestra felicidad. Solo él tiene el poder de curarnos, de proveer para nuestras necesidades y contestar a nuestras oraciones. «Otros dioses» no tienen vida o son ídolos vacíos que no son capaces de ayudar al ser humano, o esos «otros dioses» son en realidad demonios malévolos que destruirán a sus adoradores.

Para ver lo que «otros dioses» han hecho a la gente, solo es necesario visitar Calcuta, una ciudad en la India dedicada a Cali, la diosa de la muerte. Fue en Calcuta que la Madre Teresa ministró a algunos de los pobres más miserables sobre el planeta. Esta es una ciudad en la que hace años el «camión de los difuntos» recogía los cuerpos de aquellos que se morían todos los días de enfermedades o de hambre.

O visite Haití, una nación cuya gente oró a Satanás hace unos doscientos años pidiéndole que si los libraba del control de los franceses, ellos lo adorarían. Magia negra, opresión, miseria absoluta y una matanza interminable ha sido la suerte de

los haitianos como la recompensa de su «otro dios». La isla de
La Española está dividida en dos. Una mitad le pertenece a Haití, la cual tiene la peor pobreza del hemisferio occidental. La
otra mitad pertenece a la República Dominicana, una tierra
próspera y fértil donde el pueblo adora a Jehová Dios. Sería
difícil encontrar un contraste más vívido.

La bendición de adorar a Dios

Los Estados Unidos, igual que la República Dominicana, ha recibido muchas bendiciones por haber adorado al único Dios
que se ha revelado como el ser supremo sobre todos los demás.

Primero, honrar al verdadero Dios nos bendice con una estabilidad nacional, al contrario de esas naciones donde las facciones religiosas están en guerra desmembrando los países. No debemos engañarnos al pensar que estos desórdenes civiles no
pueden ocurrir aquí en los Estados Unidos si la ética judeo-cristiana que formó nuestros fundamentos estables están sacudidos
por las demandas de religiones que están en competencia.

Segundo, la gente que adora dioses que no son el verdadero
Dios solo experimenta confusión espiritual, incertidumbre e in-
seguridad. Repito, usted solo tiene que viajar a las naciones
donde los panteones de los dioses exigen adoración y devoción
para comprender la bendición de honrar solo a un Dios.

La tercera gran bendición por honrar al único Dios es una
bendición para cada uno de nosotros individualmente. Cuando adoramos al gran YO SOY antes que a todos los dioses, él se
convierte en nuestra fuente personal de virtud y bienestar. Él
nos suple todo lo que tenemos. La Biblia dice que a aquellos
que lo adoran «El SEÑOR les brinda generosamente su bondad» (Salmo 84:11).

Por último, hay otra bendición que viene a cada uno de nosotros a medida que adoramos al único Dios. Él ve en nosotros la
posibilidad de formar una naturaleza nueva, inspirada divinamente. Su Espíritu nos ayuda en nuestras debilidades para obedecerlo. De hecho, las leyes de Dios son un camino, no para

esclavizarnos ni hacernos saltar para servirlo sino para formar en nosotros el carácter bueno y devoto del cual él sabe que somos capaces.

Honrar solo a este Dios y seguir sus mandatos es, por último, honrar y respetarnos a nosotros mismos. Es buscar nuestro verdadero potencial, como individuos y como nación.

A pesar de estas claras bendiciones, en el siglo veintiuno los estadounidenses están queriendo demostrar que el Primer Mandamiento es una ofensa en lugar de una bendición. Los hindúes han venido a estas tierras desde la India, donde no adoran a un dios, sino a millones de dioses de acuerdo con *Hinduism Today* [El hinduismo de hoy]. Ellos creen en un sistema de castas donde 300 millones de personas están condenadas a ser una casta baja de «intocables» por el color de su piel, malditos de acuerdo con la creencia hindú de haber nacido debajo del pie del dios Brahma. También adoran a Ganesh, mitad hombre, mitad elefante, quien imaginan ser el hijo de Shiva, el dios de la destrucción. Los hindúes viven con un gran temor porque creen que después de la muerte ellos reencarnarán en una vaca, una serpiente, un perro, un escarabajo u otra persona, y así sucederá durante toda la eternidad, excepto si pueden encontrar que cese el deseo y entre en un estado de existencia conocido como Nirvana. La afirmación de la fe en un solo Dios es para ellos como una ofensa.

Jehová Dios dice que cada ser humano es una creación única, hecha a la imagen de Dios y dotada con derechos especiales. En las palabras de la Declaración de Independencia, somos «creados por igual y dotados con derechos inalienables … vida, libertad y la búsqueda de la felicidad», no hay temor, confusión ni pobreza miserable. El concepto de la naturaleza exaltada de la humanidad subyacente en nuestras libertades viene solo del Jehová Dios del Primer Mandamiento.

En culturas muy primitivas la gente adoraba deidades tales como Ra, el dios del sol de los egipcios. Una visita a las ruinas de Éfeso, en Turquía, revela estatuas de Diana, la diosa de la fertilidad representada como una mujer cuyo pecho está cubierto de muchos senos. Los babilonios adoraban a Astarte (o Astoret) que también era un símbolo de la fertilidad. Por lo general, mostraban a estos dioses o diosas con genitales muy exagerados, y su adoración incluía prostitutas y sodomitas de cultos. Sus templos, como el de Baalbeck, en el Líbano, estaban adornados con los llamados motivos del huevo y el dardo, en representación de la sexualidad masculina y femenina.

En la Canaán antigua, la gente erigía estatuas a un dios llamado Molec. Los adoradores creían que este dios demandaba que ellos sacrificaran a sus hijos jóvenes para quemárselos vivos a Molec. Así que la estatua se fabricaba como una cámara de fuego con brazos extendidos y con una boca enorme que guiaba a la cámara de fuego. Colocaban a los niños sobre los candentes brazos extendidos o en la cámara de fuego para quemarlos vivos.

Las antiguas Grecia y Roma tenían un panteón de dioses, y todos ellos tenían características humanas. Eran caprichosos, vengativos, lujuriosos y dados a querellas entre ellos. Cualquiera que fuera el sistema de creencia que involucraba a estos dioses, servía solo para crear temor, incertidumbre y falta de dignidad en las mentes y corazones de los adoradores.

A través de la historia los seres humanos han adorado al sol, la luna, las estrellas, los animales, las serpientes, gobernadores, antepasados, Satanás y a una hueste de representaciones de seres demoniacos que de vez en cuando han aparecido en la historia. Es notable la similitud de las representaciones artísticas de estos seres demoniacos aterradores en África y Asia. Estos reflejan la amplia influencia de los dioses en el mundo, la cual no procede de Jehová.

¿Es Alá un dios verdadero?

Jehová dice que él es el único Dios verdadero. Él es el creador. Solo él es la fuente de sabiduría. Él exige que por su propio bien su pueblo no adore a otros dioses.

En la actualidad, el islamismo es la otra religión de mayor

crecimiento después del cristianismo. *Islam* significa sumisión, sumisión al dios Alá, quien era el dios lunar de Meca en Arabia saudita. Esto explica la presencia de la luna creciente como el símbolo islámico que aparece en las banderas de muchos países islámicos. Su agencia de socorro no es la Cruz Roja sino el Creciente Rojo.

Yo he leído los escritos de un experto que analizó los orígenes del idioma del Medio Oriente y la dispersión de la población. Él cree que el concepto de Alá se puede derivar del pueblo de los canaanitas y de los fenicios que habitaron la Tierra Santa antes de los hebreos que llegaron de Egipto.

Cualquiera que sea el origen del nombre, el Alá del Islam *no* es el Jehová del Primer Mandamiento. Aunque el Islam es una religión monoteísta, la similitud se detiene allí. Las características de Jehová y Alá son totalmente diferentes.

Jehová Dios se reveló en la Biblia de los judíos y de los cristianos, que escribieron aproximadamente cuarenta personas en un período de por lo menos 1,400 años. En contraste, nuestro conocimiento del dios Alá procede por completo de la escritura repetitiva e internamente inconstante de un árabe guerrero y místico. Al contrario del Corán, la Biblia es internamente constante y sostiene una clara autenticidad de haber sido escrita por hombres que el Espíritu de Jehová Dios inspiró (2 Pedro 1:20-21).

Muchas personas, incluso algunos cristianos, creen que Jehová Dios y Alá son los mismos. ¡No lo son! Cualquiera que iguale a Jehová Dios con el Alá del Corán está cometiendo un grave error histórico y un error teológico igualmente grave.

El Primer Mandamiento condena a los adoradores de «otros dioses» como Alá, por lo tanto, es obvio que este mandamiento que se hizo para nuestro beneficio se vea como una ofensa para los musulmanes, que por necesidad desean que se elimine de la vista pública.

Abundancia de los dioses de la Nueva Era

Varias formas de creencias de la Nueva Era también han alcanzado a Norteamérica. Algunos adoran a Gaia, la «gran madre», invocando a las energías antiguas de la tierra que contiene los elementos de la tierra, el aire, el fuego y el agua. Otros adoran el «padre cielo», que es cónyuge de la «gran madre» e igual a ella. Hay otros que adoran a «Sofía», la representación femenina de la sabiduría secreta.

La «brujería blanca», en Estados Unidos, se ha ido transformando de una colección de juegos para fiestas de muchachos adolescentes a una religión que está ganando status y derechos. La Wicca, como se conoce, ostenta miles de aquelarres (reuniones de brujas) e «iglesias» dedicadas a «las formas antiguas». Estos aquelarres no se reúnen en callejones oscuros ni por la noche en cementerios abandonados. Muchos están registrados con el gobierno como organizaciones religiosas exentas de impuestos y se pueden encontrar en nuestros pueblos y ciudades, o metidos en áreas rurales en el corazón de nuestra nación. En una de esas fincas, en un área rural en el sureste de Pensilvania, los paganos de varias estirpes desde druidas hasta brujas se reúnen anualmente para levantar un círculo de piedras y sobre un altar de piedra delante del círculo presentan las ofrendas a sus dioses y a los «poderes» que tienen las piedras .

Luego viene el tren de las «deidades naturales». Los viejos dioses de los mitos y las leyendas célticas son muchas de las deidades a los que los norteamericanos se están volviendo. Hemos vuelto a adorar las tan llamadas energías antiguas de la tierra y el cosmos, a pesar de la advertencia bíblica de resistirnos a los poderes y a los principados, que realmente son entidades demoníacas que gobiernan en lugares altos y batallan en contra del único y verdadero Dios. Los de la Nueva Era buscan varios tipos de médiums y astrólogos con la esperanza de oír la sabiduría cósmica canalizada a ellos por espíritus o escritas en las estrellas. Otros millones y millones de estadounidenses, algunos de los cuales incluso asisten a las iglesias, son aficionados a la magia y en ocasiones buscan la guía de barajas tarot, tablas de la Ouija y el horóscopos diario.

Hasta estamos experimentando un pequeño avivamiento del paganismo romano y greco, a medida que algunos regresan a las religiones misteriosas de las antiguas Roma y Grecia. Estamos volviendo a adorar dioses que son iguales a los humanos, con su naturaleza veleidosa, sus engaños y lujuria y sus caminos de cobardía y asesinatos.

Ya es hora de que nos detengamos y nos preguntemos: ¿Cómo es posible que en esta era tan compleja de tecnología hayamos vuelto a adorar a los dioses de los que se libraron nuestros antepasados con tanta dificultad? ¿Por qué hemos regresado a dioses de temor y oscuridad y elevado al status de deidades cosas como los árboles, las piedras y las criaturas que se arrastran?

El hombre como su propio Dios

En la superficie, parece que los Estados Unidos se han convertido en una nación que corre tras muchos otros dioses. Pero la verdad es que en Norteamérica nos adoramos a nosotros mismos. Adorar algo significa mantenerlo en alta estima, respetarlo como sagrado. Si realmente fuéramos personas que adoramos a Dios, lo mantendríamos a él y a sus mandamientos en un lugar más alto que a nosotros mismos. Pero con frecuencia ese no es el caso. Durante algún tiempo, sucedió un gran cambio en nuestra cultura. Donde una vez adoramos y tuvimos un gran aprecio por el Dios de la Biblia y sus leyes, ahora adoramos a otro dios, es decir, el individuo. Nos adoramos a nosotros mismos.

El amor supremo por el ego ha venido caminando en Norteamérica desde el Siglo de las luces, el siglo dieciocho, que comenzó a correr en contra de los grandes avivamientos espirituales de esa era. El pensamiento de la ilustración dio a luz a muchos magníficos científicos, educadores y movimientos artísticos, pero en este estaba latente el concepto metafísico de que la autoridad mayor y última no es Dios, sino el individuo.

Más tarde, en la década de 1800, el sometimiento del individualismo comenzó a tomar la forma de una religión secular. Fue entonces que el poeta Walt Whitman dio una voz popular a esta religión cuando escribió en su introducción a *Leaves of Grass* [Hojas de la hierba]: «Pronto no habrá más sacerdotes. Su obra ya terminó ... cada hombre será su propio sacerdote». Whitman anunció el dogma que la élite cultural de Norteamérica adoptó con avidez. Se convirtió en una noción ridícula el reverenciar y obedecer cualquier cosa o a cualquiera por encima de nuestro intelecto, nuestras pasiones y a nosotros mismos.

No es de sorprenderse que el Siglo de las luces también trajera una avalancha de erudición que ayudó a destruir el respeto que le teníamos a la autoridad de la Biblia. A fines de la década de 1800, lo que se había conocido como la crítica alta colocó a la Biblia firmemente bajo el talón del hombre. En lugar de permitir que la Palabra de Dios dirigiera la conducta y los asuntos de las personas, los intelectuales colocaron sus razonamientos y sus personas por encima de la Biblia. La continua autopsia de la Biblia, que ellos comenzaron, sigue hasta nuestros días. La crítica alta, ya que proclama que es la búsqueda de la verdad, realmente comienza con la noción de que las Escrituras están hechas por el hombre y no inspiradas por Dios. Por lo tanto, estas críticas sostienen que la Biblia está gravemente equivocada y que no se puede creer. Entonces, es cosa de estos críticos «corregir» las ideas erróneas que la Biblia «imperfecta» creó.

Los dioses de la sicología

Desde el principio del siglo veinte, el desarrollo de las ciencias sicológicas aceleró la erosión de la antigua postura de nuestra nación de que el único y verdadero Dios es supremo y es a quien se debe obedecer. De Sigmund Freud y Carl Jung proviene la idea de que hay un gran subconciente que con poder gobierna nuestras acciones y nuestras vidas. Como la sicología y la espiritualidad se encontraron, los poderes del alma humana se convirtieron en Dios. Los teóricos subsecuentes en el campo de lo místico y la sicología a profundidad, tales como Joseph Campbell y James Hillman, han continuado fortaleciendo la creencia de que no logramos nuestro mayor bienestar al obedecer a Dios y sus leyes. Por el contrario, nuestro mayor bienestar viene a medida que cada uno de nosotros sigue su «dicha» individual y emerge como un individuo autoactualizado, libre de cualquier «ley» que no aceptamos. Para aquellos que promueven tal individualización radical, cualquier norma que nos pida conformarnos a las leyes aparte de las que nosotros creamos para nosotros mismos, es represiva y diabólica.

El efecto de todos estos movimientos es que el espíritu de Norteamérica se ha vuelto al revés. Hoy nuestra cultura se mofa de cualquiera que insista en que regresemos a adorar al único y verdadero Dios. Especialmente demonizamos a cualquiera que insista en que sus leyes se deben obedecer. Mediante el desprecio a la adoración al único y verdadero Dios y sus leyes, hemos creado una religión secular, el culto al individuo.

Aunque el culto al individuo ha engendrado muchas consecuencias negativas, quizás la más expandida es esta: como una cultura, sentimos muy poco respeto por cualquier posición de autoridad. Odiamos las leyes que «limitan» nuestra conducta. Ya dejamos de honrar a la gente según la posición que ocupen, a los padres, maestros, empleados, oficiales de la ley u oficiales del gobierno. Nuestra falta de respeto ha alcanzado proporciones gigantescas. A medida que esta enfermedad social se profundiza, nuestra nación se está precipitando hacia consecuencias sociales y personales devastadoras. Incluso en la iglesia, estamos perdiendo el respeto por nuestros ministros, ancianos y maestros, y las sublevaciones contra los pastores y los líderes de la iglesia ya son una epidemia.

Como resultado de nuestra gran indiferencia hacia la autoridad, nos molesta oír: «Yo soy el Señor tu Dios … No tengas a otros dioses además de mí». Se ha hecho ofensivo decir que hay un Dios que clama ser supremo y que nos llama a la obediencia.

¿Por qué estamos tan ofendidos? Porque no nos gusta la verdad de que hay Uno que está por encima de nosotros porque es el Ser Supremo, el Creador del universo. No nos gusta el hecho de que solo él tenga el poder y la sabiduría absoluta o que sus leyes, por las cuales sostiene todas las cosas, sean absolutas e invariables igual que sus leyes morales.

Dioses seductivos contemporáneos

Si fuéramos a señalar a los que se han vuelto del Dios de la Biblia a religiones extrañas, debemos también considerar a los que han hecho «dioses» de varios aspectos de nuestra cultura materialista.

Para muchos norteamericanos de negocios, el capitalismo tiene la estatura de un dios. La adoración al capitalismo permite que hombres y mujeres como la cabeza de Enron y World-Com digan: «Somos los únicos que hacemos que el país funcione. Creamos los trabajos y hacemos que funcione la economía. Por lo tanto, si es bueno para nosotros, será bueno para todos». Como esta gente cree por sobre todo en el capitalismo, también creen que pueden decidir lo que es correcto e incorrecto. El resultado es el engaño y el desastre económico.

En la comunidad educativa honramos la mente humana por encima de Dios. El concepto de la revelación de afuera de nosotros mismos no solo se considera anticuado sino falta de sentido. Cualquiera que confíe en una verdad que viene de lo alto, se considera como peligroso y posiblemente loco.

En la comunidad médica vemos médicos que veneran la biotecnología. Aquí en Norfolk, Virginia, los médicos están jugando a ser Dios creando vida en una placa Petri. Solo estamos a unos pasos del trabajo de los médicos en la China que recientemente clonaron una forma de vida que es un cruce de un animal y un humano para cosechar células madres. La ciencia se ha convertido en una ley en sí misma, y la regla es: Si nosotros podemos lograrlo, se debe permitir.

En los niveles del diario vivir, los norteamericanos se han

sacrificado mucho ante el dios del materialismo. Renunciamos a días completos para tener más dinero, en algunos casos trabajamos sesenta, ochenta y ciento veinte horas a la semana. No prestamos atención a la vida espiritual y corremos hasta vaciarnos, fatigarnos y agotarnos. Luego caemos en la depresión. Como resultado, tenemos una epidemia nacional de gente con exceso de medicamentos.

Los dioses sensuales de la cultura popular

Hasta nuestra cultura popular nos ha dado dioses: atletas profesionales, artistas de películas, modelos de ropas y artistas dedicadas a la grabación. Estos son los dioses que miramos al imitar a las celebridades y sus estilos de vida. Aunque parezca extraño, mucha de esta gente experimenta la tragedia debido a su modo de vida salvaje y el carácter desperfecto. Sin embargo, millones continúan siguiéndolos.

Es muy interesante, todos los adoradores de estos dioses falsos sufren de una clase de ceguera espiritual. Al parecer, no ven la única característica que comparten todos los ídolos y dioses falsos: ninguno de ellos es supremo.

Ya sea que estemos hablando de Buda o de Alá o de las deidades naturales, los poderes que reclaman los dioses falsos vienen de algunos aspectos de la creación, por ejemplo, su naturaleza cíclica, su fertilidad, o su destructividad. Si miramos más de cerca, veremos que ninguno de estos dioses falsos tiene poder alguno sobre la creación. Sin embargo, los practicantes de las religiones que adoran a estos dioses no parecen detenerse y preguntarse: «¿Cómo puede mi dios ser Dios si está sujeto a las condiciones de la creación?» Muy sencillo, estos mal llamados dioses no se pueden liberar de las ataduras del universo creado.

Hay otra verdad que millones no desean enfrentar. Los dioses falsos a los que nos volvemos en muchas maneras son sospechosamente como nosotros. ¿Es esto una coincidencia? Es muy dudoso. Lo más probable es que hayamos proyectado a nuestros seres en la amplia pantalla del cosmos y les llamemos «dios». Entre los dioses falsos norteamericanos, además de los ídolos importados de otras culturas, hemos creado nuestro propio panteón. A través de nuestro materialismo, adoramos de acuerdo con nuestro deseo de comodidad y lujo. A través de nuestro intelectualismo, adoramos nuestro sentido de inteligencia inflado. A través de nuestro sensacionalismo, adoramos nuestros cuerpos y nuestros sentidos. Dicho en pocas palabras, hemos tomado lo que es débil y bajo en la naturaleza humana y lo hemos elevado al status de lo bueno y santo.

Usted se preguntará, ¿cuál es el problema con esto? ¿Qué hay de malo en elevar lo bueno de la humanidad y honrar lo mejor de nosotros? La razón por la cual estamos destruyendo el ambiente y a nuestro propio planeta, ¿no es por falta de respeto a la naturaleza? ¿Qué hay de malo con adorar ídolos y dioses falsos?

La tolerancia se convierte en su propio dios

Cualquiera que hable en contra de adorar a otros dioses además de Jehová, el Dios de la Biblia, va a molestar a sus compatriotas estadounidenses. Somos una nación que valora la tolerancia religiosa. De hecho, la *tolerancia* se ha convertido en una de las palabras más populares en nuestra cultura. Creemos, como una nación en la que prevalecen la libertad de expresión y el derecho de expresión, que cada punto de vista y creencia debe estar representado sin impedimento.

Al parecer, realmente la tolerancia es una postura socialmente buena. No queremos que los Estados Unidos se convierta en una nación donde se repriman las opiniones y las creencias de la minoría, o donde los individuos estén brutalizados por creencias que corren en contra de las corrientes principales. Algunos de nuestros grandes héroes culturales son aquellos que se paran en contra de las corrientes principales de pensamiento y sufren la intolerancia de la multitud para traer un cambio social.

Pero la tolerancia también tiene un aspecto extremadamente enfermizo. Lo que hemos querido decir con «tolerancia» es una debilidad de la línea límite entre lo bueno y lo maligno, lo correcto y lo incorrecto.

Un grupo de religiosos paganos que adoran deidades naturales con genitales exagerados quiere tolerancia para su ritual, aunque este incluya la adoración al desnudo en grupos en los que hay niños y que culmina con hombres y mujeres adorando a sus dioses mediante el acto sexual público.

Los grupos que reclaman la relación más floja para la religión nativa norteamericana exigen tolerancia para sus prácticas, las cuales incluye el uso de peligrosas drogas ilegales que alteran la mente.

Ciertas sectas fundamentalistas, basadas en las religiones del Medio Oriente, exigen que toleremos su retórica llena de odio, con el propósito de destruir a «Norteamérica, el gran Satanás».

En nuestra cultura en general, los dioses falsos de nuestro derecho a hablar y a expresarse libremente han traspasado los límites, particularmente entre la decencia y la pornografía. Mientras escribo, el anuncio de un programa *Coupling* [Acoplamiento], uno de los nuevos programas (que por suerte duró poco) de la televisión que ofreció NBC (Compañía Nacional de Transmisión, por sus siglas en inglés), presentó a seis personajes principales aparentemente desnudos.

¿Qué hay de malo con la adoración a dioses falsos? No hablan con una voz de autoridad, declarando lo que es bueno y lo que es diabólico, correcto e incorrecto. Ellos hablan, sospechosamente, en términos permisivos, dejándonos hacer lo que gusta a nuestra carne y a los impulsos oscuros de nuestra alma, para tomar venganza y tener la plenitud de nuestra lujuria. Ellos nos motivan a caer hasta el punto de ser como los predadores que se empeñan en consumirse el uno al otro.

Deidades modernas de autoayuda

No es por gusto que hemos tolerado el aumento de falsos dioses en los Estados Unidos. Solo tenemos que leer los títulos de «autoayuda» y «espiritualidad» en cualquiera de las librerías, y allí encontraremos evidencia del único dios más prominente de nuestra cultura.

Thomas Moore, un monje católico que se convirtió en psicoanalista, es uno de los gurús más populares de autoayuda de los años recientes. En el primer libro bestseller *Care of the Soul* [Cuidados del alma], él nos ayuda a entender por qué las leyes de Dios y su prohibición contra los falsos ídolos es hoy una ofensa. Él escribe: «Los cuidados del alma son de muchas maneras un regreso a las nociones primitivas de lo que es la terapia. *Cura*, la palabra en latín que originalmente se usó en "cuidados del alma", significa varias cosas: atención, devoción, cuidar de, sanar, administrar, estar ansioso por y adorar a los dioses». Luego sigue escribiendo: "Aquí yo no uso la palabra [alma] como un objeto de creencia religiosa o como algo que tiene que ver con la inmoralidad ... yo veo mi responsabilidad, para mí mismo, para un amigo o para un paciente en terapia, como observar y respetar lo que presenta el alma».

De hecho, lo que Moore sugiere es «atención» y «devoción» a «los dioses» representados por la variedad del ánimo, los gustos y el amor del alma misma. A través del resto de este libro, Moore ayuda al lector a identificarse con los deseos y hazañas de los muchos dioses paganos y a «honrarlos». Para Moore, «adorar» u «honrar» a los dioses y a nuestros deseos significa colocar los gustos y deseos de nuestra alma multifacética por encima de todo. Para él, y para otros psicoanalistas que emplean sus métodos a gran escala, el alma humana es en apariencia la fuerza suprema, una colección de deidades hambrientas. Todos los deseos y fantasías son un dios que servir. Si queremos ser dichosos y sentirnos realizados, debemos prodigarle atención a estos dioses de todos nuestros caprichos.

En una cultura donde la tolerancia es el supremo bien y

donde cada alma del individuo se ha convertido en un dios falso que se honra y sirve, es una ofensa grave de parte del Dios de la Biblia declarar: «No tengas otros dioses además de mí».

La pregunta para nosotros, como individuos y como una nación, es simple: ¿Nos serviremos a nosotros mismos, o haremos que Dios sea el Señor de nuestras vidas? No permanecerá una nación que sirve a millones y millones de pequeños «dioses» individuales empeñados en salirse con la suya. Pero una nación que adore al único y verdadero Dios, será unida, fuerte y segura. Será entonces y solo entonces que Dios probará ser el gran YO SOY capaz de satisfacer todas nuestras necesidades.

CINCO

Segundo mandamiento: Evite adorar ídolos

No te hagas ningún ídolo ...
No te inclines delante de ellos ni los adores.

ÉXODO 20:4-5

Hace varios años yo estaba en Rajahmundry, India, para hablar en una conferencia y grabar un documental para la televisión. Una mañana, temprano, mi equipo de camarógrafos y yo fuimos a la orilla de un río que fluía a través de la ciudad de Rajahmundry. Los nativos creían que el río contenía la esperma del dios Shiva, así que vinieron temprano en la mañana para bañarse en lo que ellos consideraban ser un elixir sobrenatural. Había estatuas de sus dioses y diosas alrededor de los escalones que llevaban hasta la orilla del río. La estatua de mal agüero de Shiva, el dios que se cree que destruye y vuelve a crear, estaba representada por una persona sentada con los pies cruzados, mirando fijamente al espacio. Dos cobras rodeaban su cuello, inclinadas a ambos lados de su cara, supuestamente ofreciéndole sabiduría.

Alrededor del patio que llevaba al río, yo observé a los hindúes, hombres y mujeres, con sus caras sobre la tierra reverenciando a unas estatuas de piedras de varios dioses, al mismo tiempo que imploraban respuestas a sus oraciones. Y mientras los observaba, pensé, *¿esta gente no se da cuenta de que estos* *pedazos grandes de rocas sin vida no los pueden ayudar?* Sin embargo, allí estaban ellos, ofreciendo sacrificios y oraciones a eso que no tenía oídos ni podía hablar.

También fui testigo de esta clase de devoción a ídolos cuando visité un templo budista en Taipei en la década de 1980. Observé cómo los adoradores compraban pequeños pedazos de papel de los vendedores a lo largo de la muralla. Entonces se inclinaban y oraban a una estatua gigante de Buda mientras quemaban incienso y hasta dinero, con la esperanza de que los favoreciera la fortuna expresada en su pequeño pedazo de papel. Algunos tenían palitos de suerte especial que tiraban sobre la tierra frente a las estatuas con la esperanza de conocer algunos secretos del futuro.

Imagine los dolores del corazón, desilusiones y sueños perdidos de estos que invertían sus esperanzas en un ídolo que no les podía hacer ningún bien.

La tontería de adorar ídolos

El segundo mandamiento es explícito: «*No te hagas ningún ídolo,* ni nada que guarde semejanza con lo que hay arriba en el cielo, ni con lo que hay abajo en la tierra, ni con lo que hay en las aguas debajo de la tierra. No te inclines delante de ellos ni los adores» (Éxodo 20:4-5, énfasis del autor).

El profeta Isaías se mofó de aquellos en Israel que violaron los mandamientos de Dios y veneraron ídolos. Aquí están sus palabras:

> El carpintero mide con un cordel, hace un boceto con un estilete, —lo trabaja con el escoplo y lo traza con el compás. —Le da forma humana; le imprime la belleza de un ser humano, para que habite en un santuario.
>
> Derriba los cedros, y escoge un ciprés o un roble, —y lo deja crecer entre los árboles del bosque; o planta un pino, que la lluvia hace crecer.
>
> Al hombre le sirve de combustible, y toma una parte

para calentarse; enciende un fuego y hornea pan. —Pero también labra un dios y lo adora; hace un ídolo y se postra ante él.

La mitad de la madera la quema en el fuego, sobre esa mitad prepara su comida; asa la carne y se sacia. —También se calienta y dice: «¡Ah! Ya voy entrando en calor, mientras contemplo las llamas.»

Con el resto hace un dios, su ídolo; se postra ante él y lo adora. —Y suplicante le dice: «Sálvame, pues tú eres mi dios.»

No saben nada, no entienden nada; sus ojos están velados, y no ven; su mente está cerrada, y no entienden.

Les falta conocimiento y entendimiento; no se ponen a pensar ni a decir: —«Usé la mitad para combustible; incluso horneé pan sobre los brasas, asé carne y la comí.

—¿Y haré algo abominable con lo que queda? ¿Me postraré ante un pedazo de madera?»

Se alimentan de cenizas, se dejan engañar por su iluso corazón, —no pueden salvarse a sí mismos, ni decir: «¡Lo que tengo en mi diestra es una mentira!»

(Isaías 44:13-20)

Hubo un tiempo en que los norteamericanos estuvieron de acuerdo con Isaías en que adorar ídolos es una completa tontería y viene del paganismo. La revelación de Jehová expresada en el judaísmo y en la religión cristiana es infinitamente superior al paganismo. No obstante, en el clima del progresismo ideológico que ahora está descendiendo como una mortaja sobre la élite liberal de Estados Unidos, cualquier intento para mostrar la superioridad de una religión sobre otra se satisface con la burla y la hostilidad. De hecho, en la ONU (Organización de las Naciones Unidas) se han hecho repetidos intentos para criminalizar la conversión de los adoradores de ídolos a la verdad.

Luego de silenciar con éxito la verdad en nuestras universidades y los medios de comunicación, el sumo sacerdote y los sacerdotes de la política correctiva le han abierto las puertas de lo que fue los Estados Unidos cristiano a la embestida y veneración de deidades hindúes, monjes budistas, chamanes de la India, Satanismo, magia negra y ocultismo. Aquellos que protestan son calificados ala derecha, fundamentalistas, prejuiciados de mente estrecha. Ahora se considera antiamericano criticar la religión de cualquiera, excepto el cristianismo.

No obstante, la verdad no se puede silenciar. Una vez oí una maravillosa historia de África. En una villa remota en lo más intrincado del África vivía un hombre que se ganaba la vida tallando y vendiendo ídolos. Un día la luz penetró en su ser interior. Se miró el brazo que sostenía el cincel y su otro brazo, que sostenía el ídolo, y pensó: *Si mi brazo puede tallar este ídolo, debo adorar al que hizo mi brazo.* Así que se dispuso a orar para descubrir al Creador de sus brazos. Como es obvio, el Dios que ve, oye y hace milagros no esperó mucho para contestarle. Él bendijo a este africano trinchador de ídolos con una revelación de sí mismo, y el trinchador se convirtió en un creyente ferviente del Dios que hizo sus brazos y que envió a su Hijo a morir por sus pecados.

La diferencia entre Dios y los ídolos

¿Por qué la idolatría es tan fácil y la adoración al único Dios verdadero es tan difícil?

Somos seres espirituales, pero nuestros espíritus moran en un cuerpo finito. Estamos rodeados de cosas que estimulan nuestros sentidos físicos. Nos sentimos cómodos alrededor de objetos que podemos ver, tocar, probar o sentir. La mayoría de la gente se siente intensamente incómoda alrededor de seres etéreos que no tienen un cuerpo definido. En las películas de horror la parte de más temor viene de la introducción de los fantasmas que pertenecen a algunas realidades diferentes de la que nuestros sentidos físicos pueden percibir.

Sin embargo, Jehová Dios se presenta a sí mismo como un ser puro. Él es la misma vida. Él controla la electricidad y el poder atómico. Él es la fuente de energía para el sol y las estrellas.

Jesucristo dijo: «Dios es espíritu, y quienes lo adoran deben hacerlo en espíritu y en verdad» (Juan 4:24).

El problema que esto presenta a la persona promedio es que para tener comunión con Dios, el adorador debe ser santo. El salmista escribió: «¿Quién puede subir al monte del Señor? ¿Quién puede estar en su lugar santo? Sólo el de manos limpias y corazón puro, el que no adora ídolos vanos ni jura por dioses falsos» (Salmo 24:3-4). Dios dijo que su pueblo debe ser santo, porque él es santo (1 Pedro 1:16).

Un Dios como este está siempre levantando a la gente más y más alto en pureza, moralidad, bondad a otros, entrega de sí mismos y amor. Cuando adoramos a Jehová Dios, estamos purificados y refinados ... hechos más semejantes a él.

Pero la gente desea algo concreto, no espiritual. Ellos quieren ver una estatua de una deidad, una imagen de un santo, o una representación de alguien que puede traer la buena fortuna y ayudar a aliviar las cargas de la vida. Ellos pueden frotar el ídolo, tocarlo, besarlo e inclinarse ante el ídolo sin sufrir ninguna reforma en sus vidas. El ídolo se convierte en lo que desee el que lo adora. Pero el ídolo nunca puede dar paz, nunca puede responder los anhelos del corazón, nunca puede pronosticar el futuro, y de seguro no puede guiar el adorador a la verdadera santidad. La religión que se basa en los ídolos terminará en la degeneración o en el escepticismo doloroso. La idolatría siempre guía a la decepción y a la frustración.

La influencia demoniaca de los ídolos

En este mundo hay seres que no son humanos. La Biblia habla de seres espirituales llamados ángeles, que son los mensajeros de Dios. Estos seres se envían para anunciar hechos importantes a la humanidad, pero, más importante aún, Dios los envía para vigilar a los seres humanos «que han de heredar la salvación» (Hebreos 1:14). La popularidad de la serie televisiva semanal *Touched by an Angel* [Tocados por un ángel], además de los muchos libros sobre el tema, da testimonio del hecho de que una mayoría substancial de norteamericanos creen en los ángeles.

Sin embargo, la Biblia nos dice que un tercio de los ángeles se fueron con Lucifer, también conocido como Satanás, en una revuelta en contra de Jehová Dios (véase Apocalipsis 12:4, 9). Estos ángeles en rebelión son los llamados demonios y Dios los confinó al planeta tierra. Satanás y los demonios pelean contra Dios y, en su lugar, desprecian a los seres humanos que están hechos a la imagen de Dios.

Los demonios anhelan recibir el homenaje y la adoración que se le debe a Jehová Dios. Su meta es frustrar los deseos de Dios para llevar la gente a la gloria; degradar a la gente en cualquier manera posible, especialmente en cuanto a la reproducción humana, y por último, llevarse la gente al infierno. En el proceso, los demonios ansían recibir la adoración que se le debe a Dios. Los demonios quieren que los seres humanos les ofrezcan sacrificios, los alaben y los adoren.

Por lo tanto, es común en las sociedades donde la adoración a los ídolos prevalece, reconocer que las estatuas inanimadas, los amuletos y los encantos realmente son el hogar de los seres demoníacos que se deleitan en la adoración que se les da a través de los ídolos.

Jehová Dios entendió cabalmente las artimañas malignas de su enemigo y a sus secuaces. Una de las bendiciones del Segundo Mandamiento es que protege al pueblo de Dios del peligro mortal.

Consecuencias morales de la idolatría

Sin embargo, en un mundo donde el politeísmo y la idolatría son más y más comunes, es fácil ver cómo un mandamiento de un Dios amoroso que intenta proteger a la gente de los peligros se puede convertir en una ofensa. El apóstol Pablo en su carta a la iglesia de Roma expone con detalles vívidos cómo cada paso de la apostasía espiritual puede llevar al próximo. Aquí hay una descripción del declive de las creencias religiosas del primer siglo que son paralelas precisamente con lo que está sucediendo en el siglo veintiuno en Europa y Norteamérica:

A pesar de haber conocido a Dios, no lo glorificaron como a Dios ni le dieron gracias, sino que se extraviaron en sus inútiles razonamientos, y se les oscureció su insensato corazón. Aunque afirmaban ser sabios, se volvieron necios y cambiaron la gloria del Dios inmortal por imágenes que eran réplicas del hombre mortal, de las aves, de los cuadrúpedos y de los reptiles.

Por eso Dios los entregó a los malos deseos de sus corazones, que conducen a la impureza sexual, de modo que degradaron sus cuerpos los unos con los otros. Cambiaron la verdad de Dios por la mentira, adorando y sirviendo a los seres creados antes que al Creador, quien es bendito por siempre. Amén.

Por tanto, Dios los entregó a pasiones vergonzosas. En efecto, las mujeres cambiaron las relaciones naturales por las que van contra la naturaleza. Así mismo los hombres dejaron las relaciones naturales con la mujer y se encendieron en pasiones lujuriosas los unos con los otros. Hombres con hombres cometieron actos indecentes, y en sí mismos recibieron el castigo que merecía su perversión.

Además, como estimaron que no valía la pena tomar en cuenta el conocimiento de Dios, él a su vez los entregó a la depravación mental, para que hicieran lo que no debían hacer. Se han llenado de toda clase de maldad, perversidad, avaricia y depravación. Están repletos de envidia, homicidios, disensiones, engaño y malicia. Son chismosos, calumniadores, enemigos de Dios, insolentes, soberbios y arrogantes; se ingenian maldades; se rebelan contra sus padres; son insensatos, desleales, insensibles, despiadados. Saben bien que, según el justo decreto de Dios, quienes practican tales cosas merecen la muerte; sin embargo, no sólo siguen practicándolas sino que incluso aprueban a quienes las practican.   *(Romanos 1:21-32)*

Pablo escribió acerca de personas que hacían cosas viles y degradantes con los cuerpos de unos y otros. ¿Puede alguien concebir algo más vil que la exhibición, que pagan los contribuyentes, de las fotografías de Robert Mapplethorpe, que exhiben prominentemente a un hombre desnudo con un látigo grande saliendo por el recto, o la producción de teatro, que pagaron los contribuyentes, que presentaba a una mujer desnuda cubierta de chocolate en representación de las heces fecales? Por supuesto, el último final de la idolatría que surge de la adoración del hombre, su ciencia, su intelecto, su filosofía y su desprecio al Creador llevará a un corto circuito en el proceso de la reproducción humana y a los excesos de lo que es sexualmente vil, tanto heterosexual como homosexual.

Hubo un tiempo en que rechazamos estas prácticas sexuales, nos dieron asco e incluso las criminalizamos. En el 2003, las mentes entenebrecidas de una mayoría de jueces del Tribunal Supremo, revirtieron 200 años de creencia cristiana y declararon la sodomía como un derecho constitucional. En Canadá la situación es peor. En ese país multan y dan penalidades criminales a cualquiera que hable en contra de la perversión sexual y lo llame pecado.

La Biblia expone con claridad que la aceptación ampliamente dispersa de la idolatría y la perversión sexual en una sociedad es una evidencia clara de que Dios «los ha abandonado». Hay un enorme abismo que se está desarrollando en nuestra nación entre las normas evangélicas cristianas de moralidad y la moralidad del público en general.

Una investigación de *Barna Research* [Investigaciones de Barna], que salió el 3 de noviembre de 2003, deja ver la decadencia alarmante de las normas morales norteamericanas. de acuerdo con Barna, de las diez conductas morales evaluadas, el 61 por ciento de los estadounidenses cree que el juego es «moralmente aceptable», el 60 por ciento cree que cohabitar sin casarse es moralmente aceptable, y el 59 por ciento dice lo mismo acerca de las fantasías sexuales (incluyendo, yo presumo, el sexo cibernético y por teléfono). Un 45 por ciento de los estadounidenses consideró el aborto moralmente aceptable y un 42 por ciento consideró que es moralmente aceptable tener relaciones sexuales con alguien del sexo opuesto que no sea su cónyuge. Más de un tercio consideró que la pornografía, la profanidad y la borrachera son moralmente aceptables, y el 30 por ciento consideró lo mismo en cuanto al sexo homosexual.

Barna cree que estos hallazgos muestran que en solo dos años la población en general dio un marcado salto al aceptar actividades y estilo de vida que una vez se consideraron inmorales o pecaminosos. de acuerdo con Barna:

> La mayoría de la gente que entrevistamos cree ser individuos de una moral muy alta e identifican otras personas como responsables del declive moral de la nación. Esto es un reflejo de una nación donde la moral por lo general se define de acuerdo con los sentimientos de uno. En una sociedad postmoderna, donde la gente no reconoce ninguna moral absoluta, si una persona se siente justificada al involucrarse en una conducta especial, entonces no hacen ninguna conexión con la naturaleza inmoral de esa acción. Sin embargo, en lo profundo de su ser sienten que hay algo erróneo en nuestra sociedad.
>
> Mientras la gente no reconozca que hay absolutos morales e intente vivir en armonía con estos, es muy probable que veamos una decadencia continua de los fundamentos morales … El patrón de los hallazgos entre las generaciones dan razones convincentes de este continuo desliz. Hasta la mayoría de los asociados con la fe cristiana no parecen haberse aferrado a las normas morales bíblicas.

Dios, por encima de todo

Este declive moral, acerca del cual Barna nos informa, es especialmente alarmante dada la razón tan convincente de que adorar ídolos y falsos dioses sea tan destructivo. El Dios que nos dio el mandamiento de no adorar ídolos no es parte del universo creado. Él es trascendental porque existe encima y aparte de Su creación. Él es el único ser que no está sujeto a condiciones ni a leyes naturales. Los falsos dioses están sujetos a la creación. No tienen poder ni se puede confiar en ellos para dirigir nuestra senda personal. Solo el Dios de la Biblia, quien está por encima de todas las cosas, puede producir milagros. Y solo él nos puede dirigir, mediante su Espíritu Santo, guiándonos a la vida de propósito y significado que tanto ansiamos.

Al mismo tiempo, este Dios todopoderoso que gobierna sobre todo es el que declara que nos ama y se entrega a nosotros con «un pacto eterno» (Isaías 55:3; Ezequiel 16:60). Él es el único Dios que se ha vinculado a la humanidad en esta manera irrevocable. Y en Jesucristo, Él nos ha ofrecido la oportunidad de conocerlo personalmente y tener compañerismo con él continuamente. Con esta gran revelación de un Dios personal, millones de creyentes han encontrado una seguridad profunda porque sabemos que no importa lo que nos suceda en este mundo, la seguridad de nuestras almas es firme en él.

Así que, al adorar solo al único y verdadero Dios, tenemos algo que nuestras almas anhelan profundamente, y esto es, la libertad del terrible aislamiento y vacío que atormenta al alma de cada uno de nosotros. Él llena el vacío a la imagen de Dios que está en cada corazón que se abre a él. Cuando adoramos al verdadero Dios, experimentamos un compañerismo íntimo con el único que nos dice: «Nunca te dejaré; jamás te abandonaré» (Hebreos 13:5). ¿Qué mayor bendición puede haber que esta?

Una luz en el horizonte

Pero mientras que lo que antes era una nación cristiana, al parecer está volviendo sus espaldas a estas bendiciones extraordinarias y entregándose a ídolos y falsas doctrinas, un fenómeno maravilloso está tomando lugar en lo que se ha llamado el Tercer Mundo aunque ahora es conocido como el Sur Global. En estas naciones el cristianismo está floreciendo. El cristianismo en estas tierras está basado en la Biblia, es evangélico, y en gran parte, carismático. Ahora hay muchos más anglicanos en Nigeria que los que hay en la Gran Bretaña, muchos más presbiterianos en Gana que en Escocia.

Recientemente, la iglesia episcopal en los Estados Unidos ordenó a un obispo, Gene Robinson, que desde que se divorció de su esposa se ha involucrado con un amante homosexual. La Comunión Anglicana mundial cuenta con 77 millones de miembros, la iglesia episcopal de Estados Unidos tiene alrededor de 2.3 millones de miembros. Los prelados de las iglesias de África y Asia explotaron con enojo ante la clara salida de la iglesia episcopal a la herejía y la apostasía. Estos enormes cuerpos de creyentes no se han contaminado con la ética relativa ni con el progresismo ideológico. Para ellos, la homosexualidad y el adulterio son claramente erróneos y no tendrán nada que ver con estas prácticas.

Mientras parece que Dios está entregando a los Estados Unidos y Europa a los «deseos vergonzosos», su verdad se está extendiendo como un fuego salvaje en estos países que una vez estuvieron aferrados a la idolatría. El cristianismo es la religión de más rápido crecimiento en el mundo y está en el camino para llegar a tres mil millones de adheridos en el ámbito mundial. Solo en las sociedades donde las élites culturales han suprimido intencionalmente la excelencia del evangelio cristiano para transformar vidas, es que el cristianismo ha dejado de tener un crecimiento explosivo.

Considere la China, con 1.2 mil millones de habitantes, es la nación mayor del mundo. Desde que se fundó hasta la dinastía de Chin aproximadamente en el 200 a.C., China practicó un monoteísmo puro que es paralelo precisamente al monoteísmo del Antiguo Testamento. Al dios de la China le llaman Shanti (o Shandi). Sus atributos son similares al Jehová Dios de la ley de Moisés.

Durante la dinastía Shia (o dinastía Tsia), hace unos 2,200 años antes de Cristo, el emperador de la China entraba una vez al año a lo que conocemos como la Plaza Tiananmen para subir los escalones del Templo del Cielo y ofrecer sacrificios elaborados a Shanti. En esta ceremonia, conocida como el Sacrificio Límite, el emperador de China se postraba ante el Dios del cielo para reconocer que él gobernaba a toda la China solo como un siervo del único y verdadero Dios, Shanti.

Dentro del Templo del Cielo había un trono, pero no había ninguna estatua ni ídolo. En su lugar, colocado sobre el trono había una placa portando el nombre Shanti. El Dios de la China le ha enseñado a los chinos lo que Él le enseñó a Moisés: que su poder es tan grande y su ser tan maravilloso que no era posible que representación alguna lo describiera. Dios se reveló como «YO SOY EL QUE SOY» a los hebreos y «Shanti, el Señor del Cielo» a los chinos.

Ahora, el Dios de los cielos está recuperando a la China. Hay entre ocho a cien millones de cristianos en la China actual. Observadores expertos como David Aikman, el ex jefe de periodismo en Pekín de la revista *Time* ve que en un futuro no muy distante un 20 a un 30 por ciento de la población china será cristiana. Si sucede y cuando suceda, China surgirá como la principal nación cristiana sobre la tierra. Sin ídolos, sin un sistema de creencia corrosivo, China experimentará la abrumadora bendición de Dios por haberse liberado y adorar a Dios de acuerdo con la verdad de la Biblia y estará libre para tomar el conocimiento del único y verdadero Dios a través de Asia y el Medio Oriente, como ellos dicen: «De regreso a Jerusalén».

El mundo está llegando a un tiempo cuando se adorará al único y verdadero Dios y sus mandamientos se considerarán una bendición, no una ofensa. ¡Que nuestra nación no se quede atrás cuando este milagro suceda!

SEIS

Tercer mandamiento: Honre el nombre de Dios

No pronuncies el nombre del Señor tu Dios a la
ligera. Yo, el Señor, no tendré por inocente a quien
se atreva a pronunciar mi nombre a la ligera.

ÉXODO 20:7

Como hemos visto, el nombre de Jehová describe su misma existencia como el único causante de todo lo que hay en el universo. El nombre de Dios hace conocer su persona y su gloria. Una persona que lo use en vano, no solo estará despreciando un nombre sino al mismo Dios.

¿Qué significa usar el nombre de Dios a la ligera? Primero, el texto en hebreo no apoya la premisa de que a la gente se le prohíba pronunciar el nombre de Dios. Podemos usar su nombre en oración, le podemos cantar a él y podemos mencionar su grandeza. Es obvio que el comentario de su nombre en las páginas de este libro no viola ningún mandamiento. Esperamos que este libro sirva para honrar y glorificar a Dios.

El mal uso del nombre de Jehová incluye emplear su nombre con un objetivo vacío, vano e inmerecido. Una mejor explicación de este mandamiento se encuentra en el libro de Levítico, donde el mandamiento declara: «No juren en mi nombre sólo por jurar, ni profanen el nombre de su Dios» (Levítico 19:12).

Jesucristo les ordenó a sus discípulos que no juraran por el templo, ni por el oro en el templo, ni por el cielo porque es el trono de Dios, y desde luego, nunca por el nombre de Jehová. Él dijo: «Cuando ustedes digan "sí", que sea realmente sí; y cuando digan "no", que sea no. Cualquier cosa de más, proviene del maligno» (Mateo 5:37). Es interesante que nuestro juramento oficial está muy cerca de quebrantar este mandamiento, pero termina en una oración: «Que así me ayude Dios», no en un juramento que diga: «Lo juro por Dios».

Así que el tercer mandamiento nos prohíbe asociar el nombre de Dios con lo que es vacío, vano, falso y para lo cual no hay una ocasión. Obviamente, el mandamiento prohíbe un juramento trivial en el curso normal de la vida cotidiana.

Quebrantar este mandamiento nunca se debe tomar en vano, porque Jehová Dios dijo: «no tendré por inocente (esto quiere decir sin castigar) a quien se atreva a pronunciar mi nombre a la ligera» (Éxodo 20:7). En otras palabras, Jehová Dios prometió que él garantiza un castigo a todo individuo que viole este mandamiento.

¿Cómo es entonces que el Tercer Mandamiento se desenvuelve en la vida diaria de una nación, sus ciudadanos y ese pequeño grupo de personas que dicen pertenecer a Jehová Dios?

Usar el nombre de Dios en vano

«Usted tiene que ir a ver esta película», insistieron los amigos. «No hay duda alguna de que este año *Seabiscuit* [nombre que le dieron a un caballo de carrera] será nominada como la Mejor Película por los Premios de la Academia».

Con esta fuerte recomendación de la gente cuya opinión yo valoro, fui a ver la película. Y cuando salí del teatro atestado de gente, un poco después de dos horas, estuve de acuerdo con la recomendación de mis amistades. Las escenas dinámicas de las carreras de caballo eran asombrosas. Casi se podía sentir el polvo que se levantaba de los cascos de los caballos y el roce de los costados de los caballos rivales a medida que los jinetes luchaban por obtener la ventaja. Y ¿qué es más conmovedor que la historia de norteamericanos que han perdido su suerte, pero que triunfan en contra de todas las adversidades?

Sin embargo, me molestó un aspecto de la película. Uno de los personajes principales, al molestarse, soltó el nombre de Dios como si fuera el fango y el estiércol de un establo. En sus labios, el nombre de Dios se redujo a nada más que una profanidad grosera.

A medida que analicé estos pensamientos me di cuenta de que la cultura popular norteamericana ha estado luchando durante un largo tiempo, empujando los límites de la decencia. Me di cuenta de que las hileras de malas palabras son comunes en nuestra música, películas, obras de teatro y libros de hoy. Me di cuenta de que han «interpretado» a Dios de maneras poco halagadoras: Alanis Morrissette lo presentó como moralmente ambiguo, George Burns lo presentó como un viejo renqueante que hace jaranas y Willem Dafoe lo presentó como el compañero de sexo de María Magdalena.

Ese día reconocí, al salir de la película *Seabiscuit*, que en nuestra cultura usar el nombre de Dios como una maldición es, relativamente, nada. No es una gran cosa. Y ese es exactamente mi tema.

En Estados Unidos, usar el nombre de Dios «a la ligera» (como lo dice la NVI) significa poco o nada para la mayoría de nosotros. Lo hacemos todo el tiempo, no solo para ventilar nuestra ira y frustración, sino también en varias otras formas. Y cuando nos confrontan acerca de profanar el nombre de Dios, lo tomamos como una ofensa.

Una secretaria, que es cristiana, se quejó a su jefe porque le molestó que otro de los administradores usara el nombre de Jesucristo como una maldición. Ella le dijo que oírlo usar las palabras «Dios» junto a «condenado» también le molestaba. En un mes la reemplazaron y le dijeron que para los compañeros de trabajo era un problema llevarse bien con ella y por lo tanto, no tenía lugar allí. El jefe le dijo: «Mira, si quieres llevarte bien con el mundo de los negocios, no puedes hacer alarde de tu religión».

Un hombre de negocio cristiano encara a su socio, uno que no es creyente, acerca de las mentiras que dijo. «Y lo feo de esto es que me dijiste una mentira y agregaste: "Juro por Dios que esto es verdad". Su socio hizo una mueca de desprecio. "¿Qué es eso, la Escuela Dominical? ¡Me molesta que insinúes que soy una clase de pecador!»

Usar el nombre de Dios para maldecir a otros.

¿Por qué está Dios prohibiendo usar su nombre en vano como una ofensa a la gente?

Para la mayoría de los estadounidenses, «usar a la ligera» el nombre de Dios apenas significa decir la palabra «Dios» y seguirla con una palabra condenatoria. Si estamos bravos, condenamos a alguien y pedimos la ayuda de Dios para hacerlo. Cuando este sentimiento está dirigido a nosotros, nos impacta, ofende y nos da ira.

En el Nuevo Testamento Jesús dice: «Ustedes han oído que se dice a sus antepasados: "No mates, y todo el que mate quedará sujeto al juicio del tribunal". Pero yo les digo … cualquiera que insulte a su hermano quedará sujeto al juicio del Consejo» (Mateo 5:21-22).

La palabra insulto en arameo es *«raca»*. Decirle a alguien que es un *«raca»* significa que usted lo ha juzgado como inservible, como basura, para desechar y botar. Jesús explica con claridad que condenar a alguien más nos coloca en peligro de juzgarnos a nosotros mismos. No nos pertenece juzgar el valor de otro ser humano, y todavía más seguro no nos corresponde condenar el alma de otro.

No obstante, muchos estadounidenses se ofenden al ser confrontados acerca de su maldición casual a otros en el nombre de Dios. Nuestro Dios es alguien con quien a la gente no le gusta tratar, porque hasta su mismo nombre los llama a ser responsable del mal que han hecho y el bien que dejaron de hacer. A la gente no le gusta que su conciencia se conmueva. Si usted encara a la gente acerca de usar el nombre de Jesús como un improperio, es probable que lo consideren «un fanático religioso» o «uno de esos santurrones cristianos».

En la raíz de sus ofensas yace este hecho: A los norteamericanos no les gusta tener a una persona señalándolos por la falta de autocontrol mientras ventilan sus iras, celos, o frustraciones, de maneras feas e inapropiadas. Resienten que alguien, que siente un gran respeto por Dios y por su Hijo, les conmueva sus conciencias.

Usar el nombre de Dios con un propósito lucrativo

Existe otra razón por la que esta prohibición de usar el nombre de Dios a la ligera ofende a nuestra cultura. Invocar a Dios, para algunos de nosotros, se ha convertido en una herramienta poderosa que usamos para obtener las cosas que deseamos.

Un hombre de negocio se recuesta a la jerga cristiana cuando quiere impresionar a los clientes potenciales y obtener sus negocios.

Una mujer insiste: «Dios me dijo que … » cada vez que quiere justificar sus propias preferencias y decisiones.

Un político lanza unas cuantas referencias bíblicas en sus discursos para agradar y obtener los votos de los cristianos conservadores aunque él mismo no tenga un verdadero interés en honrar a Dios.

Como resultado de esta clase de manipulación, personas ingenuas bajan la guardia y a veces los resultados son desastrosos.

Cuando Dan y Marilyn decidieron convertir el sótano de su casa en un área familiar y también en un cuarto para las visitas, Dan invitó a varios contratistas para que vieran sus planes, tomaran medidas y le dieran un estimado. Cuando llegó la hora de escoger, se redujo a dos hombres. La condición era quedarse con el que indicara, por su manera de expresarse y su conducta, ser obviamente cristiano.

Dan y Marilyn decidieron emplear a Jerry cuando una noche él mismo trajo el estimado. Al momento de despedirse, él preguntó si podrían orar juntos. «Padre» comenzó Jerry, «permite que este proyecto de construcción sea una bendición no importa a quien Dan y Marilyn contraten para trabajar en su casa». Y al salir, agregó: «Ustedes saben que cuando uno está construyendo a veces las cosas pueden salir mal. No me gustaría ver que ustedes dos se vean amarrados a alguien que no vigile por su mejor interés ni los trate bien».

Aunque el estimado de Jerry no era el más económico, la evidencia de su preocupación impresionó a Dan y Marilyn. Así que Jerry obtuvo el trabajo.

Sin embargo, al terminar el proyecto, Dan y Marilyn habían pasado una horrible pesadilla. Jerry comenzó bien el trabajo, pero después de dos semanas comenzó a desaparecer de vez en cuando, a veces durante más de una semana mientras que el proyecto estaba estancado. El trabajo de Dan le exigía viajar con frecuencia, así que Marilyn se quedó para llamar, llamar y llamar. Pasaban días sin que le respondiera, hasta que por fin Jerry aparecía de repente sin excusarse ni tener explicación, trabajaba uno o dos días y volvía a desaparecer.

La cosa se empeoró cuando Dan volvió después de un largo viaje, inspeccionó el trabajo y encontró que estaba horrendamente mal hecho. Las vigas de madera eran muy pobres y las paredes disparejas. Cuando Dan llamó a Jerry para enseñarle los problemas, Jerry intentó cambiar las cosas. «Yo debí saber que ustedes estaban esperando demasiado. Ustedes me dijeron que deseaban mantener los precios bajos, así que les di un estimado de precios bajos, muy bajos, para ayudarlos. No quiero ser rudo ni nada por el estilo, pero usted dejó a una mujer a cargo del trabajo, así que cuando yo tenía que preguntar algo, no tenía a quien hacerlo».

«Francamente», terminó Jerry, «yo soy el que debiera quejarse. Estoy perdiendo dinero aquí».

Cuando Dan se puso fuerte e insistió en que Jerry arreglara el trabajo mal hecho, Jerry comenzó a gritar y a maldecir. Entonces le dio un tirón a la puerta y se fue. Peor aún, cuando Dan revisó la cuenta del dinero para la construcción, encontró que estaba casi vacía, aunque el trabajo apenas estaba a medio hacer. Jerry le había pedido a Marilyn que le adelantara varios miles de pesos del total, aunque todavía no tenían que pagarle. «Yo creí que era un creyente», dijo Marilyn muy brava, «confié en él cuando me dijo que necesitaba el dinero, aunque lo estaba pidiendo por adelantado».

La triste verdad acerca de lo que le pasó a Dan y a Marilyn es que Jerry usó el nombre de Dios, rellenando su conversación al hablar acerca del «Señor Jesús» y pretendiendo ser un cristiano devoto, solo para ganar su confianza. En sus labios, las palabras «Dios» y el nombre «Jesucristo» no eran nada más que pura manipulación, carnada para atraer en los inocentes que no sospecharon nada.

Hace unos años hubo una canción popular llamada: *Games People Play* [Juegos que la gente juega]. Algunas de las palabras lo decían todo: «En el nombre del Señor, te lo embuten, juegos que la gente juega». Son muchos los que, en el nombre del Señor, «están embutiendo» a personas inocentes. Andan vendiendo falsos proyectos de inversiones, falsas pólizas de seguro, falsos bienes raíces, falsos refugios para evitar impuestos, comunidades de retiros imaginarios, falsos planes de pirámides y falsos arbitrajes generados por computadoras, todo en el nombre del Señor y, por lo general, para sus correligionarios.

La clase de persona que usa el nombre de Dios con fines lucrativos está bajo la ira de Dios. Para ellos, el tercer mandamiento es una ofensa. «No pronuncies el nombre del SEÑOR tu Dios a la ligera» (Éxodo 20:7).

Usar el nombre de Dios y a la vez deshonrarlo

Hay un crimen de la gente que es todavía mayor que manipular a otros para obtener su opinión favorita, su voto o su dinero. Es el crimen de usar en vano el nombre de Dios de una manera que daña seriamente o destruye potencialmente sus almas.

Aquellos de nosotros que clamamos ser cristianos estamos declarando al mundo que somos los representantes vivos del

Dios más supremo y de su Hijo Jesucristo. Cuando blasfemamos el nombre de Dios a causa de la manera en que vivimos, estamos usando ligeramente el nombre de Dios. Desde luego, todos dejamos de honrar a Dios de vez en cuando. Me estoy refiriendo aquí a la gente cuyo estilo de vida continuamente contradice el carácter del Dios a quien dicen servir.

Quebrantamos el Tercer Mandamiento al decir que somos cristianos mientras que escogemos vivir habitualmente en maneras que deshonran a Dios y que van en contra de su santa palabra. Como escribió Pablo con una gran tristeza a los judíos de sus días: «Tú que te jactas de la ley, ¿deshonras a Dios quebrantando la ley? Así está escrito: "Por causa de ustedes se blasfema el nombre de Dios entre los gentiles"» (Romanos 2:23-24). Mientras que los judíos de los días de Pablo insistían en que ellos eran el pueblo escogido de Dios, los protectores de la verdadera fe, y guardadores de su ley, encontraron innumerables maneras de rodear la ley. Se convirtieron en ciegos de sus propios pecados y fracasos porque eran muy fuertes en el trabajo de señalar en qué estaban pecando todos los demás.

Yo creo que necesitamos mirar a los paralelos entre lo que estos tan llamados defensores de la fe verdadera estaban haciendo y lo que está pasando hoy en los Estados Unidos.

Necesitamos encarar el hecho de que la pretensión de los Estados Unidos de ser una nación cristiana es un mal uso del nombre de Dios. En tiempos de guerra, de problemas domésticos o desastres naturales, llamamos a Dios para que nos defienda, proteja y ayude, pero en nuestras vidas personales y privadas queremos que Dios nos deje libres para satisfacer nuestro ego y nuestras lujurias. Nos llamamos una nación cristiana, pero el hecho es que una mayoría de nosotros somos humanistas seculares y autoidólatras. No podemos continuar usando en vano el nombre de Dios mientras que a la vez evitamos su corrección.

También creo que ciertas ramas de la iglesia en Estados Unidos están encarando consecuencias más serias por causa del mal uso del nombre de Dios.

Con el advenimiento de la teología liberal, muchos de los clérigos norteamericanos han adoptado «ramas» del cristianismo que están mezcladas y adulteradas con sistemas de creencias que no tienen nada de cristianas. Por ejemplo, gracias al pensamiento Jungiano que se ha infiltrado en muchos de nuestras escuelas y seminarios, a los estudiantes de teología y candidatos al pastorado a menudo se les enseña que todos nosotros somos una mezcla de luz y oscuridad. En esta teología, lo que es oscuro en nosotros no es necesariamente malo ni malvado, es solo una motivación o impulso que necesita sacarse a relucir para así poderse integrar a nuestras vidas.

Recientemente la iglesia episcopal, en particular, mostró una gran falta de interés en honrar el santo nombre de Dios al aprobar el nombramiento de su primer obispo abiertamente homosexual, aunque Dios, en muchos lugares a través de la Biblia, expresamente prohíbe la práctica de la homosexualidad. Al ir en contra de los mandamientos de Dios, la iglesia episcopal ha dicho, en síntesis: «Nosotros nos hacemos responsables del nombre y autoridad de la iglesia de Jesucristo, y bendecimos lo que Dios ha llamado impío. Nos hacemos responsables de pararnos en el lugar de Dios y colocar nuestra aprobación ante las cosas malvadas». Al declarar que hablan por Dios mientras dudan la Palabra de Dios, estos hombres y mujeres están poniendo el manto de la iglesia sobre una práctica que está en contra de Dios. En el nombre de Dios le están diciendo a su congregación que es correcto ir en contra de los mandamientos expresos de Dios.

Trágicamente, al hacerlo, estos líderes cristianos están trayendo condenación no solo sobre ellos mismos, sino también sobre muchos de sus seguidores. En lugar de alejar a los hombres y mujeres de este modo de vida que está prohibido, los están animando a acogerlo. Jesús hizo una advertencia a los líderes falsos como estos cuando les dijo: «Pero si alguien hace pecar a uno de estos pequeños que creen en mí, más le valdría que le colgaran al cuello una gran piedra de molino y lo hundieran en lo profundo del mar» (Mateo 18:6).

Todavía más deshonrosos para el nombre de Dios son los informes ahora bien esparcidos de los clérigos que abusan de los miembros de sus congregaciones. Nos están bombardeando con informes de ministros y sacerdotes que manipulan y coaccionan a la gente inocente bajo su cuidado espiritual para tener relaciones sexuales con ellos. Las caras tristes, llenas de ira, de los hombres, mujeres y niños a quienes obligaron a realizar actos íntimos y degradantes con un líder espiritual en quien confiaban, aparecen en nuestras pantallas de televisión casi semanalmente. Lo que les hicieron es más que trágico. Alguien que ofrece la apariencia de ser la mayor clase de seguridad —el refugio de lo que debía ser una relación pura y santa— resulta ser la misma persona con quien menos seguridad tenían. Esta clase de abuso del nombre de Dios debe considerarse entre las mayores abominaciones, porque el daño que ha hecho al alma de esas víctimas es profundo y a veces perdura toda una vida. Para aquellos que se han colocado en el lugar de Dios y luego han hecho que otros pasen por un infierno, las palabras «No pronuncies el nombre del SEÑOR tu Dios a la ligera» son una ofensa. Pero como ellos han traicionado la confianza sagrada que viene al representar el nombre de Dios, tendrán que pagar un precio muy alto por sus pecados.

Las bendiciones de honrar el nombre de Dios

Honrar a alguien es pensar mucho y profundo acerca de sus maravillosas cualidades. Hablamos a otros con reverencia acerca de esa persona. Creamos recuerdos de él o ella.

En Estados Unidos, nos entretienen con programas de televisión que honran a nuestras celebridades, sean atletas profesionales, estrellas de cine, cantantes o músicos. Otros programadores más inteligentes nos traen historias acerca de las vidas de héroes, hombres y mujeres que se hicieron grandes en campos de batalla, o quizás en política, arte o reformas sociales. El anfitrión de estos programas nos lleva a la vida de estas personas y nos hacen considerar qué rasgos del carácter les hicieron notables. En un sentido, nos ayudan a hacer una pausa y meditar en lo que nos hace ser grandes.

Cuando honramos el nombre de Dios —el gran «YO SOY»— nos comprometemos principalmente con el mismo tipo de proceso, pero lo hacemos por el beneficio de nuestra alma. Honrar a Dios es pensar mucho y profundo acerca de todo el significado de ese maravilloso y «eterno» nombre «YO SOY». Reflexionar en sus cualidades asombrosas es tomarlas profundamente en nuestro ser meditando en ellas y considerándolas de la forma que usted estudiaría las facetas de una gema virándola en sus manos y mirando su belleza asombrosa.

Cuando honramos a Dios, empleamos tiempo considerando las cualidades que él tiene y que hacen que él sea todo lo que necesitamos. Busque en la Biblia y encontrará varias maneras de decir su nombre, cada uno añadiendo una faceta a su carácter. Él es *El Shaddai,* Dios Todopoderoso (Génesis 17:1). Él es lo suficientemente poderoso para salvarnos de cualquier clase de problema, no importa lo imposible que parezca nuestra situación, y al mismo tiempo su posición de suprema autoridad lo hace el Dios más supremo de todos los otros dioses que nuestras almas ansíen servir. Él es *Jehová-Jireh* (Génesis 22:8), capaz de proveer para nosotros en cada necesidad y es también el Único a quien nos volvemos agradecidos porque siembra nuestras almas con generosidad y caridad. Él es Jehová-Tsidkenu (Salmo 4:1), nuestra justicia y a quien llevamos a otros que han perdido su orientación moral y necesitan limpieza de alma y salvación. «Torre inexpugnable es el nombre del Señor; a ella corren los justos y se ponen a salvo» (Proverbios 18:10).

Sin embargo, honrar a Dios quiere decir más que contemplarlo. También significa, en las palabras del salmista, «engrandecer» su nombre (Salmo 34:3). «Engrandecer» a Dios y su nombre es hacer visible lo que es invisible, es decir, sus cualidades. Es vivir de una forma que permita a otros tener vistazos de Dios porque ellos ven su carácter reflejado en nosotros.

La espiritualidad judeocristiana no nos permite venerar a Dios mediante actos que sean meros ritos hechos en privado, después de los cuales podemos volver al «mundo verdadero» para vivir de cualquier manera que deseemos. Cuando honramos a Dios, lo hacemos no solo con meditaciones privadas acerca del significado de su nombre. Lo honramos de la manera en que vivimos. De esta manera, se nos bendice por honrar el nombre de Dios, porque, como dijo Pablo, «somos transformados a su semejanza con más y más gloria por la acción del Señor, que es el Espíritu» (2 Corintios 3:18).

¿Acaso puede haber una mayor bendición que experimentar la presencia del Dios que vive en una luz inalcanzable y tener lo radiante de su gloria brillando por medio nuestro? ¿O ser espejos de su grandeza para otros en este mundo oscuro y problemático de personas que están perdidas, errabundas y necesitadas?

Hay otra bendición que viene al honrar el nombre de Dios. Jehová —el gran YO SOY, que es más supremo que los otros dioses, que está por encima de su propia creación— es el fundamento final de toda existencia. Él no se puede mudar ni cambiar. No hay nada más grande que poner la confianza en Dios. No solo esto, él siempre permanece igual (Hebreos 13:8), y, como nos recuerda el salmista una y otra vez, su gran amor por nosotros perdura para siempre (Salmo 136:1). Si honramos y nos agarramos por completo de este aspecto de Dios, llegamos a saber en un nivel profundo de nuestro ser que no importa la devastación, caos o pérdida que nos esté asechando, él provee un lugar sólido en espíritu en el cual detenernos. Tenemos un Dios en quien confiar, de la manera en que los niños implícitamente confían en sus padres.

Repito, esta bendición no es solo para nosotros. Cuando se nos bendice al comprender que Dios es permanente e inconmovible, comenzamos a imitar su integridad característica. No solo confiamos, también somos confiables. Otros son bendecidos por la estabilidad y fiabilidad en Dios que se forma en nosotros. Por lo tanto, podemos participar sanando las heridas de las que padece la sociedad.

Aquellos que hayan confiado en cualquier cosa que sea

menor que el nombre del Dios verdadero seguramente serán sacudidos. La bolsa de valores cae y las inversiones fracasan. Los prometidos avances de las medicinas no llegan a tiempo para salvar a alguien que amamos. Los políticos hacen juramentos al tomar posesión del cargo y luego los sorprendemos en sus mentiras. Los oficiales gubernamentales traicionan la confianza del público. Los clérigos abusan de inocentes con promesas de seguridad y violan sus oficios sagrados. La sociedad estadounidense está herida en el espíritu, y de sus heridas se derrama el cinismo, la amargura, la desconfianza y un sentido de que todos somos responsables de nosotros mismos sin que nadie realmente se preocupe por nuestro bien. Pero cuando aquellos de nosotros que confiamos en el nombre de Dios mostremos integridad al mundo que ha visto poco de esto, traeremos un bálsamo espiritual a los que ansían vivir en una nación donde todavía hay virtud y carácter verdadero.

Y, sí, también es sabio aceptar que sus leyes no han cambiado, seguirán siempre igual. Jesús dijo: «Yo soy ... la verdad» (Juan 14:6). Las reglas por las cuales gobierna Dios el universo y la humanidad no cambian de una era a la próxima. De acuerdo con las normas de Dios, lo malo siempre será malo, lo justo será siempre justo, ahora y para siempre. Si lo que hacemos es justo, siempre estaremos agradando a Dios.

Repito, cuando creemos que el mismo nombre de Dios significa justicia, entonces nos esforzaremos para vivir en una relación justa con los demás. Según la manera en que actuamos y tratamos a otras personas, le mostramos al mundo cómo hacer «rectas» las «sendas torcidas», todas esas maneras torcidas con las cuales negociamos unos con otros. Y así traeremos a nuestras relaciones la bendición de la libertad, la transparencia en lugar de la tensión y la honestidad en lugar de la confusión y la duda.

Cuando honramos y no usamos ligeramente el nombre de Dios, experimentamos bendiciones profundas. Aun más, estaremos transformados en espíritu y nos convertiremos en una bendición para los demás. Dicho con palabras de Jesús, «la luz del mundo» (Mateo 5:14). Lo haremos cuando, al honrar el nombre de Dios con nuestras vidas, ayudemos a curar los ojos de aquellos que están espiritualmente ciegos porque ven, aunque sea muy borroso, la reflexión de la gloria de Dios en nosotros.

¿No es esto lo que necesitan los Estados Unidos?

SIETE

Cuarto mandamiento: Observe el descanso del sábado

Acuérdate del sábado, para consagrarlo.

Éxodo 20:8

Cuando los hijos de Israel se convirtieron en esclavos de Egipto, los pusieron bajo capataces crueles y los forzaron a trabajar siete días a la semana sin descansar. Si vacilaban, el capataz egipcio siempre estaba presente con el látigo. Si su cuota de ladrillos se quedaba corta, allí estaba el látigo. Si se caían mientras arrastraban piedras gigantescas para fabricar la pirámide de Faraón, allí estaba el látigo. Días y días interminables, sus cuerpos exhaustos gritaban pidiendo alivio. Pero no había alivio. No había tiempo para guardar esperanzas … no había tiempo para pensar … solo un trabajo sin fin, que quebraba la espalda.

Al entregarle los Diez Mandamientos a Moisés en el Monte Sinaí, Dios les recordó a los israelitas que habían sido esclavos en Egipto. Ahora una de las bendiciones de la libertad era tener un día a la semana de descanso, reflexión, pensamientos creativos y adoración, una oportunidad para meditar en el hecho de que su Creador trajo la gloria de la creación durante seis días, y luego, el séptimo día, descansó.

En caso de que no hubieran entendido su mensaje, Dios les aclaró que guardar el sábado significaba no arar, no cosechar, no construir, no hacer ningún trabajo ya fuera ligero o fuerte, no comerciar dentro de las ciudades y pueblos, ni trabajar afuera. Sus esclavos debían descansar, sus animales debían descansar y sus herramientas debían descansar.

Si este mandamiento parece ser una carga, piense cómo era la vida de un esclavo. Entonces considere cómo sería la vida en los Estados Unidos sin un fin de semana. Me estremece la expresión «24-7» (veinticuatro horas, siete días a la semana). Los seres humanos no pueden trabajar siete días, semana tras semana, sin sufrir serios problemas mentales y agotamiento físico. Le llamamos quemarnos. Necesitamos tener un día libre. Debemos descansar. Violamos el Cuarto Mandamiento de Dios a riesgo nuestro.

Un punto de vista correcto acerca del sábado

En los tiempos de Jesucristo, los líderes religiosos de mente estrecha desarrollaron un cuerpo de reglas increíblemente onerosas acerca de lo que una persona podía o no podía hacer el sábado. Estos líderes religiosos una vez reprendieron a Jesús y a sus discípulos por caminar a través de un campo de granos y comer algunas de las semillas durante un sábado. Al parecer, su «libro de reglas» en cuanto al sábado consideraba que arrancar el grano de una espiga era un trabajo y por lo tanto estaba prohibido hacerlo ese día. Jesús dejó muy claro que Dios no estableció el sábado con el propósito de crear una camisa de fuerza inhumana en la cual confinar a la gente. En su lugar, Jesús declaró: «El sábado se hizo para el hombre, y no el hombre para el sábado» (Marcos 2:27).

La intención de Dios era que el descanso del sábado fuera una bendición, no una carga. Por lo tanto, debemos evitar cuidadosamente ser legalistas acerca del sábado, a no ser que nos convirtamos en líderes religiosos opresivos como en los días de Jesús. Pero también debemos tener el cuidado de no recalcar el descanso del sábado y obviar la parte del mandamiento que dice: «Trabaja seis días, y haz en ellos todo lo que tengas que hacer» (Éxodo 20:9).

Mi padre practicó una comprensión correcta del descanso del sábado. Él era una figura pública prominente que llegó a ser senador de los Estados Unidos. Su capacidad para el trabajo fuerte era legendaria. Él representaba un estado que hoy tiene más de seis millones de habitantes, y recibió miles de cartas de sus constituyentes. A pesar del volumen de correspondencia, tenía una regla de hierro: En su oficina no quedaría carta alguna que no se contestara dentro de las veinticuatro horas después de recibida. Hasta donde sé, ningún senador de Virginia antes o después había establecido una norma tan exigente para servir a los constituyentes.

Pero mi padre, que era el hijo de un ministro bautista, había aprendido una gran lección que luego me enseñó. Cuando yo estaba poniendo la primera estación de televisión CBN en el aire, estaba corto y mi carga de trabajo personal era abrumadora. Por si fuera poco, tenía una familia con tres hijos y en eso llegó el cuarto. Mi padre vino y me puso un dinero en la mano. «Esto es para tu persona», me dijo, «no para tu ministerio. Quiero que tú uses este dinero para que tú y tu esposa y tus hijos puedan alejarse de tu trabajo de vez en cuando y descansar. Nunca podrás lograr lo que necesitas hacer al menos que descanses y te refresques».

Mi padre era un hombre sabio, pero sus pensamientos estaban formados por la práctica de la Palabra de Dios. Él practicó los Diez Mandamientos, y experimentó las bendiciones de la ley en su distinguida carrera.

La bendición del descanso del sábado

El profeta Isaías detalló la gran promesa del Cuarto Mandamiento cuando escribió: «Si dejas de profanar el sábado, y no haces negocios en mi día santo; si llamas el sábado "delicia", y al día santo del Señor, "honorable"; si te abstienes de profanarlo, y lo honras no haciendo negocios ni profiriendo palabras inútiles, entonces hallarás tu gozo en el Señor; *sobre las cumbres de la tierra te haré cabalgar, y haré que te deleites en la herencia de tu padre Jacob*. El Señor mismo lo ha dicho» (Isaías 58:13-14, énfasis del autor).

La promesa para aquellos que obedezcan estos mandamientos es cabalgar sobre las cumbres de la tierra y disfrutar una porción de la herencia que se le prometió a Jacob. Mejor que eso, aquellos que obedecen sus mandamientos encuentran que el Señor es su deleite. Yo he adoptado Isaías 58 como mi propia norma. Todas las semanas tomo el día de reposo para descansar. Es en ese día, mientras descanso y adoro a Dios, que el Espíritu comienza a iluminarme, animarme e inspirarme. Cuando adoro a Dios el día de descanso, mi mente puede remontarse a un dominio donde las cosas difíciles se convierten en fáciles y lo imposible en posible.

No estoy hablando de ejercicios religiosos agotadores, reuniones, comidas en la iglesia y sesiones de planeamiento. Me estoy refiriendo a separar tiempo para un descanso estilo antiguo, sin interrupciones pero en oración, meditación y una quieta lectura de la Biblia. La «herencia de Jacob» es una gran bendición, y esto es lo que se le prometió a los que guardaran el día de reposo. A mí personalmente me interesa ¡y a usted también debiera de interesarle!

Aparte un día para descansar

El día de descanso original de los hebreos de la Biblia era el sábado. Los judíos ortodoxos aún celebran un día de reposo que comienza al anochecer del viernes y continúa veinticuatro horas hasta el amanecer del sábado.

En los tiempos de la Biblia al domingo le llamaban «el primer día de la semana» (Hechos 20:7; 1 Corintios 16:2). Ya que este fue el día de la resurrección de Jesucristo, los cristianos primitivos, judíos en su mayoría, celebraban sus reuniones el domingo en lugar del sábado. A medida que se desarrolló la costumbre, el sábado cristiano, o día de descanso y adoración, se convirtió en domingo, y este fue el día establecido por la ley en los Estados Unidos. Hasta hace poco tiempo, el domingo era un día muy especial.

Mark, que tiene cuarenta y tres años, recuerda que de muchacho pertenecía a un hogar religioso en Ohio, su padre intervino cuando un domingo él y su hermano quisieron construir una jaula para los pájaros. «Hoy es el día del Señor», dijo su padre. «¿Por qué no van afuera a jugar? Y mientras estén afuera, observen la creación y recuerden que el Señor hizo todo esto para que nosotros lo disfrutáramos».

«Estoy seguro de que se debió especialmente a que mis padres continuamente hicieron estas cosas —enfocarme en Dios y su creación, mandarme afuera los domingos por las tardes donde yo pudiera pensar acerca de las maravillas de Dios en la naturaleza— que yo encontré mi carrera en el trabajo ambiental. Creo que desde aquel entonces es que Dios me "llamó" para trabajar en su obra, cuando yo era un niño, y estaba afuera solo, contemplando a Dios en los bosques y campos que rodeaban la casa».

Janet, una mujer de California que tiene treinta y tantos años, le fija los límites a su familia cuando se trata de lo que van hacer el domingo. «Cuando yo era una niña —bueno, no hace tanto tiempo de eso— mis padres se sorprendieron cuando comenzaron a cambiar las llamadas *leyes azules* (leyes que regulaban las actividades comerciales de los domingos) y las tiendas empezaron a abrir en ese día. Ahora veamos nuestra cultura. No se detiene.

»Pero en nuestra familia, todavía no hacemos compras el domingo excepto si se nos acabó algo que necesitamos con urgencia. Mi esposo y yo hasta monitorizamos lo que ven nuestros hijos en la televisión o las películas, especialmente el domingo. Y estamos en la iglesia. No dejamos de ir a no ser que alguno esté enfermo o surja una emergencia.

»No sé como la gente se las arregla» concluye Janet, «sin tener un día para concentrarse en el Señor y descansar».

Por desgracia, Mark y Janet son parte de una minoría que está desapareciendo en los Estados Unidos.

Comerciar el día del Señor

En los Estados Unidos, mantener el día de reposo como «el día del Señor» se ha convertido, por lo general, en una idea anticuada. Pero cuando se fundó la nación, los estadounidenses tomaron con seriedad el mandamiento de Dios de mantener santo el sábado.

En su libro, *Blue Laws: The History, Economics, y Politics of Sunday-Closing Laws* [Leyes azules: La historia, economía y política de las leyes para cerrar los domingos] los autores David Laband y Deborah Heinbuch hacen un recuento histórico del año 1789, y cuentan de cierto hombre —de hecho, era un dignatario de gran importancia—, a quien la urgencia de un asunto lo forzó a viajar el domingo, día de descanso. El viajero salió de Connecticut y necesitaba llegar a la ciudad de Nueva York. Él y su séquito se levantaron tan pronto amaneció, ensillaron los caballos y se dirigieron a los caminos empolvados que llevaban al sur. No habían llegado muy lejos cuando los detuvo un policía de un pueblo pequeño que les exigió que le dijeran por qué tenían que hacer, durante un día de reposo, un viaje largo que era obvio al ver los caballos cargados con equipos de viaje. Desde luego, todos los miembros del grupo conocían las leyes que habían estado en efecto desde los días de la colonia y que prohibían que en el día de reposo se hicieran «viajes innecesarios, ya fuera caminando o montando a caballo».

Dice la historia que gracias a la explicación que dieron —que espero que fuera sincera— los viajeros escaparon de una fría cárcel. Dijeron que estaban intentando llegar a Nueva York al día siguiente, y que ellos iban a detenerse en el próximo pueblo, en el que habían planeado asistir a los servicios de la iglesia. Al parecer, el oficial de la policía aceptó la historia porque les permitió continuar el viaje.

Lo más extraordinario de esta historia es que este grupo estaba presidido nada menos que por el recién electo presidente de los Estados Unidos, George Washington. Lo que también la hace extraordinaria es el hecho de que esto demuestra cuán sólida estaba establecida nuestra nación en las leyes de Dios.

Recuerde estas imágenes de la vida primitiva de la nación y compárelas con el ataque de mantener el día de reposo que ganó fuerzas, particularmente en la década de 1960. En 1961, la primera de varias batallas legales que llegó al Tribunal Supremo, retaba el honrar el domingo como «el día del Señor» y «un día de descanso» en que los negocios debían permanecer cerrados. En ese tiempo, el Tribunal Supremo falló a favor de mantener intacta las leyes azules. Pero lo hicieron usando una línea secular de razonamiento que declaraba que los legisladores del estado tenían el poder de proclamar un día a la semana para que los trabajadores descansaran, y que también era apropiado que ese día de descanso fuera el preferido de la mayoría de los ciudadanos de este estado. El Tribunal rechazó las aseveraciones de que las leyes azules violaban la conciencia de los ciudadanos cuyas religiones los obligaban a adorar en un día de descanso diferente al establecido por su estado.

Aunque pueda parecer que los jueces del Tribunal Supremo de los Estados Unidos dieron una opinión que favorecía las normas cristianas judías, el hecho es que con astucia ellos estaban dándole de larga al asunto. La decisión volvió a dirigir todos los casos subsecuentes a los tribunales supremos de los varios estados, y allí, desde luego, comenzó la erosión. Los intereses de muchos negocios comenzaron a cabildear a los tribunales y legisladores de sus estados para así derrotar estas leyes en su estado. Como resultado, se erradicaron esas leyes en un estado tras el otro. En algunos casos los estados dijeron que ellos no estaban totalmente en desacuerdo con las leyes azules sino que solo las estaban modificando. Lo que esto originó en la mayoría de los casos fue la prohibición de la venta de alcohol el domingo, aunque en algunos estados los comerciantes podían comenzar a vender vino después del mediodía. Esto dio la apariencia de que los legisladores y jueces estaban honrando la opinión mayoritaria sostenida por los cristianos que honraban el día de reposo. Sin embargo, esto fue solo un débil intento para aplacar a la gente religiosa, mientras que le daba a los intereses de los negocios seculares lo que demandaban, el derecho de vender y trabajar el domingo.

Así que, al final de la década de 1960 y principio de la década de 1970, las tiendas de comestibles y las farmacias comenzaron a abrir los domingos, seguidas por las tiendas por departamentos y las tiendas de regalos. El día de descanso comenzó a cambiar lentamente en los Estados Unidos. Considere en dónde estamos en la actualidad.

Un domingo, hace poco, pasé en mi automóvil por un centro de compras. Me sorprendió ver que probablemente estuviera más ocupado que cualquier otro día de la semana. De acuerdo con la cantidad de personas que andaba por el estacionamiento y los muchos paquetes que traían, era claro notar que no era un día en que algunos fueron a comprar algunas cosas necesarias. Lo que sí era claro es que aquel era un día de grandes compras.

La ciudad de Nueva York hace tiempo que se conoce como «la ciudad que nunca duerme». Ahora parece que es todo el país el que nunca duerme. Igual que los tribunales nos han robado nuestra herencia cristiana, el día de descanso que un día los Estados Unidos conoció y honró ha desaparecido virtualmente. El comercio y los lugares de entretenimiento no descansan. Hoy, además de hacer todas las compras que quiera, en la mayoría de los pueblos y ciudades usted puede tener el domingo un servicio de reparaciones, de envíos, de limpieza y casi cualquier servicio que necesite. También ha surgido una variedad infinita de servicios accesibles por la Internet, que llegan a nuestros hogares y nos tientan mucho más a dejar la soledad sagrada.

Un día que le pertenece a Dios

¿Es todavía el domingo un día especial en nuestra cultura? Sí, lo es. Pero no de la forma que originalmente se intentó. Nosotros creemos que los días desde el lunes hasta el viernes le pertenecen a alguien más, a nuestras escuelas o a nuestros empleos. Se dedica el sábado para los quehaceres de la casa y los deportes de los hijos. Después de esto, la mayoría de los norteamericanos parecen tener la actitud de que el domingo es el único día de los siete en que podemos hacer exactamente lo que queremos sin que más nadie nos haga exigencias sobre el uso de nuestro tiempo. La mayoría de nosotros, por lo menos los que no trabajan durante los fines de semana, dirán: «el domingo es mi día». A esto Dios diría: «Sí y no».

De acuerdo con el Dios de la Biblia, el domingo le pertenece a Él. En primer lugar, cuando Dios apartó un día de la semana para el descanso, quería que descansáramos de las actividades mentales y físicas para concentrar nuestros cuerpos, mentes y almas en Él. A través de la historia los creyentes honraron este mandamiento de varias formas: asistían a las liturgias, escuchaban la lectura y enseñanza bíblica durante los cultos en las iglesias y a solas contemplaban a Dios y su Palabra. Durante este día los cristianos adoraban de cualquier manera. Lo cierto es que durante siglos el domingo ha sido el día que pertenece *al Señor*.

Las bendiciones del día del Señor

¿Qué bendiciones tenemos cuando honramos el día del Señor?

Primero, hay un beneficio personal. Los médicos expertos ahora saben que el estrés es uno de los factores que contribuyen al desarrollo de cada enfermedad importante —desde la depresión hasta las alergias, las enfermedades coronarias, migrañas, enfermedades inmunológicas como el lupus y la artritis reumatoide, hasta el cáncer. Al mismo tiempo, los estudios demuestran que los que apartan tiempo con regularidad para estar con el Señor y buscar una comunidad espiritual, son más saludables mental, emocional y físicamente que los que no reservan tiempo para la comunión espiritual o la adoración privada.

En segundo lugar, y más importante aún, mantener el día de descanso trae por consecuencia que recibamos beneficios espirituales. Tomar un día para concentrar nuestras almas en las cosas de arriba, en Dios, cambia nuestra atención de los quehaceres y exigencias de esta vida temporal a la paz y estabilidad del mundo eterno. Nosotros, por nuestra cuenta, tenemos la tendencia de enfocarnos en pequeñeces como si fueran cosas importantísimas. El descanso del sábado nos ofrece una perspectiva de la vida que solamente viene cuando elevamos nuestros espíritus abandonando el bosque de nuestras preocupaciones cotidianas.

Al enfocar nuestra atención en el Señor, nos elevamos más allá de nuestro egoísmo. ¡Qué alivio sentimos cuando escapamos de las exigencias continuas del yo y nos liberamos para dejar que nuestras almas se expandan y absorban las preocupaciones que el Señor tiene por la humanidad, por otros y por las causas justas y rectas! La preocupación de uno mismo dejará de consumirnos y, por el contrario, contribuiremos a las obras que dan sentido y propósito a la vida.

Él que nos formó sabe que en la profundidad del alma del hombre yace un vacío que solamente Él puede llenar. El centro del hombre es Dios. Como Dios es nuestro creador, sabe que nos desequilibramos debido a todas las demandas y presiones con que vivimos. Decimos cosas como estas: «No sé que me pasa. En mi vida no hay nada realmente fuera de orden y, sin embargo, tampoco me parece que las cosas estén bien». «Ojalá que mi vida encuentre sentido. Quisiera saber qué es lo que debo hacer». «Mi vida es buena en casi todos los aspectos, entonces, ¿por qué me parece que me falta algo?»

Cada uno de estas declaraciones, que oímos a menudo en nuestra cultura, testifica el mismo hecho: cuando no apartamos un tiempo para hacer que Dios sea el centro de nuestras vidas, perdemos el centro.

Como un disco de fonógrafo al que le hicieron el hueco en un lugar equivocado y aunque da vueltas, el sonido está distorsionado. Sin un día de descanso, nuestras vidas se desequilibran y se llenan de tensiones.

Un recuerdo del descanso de Dios

Esto nos lleva a otra bendición que experimentamos cuando guardamos el día de descanso. Dios colocó en nuestro camino el día de descanso semanal como un recuerdo de su persona. Los ojos humanos no lo pueden percibir, sin embargo, él reserva una porción de tiempo para que nos enfoquemos en Él. Un día lo veremos cara a cara y lo conoceremos como Él nos conoce a nosotros, plenamente (1 Corintios 13:12). Por ahora, nos da un día entero a la semana para encontrarnos con Él en espíritu. En cuanto a esto, me encanta la declaración maravillosa que escribió el apóstol Juan en el Apocalipsis: «En el día del Señor vino sobre mí el Espíritu, y oí detrás de mí una voz fuerte … al volverme, vi siete candelabros de oro. En medio de los candelabros estaba alguien semejante al Hijo del hombre» (Apocalipsis 1:10, 12-13). Repito, «En el día del Señor vino sobre mí [Juan] el Espíritu» y vio a Jesús. Si lo hacemos bien, esto puede ser nuestra recompensa.

Los que violan el día de descanso son los que sufren las consecuencias y, sin embargo, se excusan en cuanto a por qué se privan respecto a una bendición: «Aunque trabajo los domingos, descanso otro día de la semana. Lunes [o algún otro día] es mi día de descanso». Pero relajarse otro día de la semana realmente es muy difícil, tal vez imposible, porque la maquinaria de la sociedad no se detiene. La cultura es como nuestra cómplice no solo para pasar por alto el tiempo con Dios, sino también en lo que resulta ser un autoabuso. Lo hace al continuar a toda vela, siete días a la semana, y ofreciéndonos todo lo que quisiéramos mientras nos niega lo que realmente necesitamos: descansar.

Pero, como lo señaló Jesús, el día de descanso es una de las mejores maneras que tiene Dios (quien creó un pacto de amor con su pueblo) para ofrecernos una bendición.

Entonces, ¿por qué la ley del día de descanso es una ofensa tal para nuestra cultura?

El día de reposo versus deportes y compras

Hace varios años, mi esposa y yo fuimos a un restaurante local alrededor de las seis de la tarde un domingo a fines de enero. La carretera, que por lo general tiene mucho tráfico a esa hora, estaba prácticamente desierta. Había pocas señales de vida por dondequiera que pasábamos. El restaurante, que de costumbre se llena los domingos por la noche, estaba casi vacío. Parecía que estábamos en tiempo de guerra y habíamos tenido un ataque.

Entonces recordé que los ciudadanos de Virginia estaban unidos a los 120 millones de personas que se quedaron en la casa para adorar por televisión la ermita nacional llamada el *Super Bowl* (competencia final de fútbol estadounidense). El mejor equipo en la Conferencia Nacional de Fútbol se estaba preparando para jugar con el mejor equipo en la Conferencia Americana de Fútbol. En nuestra nación, la cantidad de personas que todos los años se reúne para ver este juego, excede en magnitud a cualquier otra multitud que se congregue para otra actividad.

Y este único domingo ya no es la excepción sino la regla. Cada domingo los musculosos atletas luchan por dominar en los estadios llenos de miles de espectadores que le gritan a un equipo u otro para que avancen un balón de cuero de puerco lleno de aire y amarrado con cordones por un campo de juego que mide cien yardas. A los ciudadanos les cobran impuestos de cientos de millones de dólares para fabricar estadios donde se celebran estos deportes. De hecho, la fama de la ciudad parece girar alrededor del éxito de su equipo y la cantidad de espectadores que salen a verlos jugar.

En los Estados Unidos, el día de reposo ya no pertenece a Jehová Dios, sino a los dioses de los deportes profesionales. Cada competencia importante de tenis, programa sus juegos finales para el domingo. La asociación de profesionales de golf comienza a jugar el jueves, entonces juegan el viernes, luego el sábado con una ronda final de competencia calurosa para el domingo.

Cualquier familia que procure programar una comida familiar importante el domingo, pronto descubrirá que los hombres de la familia se escapan uno por uno al salón donde está el televisor para ver cómo le va a cada equipo. O tal vez quieren ver si Tiger Woods puede ganar con un tiro mágico de golf en contra de otros como V.J. Singh o Jim Furyk o Ernie Els.

La gente hace arreglos para asistir a un servicio de la iglesia que sea temprano el domingo para poderse ir a la casa a tiempo y ver los juegos de las Pequeñas ligas o la apertura del juego de fútbol. Una enorme cantidad de personas recibe la edición masiva de envío del periódico dominical de la localidad. Se levantan tarde, comen un cómodo desayuno-almuerzo y pasan horas leyendo el periódico.

Se invierten miles de millones de dólares en deportes profesionales. El valor de dichos equipos como el Washington Redskins está en el nivel de los $950 millones de dólares. El precio del estadio para una liga mayor puede ser de $250 a $300 millones. Los palcos privados del estadio se pueden alquilar por $100,000 o más al año. Los atletas estrellas pueden recibir compensaciones a largo plazo que exceden los $100 millones. Los derechos de la televisión para televisar los juegos de los domingos cuestan varios miles de millones de dólares al año. Un comercial de treinta segundos durante el Super Bowl se venderá en el 2004 por $2.4 millones. ¡Eso representa $80,000 dólares *por segundo!*

Además de los sueldos o premios de dinero, a los atletas profesionales les pagan sumas extraordinarias por aparecer en la promoción de un producto. A Tiger Woods le pagaron un millón de dólores solo por aparecer en un torneo alemán de golf. Sus ganancias en premios están cerca de los $6.5 millones, aunque el total de sus entradas anuales tal vez esté cerca a $60 millones si se incluye lo que cobra por el endorso de las promociones.

¿Puede usted tan solo imaginarse el enojo que se expresaría en los Estados Unidos si alguien se atreviera a sugerir que el domingo debe ser un día de descanso para la nación y que el deporte profesional se debe cambiar a otro día? ¡Imagínese la magnitud de esta ofensa! Dicha sugerencia es inconcebible en los Estados Unidos postmoderno.

Pero el valor de los deportes profesionales languidece en comparación con el valor total de las compras en los centros comerciales, hileras de tiendas, tiendas de ventas al por mayor, tiendas por departamentos, restaurantes y hoteles. Aquí no estamos hablando de ganancia de cientos de miles de millones, sino de billones de dólares. Los dueños de estos establecimientos calculan cuánta ganancia bruta ellos reciben diariamente. Seis veces esa suma es una cantidad. Siete veces esa cantidad es alrededor del 15 por ciento adicional. Un aumento de un quince por ciento de los negocios significa que la inversión fija se expande sobre una base aún mayor. La ganancia por venta sube. Así que, desde luego, ellos quieren que su negocio esté abierto los siete días de la semana. No les interesa si sus empleados no pueden asistir a la iglesia. No les interesa si sus empleados están agotados sin un verdadero día de descanso. No les importa que los compradores nunca tengan un día libre de comercio cuando la sociedad descansa. Lo que les importa es la ganancia.

Desde luego, estos hombres de negocios con mentes seculares no consideran que si ellos procuran que el día de reposo sea como un deleite en lugar de una ofensa, el Dios que creó el universo les puede dar más negocios en seis días que lo que ellos reciben en siete al desafiar los mandamientos de Dios.

Un modelo de la bendición de Dios

Un maravilloso ejemplo de la bendición de Dios para aquellos que observan el día de reposo fue el éxito de mi amigo Truett Cathy, el fundador y dueño principal de una cadena de restaurantes de comida rápida llamada *Chick-fil-A*. Truett Cathy creyó que podía proveer un sandwich delicioso si colocaba un generoso bistec de pechuga de pollo sobre un pan y lo servía a sus clientes junto a los acompañamientos necesarios.

Truett era un cristiano dedicado que creyó que era una violación del Cuarto Mandamiento hacer negocios el domingo o hacer que sus empleados trabajaran los domingos. Él creyó que si operaba solo seis días a la semana, Dios lo prosperaría más que si él trabajaba los siete días.

Pero Truett no consideró las prácticas comerciales de los grandes centros comerciales donde procuró localizar sus restaurantes *Chick-fil-A*. Vea usted, los centros comerciales grandes crean un ambiente masivo comercial, así que ellos no quieren solo alquilar espacios de venta por un alquiler fijo. Ellos quieren un alquiler fijo y, además, un porcentaje de la ganancia que recibe cada uno de sus inquilinos. Para ellos, un negocio de seis días a la semana gana menos que un negocio de siete días a la semana y por lo tanto paga una renta menor.

Así que Truett tenía que garantizar que con seis días a la semana su restaurante ganaría lo mismo que un negocio comparable en siete días. Es poco decir que él oró mucho pidiendo la bendición de Dios. Pero el milagro sucedió. Los restaurantes *Chick-fil-A* eran tan populares que en seis días a la semana sus ganancias excedieron por mucho más a los negocios comparables que abrían los siete días.

Hasta la actualidad *Chick-fil-A*, que ahora tienen más de mil localidades, es un negocio exuberante. Sus ganancias brutas y las ganancias netas exceden notablemente lo que hace unas décadas Truett Cathy esperaba cuando vendió su primer filete de pechuga de pollo sobre un pancito. Y, desde luego, ningún restaurante de comida rápida de la cadena de Truett Cathy abre el día de reposo. Para Truett Cathy y sus empleados, el día de reposo es una delicia. Él conoce la herencia de Jacob.

Dios sabe lo que es mejor

En resumen, el Dios que nos hizo sabe lo que nos beneficia y lo que nos perjudica. Sin embargo, en la enfermiza ansiedad de dinero y éxito, los estadounidenses han llegado a creer que Dios no sabe de lo que está hablando. Creemos que sus leyes se interponen en el camino para lograr lo que creemos ser «el sueño estadounidense materialista». El Cuarto Mandamiento es una ofensa para el comercio, los entretenimientos y los deportes.

El legado que hemos recibido en cambio es una nación adicta a los calmantes de dolor, el alcohol y los narcóticos. Somos una nación que tiene exceso de trabajo y estrés. Nuestros hogares están destrozados, desatendemos a nuestros adolescentes que son rebeldes y a nuestros sicólogos no les es posible ir a la par de las demandas y agotamientos emocionales de la gente. Nos unimos al coro de los que gritan: «¡Paren el mundo, quiero bajarme!»

En resumen, mientras que guardar el día de reposo es una ofensa para nuestra cultura a paso rápido, dejar de tomar un día de descanso como Dios mandó nos causa perder tremendos beneficios que podríamos tener. Al no honrar el día de reposo, estamos perdiendo las bendiciones que le darían fortaleza a nuestra nación, nuestra comunidad, nuestras familias y a nosotros mismos.

Como escribió el salmista, en un tiempo de adoración y reposo en el Señor:

Cuídame, oh Dios, porque en ti busco refugio. ... Siempre tengo presente al SEÑOR; con él a mi derecha, nada me hará caer. Por eso mi corazón se alegra, y se regocijan mis entrañas; todo mi ser se llena de confianza. No dejarás que mi vida termine en el sepulcro; no permitirás que sufra corrupción tu siervo fiel. Me has dado a conocer la senda de la vida; me llenarás de alegría en tu presencia, y de dicha eterna a tu derecha.

(Salmo 16:1, 8-11)

Así que debemos preguntarnos, ¿recibiremos la bendición del Señor y la herencia de Jacob, o nos quemaremos emocionalmente? La decisión es nuestra.

OCHO

Quinto Mandamiento: Honre a sus padres

Honra a tu padre y a tu madre, como el SEÑOR tu Dios te lo ha ordenado, para que disfrutes de una larga vida y te vaya bien en la tierra que te da el SEÑOR tu Dios.

DEUTERONOMIO 5:16

Los primeros cuatro mandamientos crean el marco idóneo de todas las relaciones humanas. El Primer Mandamiento establece que no hay otro Creador universal además de Jehová. Por el bien de su pueblo, Dios no permitirá adorar a otros dioses para desviar a su pueblo de la verdad.

El Segundo Mandamiento le prohíbe a la creación adorar a cualquier objeto hecho de mano de hombre porque cualquiera de estas cosas disminuye nuestra comprensión de Dios y la santidad y pureza de la vida que requiere la adoración a él.

El Tercer Mandamiento nos prohíbe disminuir su presencia en nuestras vidas ya sea por el uso irreverente de su nombre o por usar su nombre para hacer de él un partidario de falsedades y maldiciones. Su pueblo debe recibir respuesta a las oraciones en su nombre. La oración es imposible para aquellos que no reverencian la fuente de su bendición.

Por último, el Cuarto Mandamiento dirige al pueblo de Dios a enfocarse en la majestad no solo de su persona, su carácter y su nombre, sino de la obra de su creación. Para este fin, él especifica que debemos tener un día de descanso cada semana, para que podamos estar libres para contemplar la majestad del único que lo hizo todo en seis días, y luego cesó la labor en el séptimo.

De estos mandamientos, no solo aprendemos a concentrarnos en nuestro Creador, sino que nos cambiamos a su misma naturaleza. Dios dijo: «Sean santos, porque yo soy santo» (1 Pedro 1:16). A medida que aprendemos a amarlo, absorbemos la ética de sus normas sublimes, que entonces se convierten en la base de todas las leyes y acciones para el beneficio de nuestro semejante.

Los primeros cuatro mandamientos se refieren a nuestra relación con Dios. Los últimos cinco son acerca de las obligaciones que tenemos los unos por los otros. El Quinto Mandamiento, que ahora exploraremos, provee la base para el gobierno civil, el cual comienza con la familia, luego el clan, después la tribu y al final la nación.

La autoridad de la familia

En todas las sociedades, la familia es la unidad esencial. Si la integridad de las familias se destruye, entonces comienza a desintegrarse la cohesión que une los pueblos, ciudades y naciones. El ex secretario de educación William Bennett dijo claramente: «La familia estadounidense tradicional es el primer, mejor y original Departamento de Salud, Educación y Bienestar Social».

De acuerdo con Jehová Dios, después de él, los padres son los próximos en la línea de autoridad. Debemos honrar (o respetar) a nuestros padres y madres. Martín Lutero escribió que estos mandamientos se refieren a «los que son representantes de Dios. Así que, igual que debemos servir a Dios con honor y temor, también debemos servir a sus representantes».

Los padres no solo son los autores y preservadores de sus hijos, sino que la Biblia nos dice que el padre debe ser el sumo sacerdote de su familia, capaz de impartir sabiduría y autoridad de Dios y transmitirla a sus hijos.

La Biblia nos dice que todas las familias sobre la tierra deben tomar su apellido de la paternidad de Dios. Es por eso que Jesucristo siempre se refirió a Jehová como «Padre». Cuando los discípulos le pidieron a Jesús que los instruyera en cuanto a la oración, él les enseñó a decir: «Padre nuestro que estás en el cielo santificado sea tu nombre» (Mateo 6:9).

Todo gobierno se deriva de la relación entre padre e hijo, y, de acuerdo con un comentarista del siglo diecinueve: «de la reverencia de los hijos hacia los padres surge el peso moral y la estabilidad del gobierno sobre los que descansa la prosperidad y el bienestar de la nación». Sin lugar a dudas, un niño se forma su concepto de la naturaleza de Dios según lo que ve en sus padres. ¿Es el padre bondadoso o autoritario, comprensivo o desmedido, considerado o indiferente? ¿Sostiene normas correctas de vida y disciplina o ahorra los temas de moralidad y deja que sus hijos crezcan siendo rebeldes e indisciplinados?

Son muchos los padres y madres que hacen una buena obra al llevar a sus hijos al conocimiento de Dios y de sus muchas dimensiones. Ellos lo hacen, no solo al enseñarle a sus hijos a orar o adorar u oír la voz de Dios mediante las Escrituras, sino también mediante el ejemplo amoroso y el carácter moralmente firme. Su ternura y su firmeza forman una clase de terreno sólido sobre el cual puede pararse el alma de un niño. Abrazan a sus hijos con un amor que es constante y sin fluctuar. Al mismo tiempo, enseñan a sus hijos a obedecer las leyes morales y a vivir éticamente. Afortunado es el hijo cuyos padres se esfuerzan para ofrecerle a él o ella amor y disciplina, porque a ese hijo se le ha dado una visión del carácter de Dios que no será perfecta, pero es mucho más clara.

Los padres que no llegan al ideal de Dios

Hay muchos padres, desde luego, que no llegan a los ideales de la paternidad piadosa. Ellos creen que han sido amorosos, cuando en realidad son siempre muy débiles y no satisfacen las necesidades de limitaciones y enseñanza que tienen sus hijos. Los hijos de estos padres mostrarán a un Dios que es principalmente bondadoso y compasivo y quien se hace de la vista gorda en lo referente a la disciplina. Por otra parte, algunos padres son demasiado estrictos o demasiado exigentes en su disciplina. Los hijos de estos padres se imaginarán que Dios es poco compasivo, que es impaciente y a veces quizás hasta cruel. Estos hijos están un poco en desventaja en la vida, porque les faltará autocontrol o empatía.

También hay padres que, tristemente, hacen el peor trabajo que se pueda uno imaginar. Estos son los padres que quedan atrapados en la autoindulgencia y son negligentes o abusan de sus hijos. Tal vez los padres aflojan demasiado en su muy llamado amor, cediendo ante los peores atributos del niño como son las rabietas o los apetitos crudos. O tal vez tomen ventaja de sus hijos, usándolos emocionalmente o hasta físicamente para su propia satisfacción.

Heather era la única hija de padres que gratificaron sus peores deseos a expensas de la muchacha. Su padre abusó sexualmente de ella desde que tenía trece años. Y cuando, a los quince, Heather quedó embarazada, su madre la llevó a una clínica para abortar y la dejó allí sola para que pasara por esa terrible experiencia. «Aquí está el dinero que necesitarás», le dijo dándole unos billetes. «Allí adentro te atenderán. Yo volveré en un par de horas para recogerte. Y recuerda, esto sucedió por andar enredada con un novio».

Tristemente, la historia de Heather, que ella le contó a su pastor después que este predicara un sermón sobre el Quinto Mandamiento, se pudiera repetir miles de veces. «Y *ahora*», dijo ella con lágrimas de ira, «¿Dios me dice que tengo que honrar a mi padre y a mi madre?» «Sí», le replicó el pastor. Ella tenía que honrar a sus padres sanando su alma y honrando la vida que ellos crearon. Pero ella no oyó esto. «Mi vida es horrible, y es por culpa de ellos. Y aunque me cueste toda la vida, les voy a demostrar que ellos no son nada. Porque así es como me han hecho sentir».

La resistencia de esta mujer a los mandamientos de Dios se hace eco millones de veces en toda la nación. De varias maneras, mediante actos de agresión o negligencia, niños de todas las edades deshonran a sus padres y los tratan como si no fueran importantes, y a veces como si no fueran nada. La historia de Heather señala una de las razones principales por las cuales el Quinto Mandamiento de Dios es causa de ofensa.

Cuando los padres son desconocidos o abusivos

¿Cómo se aplica el Quinto Mandamiento a los hijos que nacen como producto de la inseminación artificial? ¿Cómo le decimos a un niño que honre la esperma de un donante desconocido que se inseminó de un tubo de ensayo? ¿A quién le decimos que honre un niño nacido en un gueto cuando su madre ha tenido relaciones con tantos hombres que le es imposible identificar al padre de su hijo? ¿O cómo le vamos a enseñar a un hijo de divorciados que honre a su madre y padre cuando ninguno de ellos se detiene para cambiar la lealtad de su hijo en contra de su ex cónyuge?

¿Cómo le enseñamos a un hijo que honre a un padre que es un borracho y le pega regularmente a la madre del muchacho? ¿Cómo le enseñamos a un hijo que honre a unos padres alcohólicos o adictos a las drogas que lo botan a la calle a la edad de trece años para que se defienda como pueda? ¿Cómo le enseñamos a un hijo que honre a su padre que es un abusador sexual?

En resumen, la sociedad norteamericana está alcanzando un punto en el que hemos triturado el Quinto Mandamiento. Sin su influencia limitadora, la vida a largo plazo de nuestra nación corre un grave peligro. ¿Pero las escuelas públicas y los juzgados refuerzan o socavan los mandamientos? Aquí hay algunos ejemplos que son indicativos de estas tendencias.

Socavar a los padres

A los diecisiete años, Kara se convirtió en una menor emancipada. Un juzgado de California falló a su favor cuando, auxiliada por un grupo de libertades civiles, ella presentó una demanda contra sus padres por ser «opresivos». ¿Sus razones? Después de que la encontraran por cuarta vez usando drogas, y después de que la sorprendieron seis veces robando en las tiendas, la «forzaron» a tomar clases en la casa. Ellos también «violaron sus derechos» al prohibirle que viera a una cantidad de muchachos de su viejo grupo porque estaban en libertad condicional por varios crímenes cometidos, desde asalto por hurto hasta negociar con drogas.

Lo trágico es que ninguno de los abogados de libertades civiles que le ganaron a Kara su emancipación, ni el juez que se la dio, estaban allí para ayudar a Kara cuando un año más tarde ella tuvo un bebé y el padre de veintiocho años se negó a hacerse responsable de ella o de su hijo.

El padre de Kara preguntaba con ira: «¿Dónde están esos hombres ahora que nos dejaron con la responsabilidad de ayudar a nuestra hija a recoger las piezas de su vida?»

Una noche en Virginia, Tomás, de diez años, le dice a sus padres cristianos mientras están sentados a la mesa del comedor que «orar es estúpido». Dijo que lo aprendió en un programa de consejería que mandó la legislatura del estado a las escuelas.

Ese día, en la clase, la maestra de consejería le preguntó al grupo de Tomás, de quinto grado, qué harían ellos si estuvieran jugando con una pelota en la casa, cosa que no se les permite hacer, y accidentalmente rompieran una lámpara. Algunos de sus compañeros dijeron que ellos esconderían los pedazos y alguien dijo que le echaría la culpa a su hermanito o al gato. Tomás y otros compañeros cristianos dijeron que ellos orarían para pedirle a Dios que los perdonaran por desobedecer a sus padres. Entonces la maestra pidió a la clase que votaran por la solución que consideraban ser la mejor. Cuando nadie, excepto Tomás y sus amigos, votó porque la oración era la mejor elección, se imprimió un fuerte mensaje en este pequeño niño. «Todos los demás creen que orar es estúpido».

Cuando el padre de Tomás se reunió con la maestra de consejería para decirle los efectos de la lección, ella hizo caso omiso a sus objeciones: «Solo estamos procurando ayudar a su hijo a aclarar sus propios valores. Eso fue lo que mandaba a hacer el programa de consejería. Los niños necesitan apropiarse de sus valores».

Cuando este padre objetó, diciendo que hacer que los niños votaran en cuanto a si pensaban que la oración era algo bueno o malo, era equivalente a auspiciar un concurso de popularidad, la maestra continuó obviando las preocupaciones del padre. «Usted y su esposa tal vez tengan un alto valor de la fe y la oración, pero quizás Tomás no lo tenga», insistió ella. «Tenemos que permitir que nuestros hijos encuentren sus propias creencias. No podemos forzar nuestros valores o nuestra moral en ellos».

Es poco sorprendente que tanto el abogado de Kara como la maestra de consejería de Tomás tomaran la postura de que sus padres los estaban «forzando» a hacer algo en contra de su voluntad. Durante décadas un punto de vista liberal se ha ido apoderando del sistema legal y educativo de los Estados Unidos. Si bien es cierto que en algunos estados todavía honran los valores familiares fundamentales, la marea corroe la autoridad de los padres a través de la nación. «Honra a tu padre y madre» es una ofensa para muchos en estos Estados Unidos, donde el individuo se considera supremo e independiente.

Y, sin embargo, entre los jóvenes del país, la delincuencia juvenil, el crimen y los desórdenes sicológicos son mayores que nunca antes en la historia de nuestra nación. Muchos culpan al hecho de que los padres están demasiado cargados con las demandas de la vida, ganando el sostén o solucionando matrimonios problemáticos, o que están mal equipados o que solamente son haraganes. Plantean que si los padres no van a hacer el trabajo de padres, entonces el estado debe hacerse cargo. Si miramos más allá de este punto de vista tan popular veremos que otras fuerzas han estado obrando, moviéndose en contra de la autoridad paterna.

Autoridad de los padres

Lo que ha pasado en los Estados Unidos en cuanto al papel de los padres no es nada menos que una revolución social callada y muy oculta. Aunque la familia siempre ha sido el bloque principal del edificio en el cual nuestra sociedad se ha desarrollado, más recientemente la autoridad de los padres se ha socavado. Desde luego, las preocupadas voces conservadoras han trabajado arduamente en beneficio de la familia estadounidense. Esto es porque las familias fuertes, donde padres firmes gobiernan y aman, trabajan para el beneficio de todos, creando individuos saludables, productivos y autónomos. Pero más a menudo los legisladores, educadores, abogados y grupos liberales han abusado demasiado del ejemplo de los padres negligentes, no los diligentes, para «demostrar» por qué los niños necesitan ser más independientes de sus familias. El sentimiento que prevalece entre las muchas voces liberales (e influyentes) en los Estados Unidos es que los jóvenes necesitan ser libres de la autoridad de los padres.

Por desgracia, hasta en ciertos elementos dentro de la iglesia, la idea de honrar a los padres de uno ha perdido la autoridad y el poder de un mandamiento divino. Para ellos no es tan importante honrar al padre y a la madre. Lo que es importante es sicoanalizar su relación con los padres. ¿Era su padre muy dominante y exigente, o muy pasivo y débil? ¿Era su madre demasiado protectora o no se preocupaba lo suficiente? ¿Estaban sus padres junto a usted o estaban ausentes? Aunque puede ser útil obtener una comprensión de las dinámicas de la niñez de uno, tristemente a muchos cristianos nunca se les enseña por qué Dios con tanta claridad nos enseñó, en primer lugar, a no *entender* sino a *honrar* a nuestros padres y madres.

La bendición del Quinto Mandamiento

El Quinto Mandamiento, de acuerdo con el apóstol Pablo, es el primer mandamiento con promesa: «para que disfrutes de una larga vida en la tierra que te da el SEÑOR tu Dios» (Éxodo 20:12; compárese con Efesios 6:2). ¿Esa promesa aplica a la nación? Yo creo que sí, ya que el mandamiento se dirigió a toda la nación. En este mandamiento, Dios le dice al pueblo de Israel que la continua estabilidad y longevidad de su nueva nación en la Tierra Prometida dependerá de una sociedad unida que reverencia las generaciones sucesivas de sus padres y patriarcas. Dios promete bendecir con una vida larga y estable a aquellos que honran a sus padres y él extiende esa misma promesa de bendición a cualquier nación que siga sus mandamientos.

Una nación que se niegue a honrar a sus padres lo hace arriesgándose. Los hijos rebeldes que dejan de honrar las instrucciones de sus padres a menudo comienzan a robar y matar, o se involucran en borracheras o sexo promiscuo. ¿Cuántas vidas jóvenes terminan temprano por manejar descuidadamente, emborracharse, contagiarse con enfermedades que se transmiten sexualmente, guerras entre pandillas, crimen o hábitos alimenticios deficientes? Honrar a las madres y padres es lo que asegura una larga vida para una nación y para los individuos.

Considere este ejemplo de una nación que decide honrar a sus patriarcas. Cuando tenía sesenta y ocho años de edad, el padre de mi esposa se retiró de la vicepresidencia de una compañía que manufacturaba pintura. Como todavía estaba muy vigoroso, se fue al extranjero con mi suegra. Fueron a Beirut, Líbano, donde estableció *Sipes International Paint Company*, [Compañía internacional de pintura Sipes], subsidiaria en el Medio Oriente de su compañía en EE.UU. Él supervisó la construcción de una factoría en Beirut de *Sipes International* para vender pintura y acabado industrial a través del Medio Oriente a los estados del Golfo Pérsico tales como Kuwait, Bahrain, Qatar y Arabia Saudita.

Mi suegro era un hombre activo al que no le gustaba sentarse en una oficina sino que disfrutaba salir al piso de la fábrica con los hombres para levantar los cubos de pigmentos, aceite y solventes que se usaban para hacer cada lote de pintura. Sin embargo, en el Medio Oriente descubrió que esto no era posible. Los empleados del Medio Oriente tenían tanto respeto por un hombre de setenta años que como una señal de honor ellos se negaron a dejarlo hacer ningún trabajo pesado. Él era el patriarca, y ellos podían levantar, tirar y empujar por él, porque en esa cultura un hombre de edad se considera ser un depósito de sabiduría y por lo tanto un tesoro venerado.

Realmente esta era la actitud bíblica hacia los ancianos abuelos, bisabuelos y tatarabuelos. Él era venerado, y su palabra era la ley. Su bendición (o maldición) determinaba el destino de la progenitud después de él.

Un honor así no es común. Forma parte de la estructura social de muchas civilizaciones. ¿No debiera este honor también ser nuestra herencia en los Estados Unidos?

Los que evitan su obligación hacia los padres

Cuando Jesucristo estaba en la tierra, acusó a los líderes religiosos de sus días por inventar las costumbres religiosas que les permitían quebrar el mandamiento de honrar a las madres y a los padres. Para Jesús, el Quinto Mandamiento no se extendía solo a obedecer las instrucciones de los padres. Era claro que el mandamiento extendía una obligación positiva hacia el cuidado del bienestar de los padres cuando llegaran a viejos y fueran incapaces de cuidarse por sí mismos.

Por consiguiente, la costumbre y la regulación establecía que una cierta parte de las entradas de los hijos adultos se dedicara a sostener a los padres ancianos. Este requisito se convirtió en una carga para los hijos desagradecidos, y los fariseos fueron rápidos al proveer una salida que pareciera bíblica. Les dijeron a los hijos que deseaban eludir sus obligaciones que determinaran cuánto debían proveer para apoyar a sus padres.

Luego debían ir al templo y hacer una declaración que parecía muy santa, diciendo que esta suma era «*corban*», o dedicada a Dios. Por lo tanto, ya dejaba de estar disponible para sostener a sus padres (véase Marcos 7:9-13). El truco en todo esto era el momento de hacerlo. Después de la declaración no se le daba nada a Dios. Era una promesa de bienes que se pagaban a la muerte. Mientras vivieran los hijos, los padres no obtenían nada, el templo no obtenía nada y ellos podían usar el dinero como quisieran.

Al condenar el truco, Jesús subrayó la obligación. Los hijos tienen la obligación de sostener a sus padres cuando estos ya son ancianos. Como dijo el apóstol Pablo: «El que no provee para los suyos, y sobre todo para los de su propia casa, ha negado la fe y es peor que un incrédulo» (1 Timoteo 5:8).

Yo oí el caso de una familia de cuatro hijos adultos con una madre enfermiza. Estos hijos se quejaban amargamente de que, con todas las obligaciones familiares que tenían, no les era posible encontrar el dinero para sostener a su madre. Un comentarista que supo de esto, dijo: «¿No es esto asombroso? Una mujer pudo alimentar, vestir, darle casa y educación a cuatro hijos, sin embargo, los cuatro hijos consideran imposible cuidar a una sola mujer».

Las consecuencias de descuidar a nuestros padres

Se podría escribir un libro entero acerca de este tema porque es como una amenaza inminente sobre la estabilidad financiera a largo plazo de no solo los Estados Unidos, sino también de Europa, Rusia y Japón. En todas estas sociedades, los apóstoles del control de la natalidad y del aborto, hicieron un trabajo completo. La tasa de natalidad ha caído por debajo del nivel de reemplazo en todas partes excepto en los Estados Unidos. Muchos de la llamada generación boom decidieron no tener hijos. Aproximadamente cuarenta y cinco millones de abortos durante los últimos treinta años, junto con la seria ruptura del núcleo familiar, han dado como resultado un dilema demográfico de proporciones mayores que comenzará a afectar nuestra sociedad después del año 2010.

En los Estados Unidos, el segmento de crecimiento más rápido de nuestros habitantes, en cuanto al porcentaje de crecimiento, se compone de personas de más de ochenta años. Europa, Rusia y Japón experimentan críticos problemas demográficos porque el crecimiento de su población se ha detenido y el porcentaje de la población de ancianos está creciendo dramáticamente.

Al principio de introducir el Seguro Social en los Estados Unidos, había aproximadamente cuarenta y cinco trabajadores por cada retirado. En la década de 1980 este número cayó a cuatro obreros por cada retirado. Cuando el gran número de los boomers alcance la edad de retiro, la proporción será de dos a uno. Cuando esto suceda, el impuesto de retiro sobre la fuerza del obrero activo llegará a un asombroso 23 por ciento de la nómina de los Estados Unidos. Francamente, lo que detiene este desastre en los Estados Unidos es el gran número de trabajadores inmigrantes que viene aquí desde Asia y América Latina.

Sin embargo, en Europa Occidental, Rusia y Japón no hay una inmigración compensativa. En esas naciones, al menos que algo sucediera con rapidez para rectificar la situación, la carga de gastos para atender la salud y los retiros de su población anciana será insostenible. Ellos estarán encarando la bancarrota nacional, o una pobreza absoluta, o ambos. En todas estas naciones, está claro que los hijos han pasado por alto sus obligaciones para con sus padres y el gobierno se ha hecho responsable de la obligación de los hijos.

En los Estados Unidos, los políticos se niegan absolutamente a tratar vigorosamente con este amenazador problema. El poder político de los ciudadanos mayores, de los cuales yo soy uno de setenta y tres años de edad, es demasiado grande. Están bien informados, altamente motivados y muy activos políticamente. Los ancianos que gritan: «Usted no me puede quitar mi dinero» castigan, en la próxima elección, a cualquier líder político que intente arreglar el problema de la Seguridad Social de una forma inteligente.

El problema es que los políticos ya se han apoderado del dinero. Todo el dinero que se ha pagado a la Seguridad Social se ha gastado para balancear el presupuesto federal. No hay fondos fiduciarios para la Seguridad Social. Ahora la Seguridad Social es un sistema de transferencia, de los trabajadores activos a los retirados. El Fondo Fiduciario no es nada más que un gigantesco pagaré del gobierno federal para pagarse en años futuros aumentando los impuestos a los trabajadores más jóvenes. Yo he visto muchos estimados de la deuda en que incurriremos, pero de acuerdo con la Coalición Concord, en el 2002 era de $11.2 billones para la Seguridad Social. Junto con el Medicare, el total de deudas sin fondos en solo estos dos programas que otorgan derechos a los ancianos alcanzaba la asombrosa cantidad de $24.1 billones, una suma que supera el doble de la economía de todos los EE.UU. y casi cuatro veces la deuda nacional. Francamente, cuando los números llegan a esas cantidades tan grandes, comienzan a perder su significado; pero por lo menos se puede decir que presentan una seria amenaza para la economía futura de la nación y que pudieran precipitar un colapso catastrófico peor que la Gran Depresión.

Al principio fue una bendición que se improvisara la Seguridad Social para ayudar a la gente desesperadamente pobre que estaban atrapadas por el caos económico de lo que vino después de la depresión. Todavía sigue siendo una bendición para millones. Sin embargo, cuando nuestro país se fundó, las familias tomaron el Quinto Mandamiento con seriedad y cuidaron de los suyos. Las familias se cuidaban unos a otros y los vecinos se ayudaban unos a otros. De alguna manera esta nación estuvo muy bien desde el 1607 hasta el 1930 sin un gobierno federal gigante ni un sistema, financiado por los contribuyentes, con derechos cada vez más generosos que los contribuyentes sostienen. Entonces, el Quinto Mandamiento se convirtió en una ofensa nacional cuando el gobierno alivió a los hijos de sus responsabilidades bíblicas.

Quizás sea demasiado tarde para volver a establecer en nuestra sociedad el concepto de que el cuidado de los ancianos es responsabilidad de los hijos, no del gobierno federal. Para la vasta mayoría de nuestra sociedad, necesitamos un sistema de retiro obligatorio deducible de impuestos y cuentas de ahorros para la salud. Como nación, debiéramos gastar lo que sea necesario para promover familias intactas, abstinencia sexual fuera del matrimonio y la firme creencia de que los hijos tienen una obligación clara de cuidar de sus padres.

Maneras en que la sociedad puede cuidar de sus padres ancianos

Desde luego, nuestra sociedad puede cuidar de sus incapacitados, las viudas, los huérfanos y los que verdaderamente están destituidos. Los pobres vagabundos no deben dormir en las accras ni los desempleados deben sobrevivir comiendo de los latones de basura. Debe haber una asociación entre el gobierno y las miles de agencias privadas de nuestra sociedad para prestar ayuda, capacitación para los trabajos y dar esperanza a los menos afortunados. Por ejemplo, para este propósito, yo tomé los mandamientos de Isaías 58:6-7 muy seriamente y fundé *Operation Blessing International Relief and Development* [Operación bendiciones para alivio y desarrollo internacional]. En el sector privado, hemos enseñado a leer a cerca de 300,000 jóvenes de los barrios pobres de la ciudad les hemos provisto cuidados médicos gratis a unas 850,000 personas en todo el mundo, se provee habilidades de empleomanía cruciales para los desempleados, y en la actualidad estamos enviando todos los meses más de cuatro millones de libras de comida para los pobres y ancianos en los barrios pobres de las ciudades y la región de los Apalaches.

El éxito dramático de la legislación en la década de 1990 para reformar la asistencia social, sacando a los pobres de la asistencia social a la fuerza laboral, demuestra que la acción fuerte puede ayudar a resolver lo que parece como un problema irremediable.

Muchos estados descubrieron que los hombres estaban procreando hijos y entonces dejaban que la madre y los hijos pasaran al cuidado del estado o del gobierno federal. Hubo una solución simple para el problema: la Ley del padre fugitivo. A los padres que abandonan sus claras responsabilidades deben detenerlos y forzarlos a mantener a sus hijos o de lo contrario deben ir a la cárcel. Estas leyes parecen severas, pero son justas y funcionan.

Si los hijos se niegan a mantener a sus padres ancianos como el Señor mandó hacer, ¿qué puede impedir que el estado o el gobierno federal hagan regulaciones que requieran que los hijos amparen a sus padres destituidos? El hombre promedio con todas sus fuerzas no puede levantar solo un refrigerador grande. Sin embargo, treinta hombres pueden levantar el mismo peso con solo usar sus dedos índices como si fuera magia. Nuestra nación está encarando un peso que pronto se hará insoportable. Si cada hijo comienza a hacerse cargo de una pequeña porción del cuidado de sus padres ancianos, ese cuidado, además de los ahorros privados y la ayuda de alivio del sector privado y una modesta ayuda del gobierno, hará que levantar el peso de la nación se aligere dramáticamente.

Todo lo que hace falta es obediencia al mandamiento que se hizo para nuestro bien. Si realmente honramos a nuestros padres, experimentaremos todas las bendiciones del Quinto Mandamiento.

NUEVE

Sexto Mandamiento: Respete la vida humana

No mates.

ÉXODO 20:13

Al estudiar los Diez Mandamientos en todo su contexto, se ve con claridad que la intención, por encima de todo, fue asegurar una sociedad que tuviera valores propios, una estructura perdurable y la habilidad de que toda la gente viviera libre de temor.

Los Mandamientos, desde el Sexto hasta el Décimo, comienzan diciendo: «No» lo cual implica con claridad que la gente ya había estado haciendo estas cosas y debían dejarlas o que tenían esa tendencia y necesitaban limitarse para que ese tipo de conducta no se propagara.

Hace años yo estuve de acuerdo con el punto de vista de la mayoría de la gente respecto a que los Diez Mandamientos eran una serie de mandamientos negativos hechos para restringir a las personas. Pero a medida que los iba estudiando más profundamente, reconocí que obedecerlos da un maravilloso sentido de paz a la comunidad, si esta reconoce que existe un poder para impedir a cualquiera infligir daño a la vida, propiedad, matrimonio o reputación.

Nuestra posesión más preciosa

Sin duda alguna, la vida es la posesión más preciosa que cada uno de nosotros disfruta. Hace poco los fuegos forestales atacaron a California y quemaron un área de tierra mayor que el estado de Rhode Island, destruyendo por lo menos dos mil casas con sus contenidos. Aunque la gente que entrevistaron por televisión estaba triste por la pérdida de sus posesiones, todos, sin excepción, respondieron humildemente: «Todavía estamos vivos y podemos volver a construir». Las posesiones se pueden destruir, pero no así el espíritu humano. ¡Mientras hay vida, hay esperanza!

Cuando los redactores de la Declaración de Independencia enumeraron los derechos inalienables que nos dio el Creador, el primero era la vida, luego la libertad y por último la búsqueda de la felicidad. Si una persona está muerta, no hay libertad política que le haga algún bien ni habilidad para buscar la felicidad. Así que el sabio Creador estableció cinco mandamientos para proteger a la gente, para asegurar su paz mental y lo primero que prohibió fue matar. «No mates». La vida no es solo la posesión terrenal más alta, sino que está hecha a la imagen de Dios y es su creación única, incluso cuando está bajo ataque.

Ya que la Ley de Moisés estableció con claridad el mandato de la ejecución en caso de crímenes y, además, especifica ciertas acciones militares, es claro que este mandamiento prohíbe el asesinato, no el castigo capital ni matar en una batalla. En esencia, el asesinato es tomar la vida de otra persona premeditadamente. En caso de muerte accidental o muerte por autodefensa, la Ley de Moisés permitía que la parte culpable escapara a una ciudad de refugio donde el familiar vengativo del muerto no pudiera agarrarlo (Números 35:22-25). Ya que en la lista no hay un objeto directo después del verbo «asesinar», los comentaristas bíblicos creen correctamente que el mandamiento «No mates» también se aplica a quitarse la vida mediante el suicidio.

Estos cinco mandamientos ya dejaron de ser una fantasía

de los viejos. A los turistas en el Hilton de Washington, que está en una de las partes más de moda de la capital de la nación, se les advirtió que no salieran del hotel a pie excepto en grupos de cuatro o cinco para evitar asaltantes que pudieran matarlos, abusarlos o robarles. Yo me quedé en un hotel en la ciudad de Nueva York y si la memoria no me falla, en la puerta había tres o cuatros cerrojos de seguridad, además de la cerradura normal de la puerta del hotel, el cerrojo de seguridad y la cadena. Ahora la gente vive detrás de puertas cerradas y aseguradas con barras por temor al abuso sexual, el robo y el asesinato.

En el 2003 la Coalición Aliada ganó una victoria rápida en Iraq, pero más que agua, electricidad y escuelas, las personas pidieron ley y orden de manera que ellos y sus familias pudieran estar seguros de las violentas turbas que andaban por las calles despojando y matando. Ninguna sociedad puede funcionar mientras las turbas violentas gobiernen las calles.

Pero en los Estados Unidos del siglo veintiuno se han nublado los mandamientos de Dios que protegen la vida. En lugar de una cultura que celebra la vida, nos hemos convertido en una cultura que celebra la muerte, la muerte del que está por nacer y la muerte de los ancianos.

«El derecho de elección» de los estadounidenses

La libertad de la autoactualización, no de la vida, se ha convertido en el derecho más importante que el individuo pueda tener. En los Estados Unidos, la libertad personal de una mujer, sus «derechos de elección» para vivir su vida, se han convertido en una prioridad que se antepone a los derechos del hijo que lleva en el útero. Mientras que los fundadores de nuestra nación tomaron el Sexto Mandamiento de Dios con seriedad, reconociendo que la vida es el don personal más importante que él nos ha dado, la facción liberal de hoy insiste en que los derechos de la libertad personal son preeminentes.

Como resultado de nuestra insistencia en la libertad, en

lugar de la vida, los Estados Unidos ha desarrollado un tipo de esquizofrenia respecto a matar.

Por otra parte, nos escandalizamos cuando unos jóvenes mal guiados vuelan un edificio de oficinas federales en Oklahoma, matando a vidas inocentes, incluso a niños y bebés que estaban en un centro de cuidado diurno. Nos disgustamos con la noticia de dos jóvenes en Wyoming que amarraron a un tercero a una cerca y le pegaron hasta matarlo, y nos horrorizamos cuando dos francos tiradores asecharon la capital de la nación y rodearon áreas adyacentes, matando personas a la suerte y a sangre fría, al parecer por divertirse. Más especialmente, nos quedamos atónitos ante el dolor y la pena que nos causaron unos terroristas extranjeros que estrallaron aviones contra el *World Trade Center,* el Pentágono y contra un campo al oeste de Pensilvania, matando a miles. Lógico, como nación, todavía estamos en contra del asesinato de algunas personas.

Por otra parte, hay tipos de asesinatos ante los cuales virtualmente nos hemos convertido en insensibles. Desde 1973, cuando el Tribunal Supremo legalizó el aborto con la decisión de *Roe vs. Wade,* las vidas de casi cuarenta y cinco millones de niños estadounidenses terminaron en las oficinas de los médicos, clínicas y hospitales. Es monstruoso ver lo que nosotros como un país libre, democrático y principalmente cristiano hemos permitido. Pero, frente a esto permanecemos mayormente en silencio mientras que en nuestra tierra se está llevando a cabo uno de los mayores asesinatos en masa de la historia. Lo permitimos al eliminar la identidad humana y la protección legal de los que están por nacer, que según dicen los liberales no son bebés sino fetos.

Y así hay millones de estadounidenses que insisten en que está mal limitar el derecho de la mujer de escoger el aborto, y está mal impedir que alguien cometa suicidio con ayuda si él o ella tiene una enfermedad terminal. Ellos no obedecen el mandamiento de Dios: «No mates», e insisten en la soberanía del individuo.

La bendición del Sexto Mandamiento

A primera vista, este mandamiento es una gran protección para cada uno de los que estamos en contra de la ira y de los impulsos de venganza de otra gente. Cuando la ley es débil, la ira de los asesinos y la muerte por venganza convierte las sociedades en selvas.

En la década de 1990 yo formé una compañía que recibió una licencia para hacer negocios directo con el hogar —mediante la televisión— a través de toda Rusia. Mi socio era TASS Telecom, una subsidiaria del brazo publicitario del gobierno ruso: TASS. Me dijeron que todos los negocios en Rusia necesitaban un «techo». Sin TASS como nuestro «techo», seríamos víctimas de la mafia de Rusia.

Mientras yo estaba en Moscú, mis socios me llevaron a cenar al restaurante *Planet Hollywood*. El dueño era un ciudadano estadounidense por naturalización, original de Bangladesh y me dijo cómo la ley de la selva le funcionaba en Moscú. Él había notado la escasez de mercancía americana tan apreciada en Moscú, así que abrió un enorme emporio lleno de mercancía, llamado *La tienda USA*.

Esperaba problemas para el día de la apertura, así que contrató a mil ex soldados y ex oficiales de la KGB y los colocó frente a la tienda armados con armas automáticas. Al poco tiempo de abrir, llegaron los problemas en una flotilla de autos sedanes negros que traían a decenas de la mafia rusa completamente armados esperando que le pagaran dinero de protección por servir de «techo». Los grupos armados se encararon, pero no se tiró ni un tiro. Cuando los gángsteres se dieron cuenta de que los otros eran más que ellos y que tenían más armas, volvieron a sus carros y se fueron. Excepto por un poco de dinero para los oficiales locales, este fue su último encuentro con los criminales.

Pero, ¿quién quiere vivir en una sociedad donde los débiles tengan que pagar dinero para protegerse o de lo contrario mueren? ¿En el que no hay defensa excepto la de su propia milicia?

Esta es la ley de la frontera según lo retratan las películas del oeste en Hollywood y en las cuales la vida tiene poco valor. Aunque sea difícil creerlo, los testimonios de los ciudadanos de Iraq indican tener preferencia por un dictador fuerte, hasta sin escrúpulos, en lugar de la selva sin ley donde nadie está a salvo.

Al considerar el actual desprecio de la vida en los Estados Unidos por violar el Sexto Mandamiento, ¿qué tan lejos estamos de convertirnos en algo como estas naciones sin leyes?

La vida viene del Señor

En los Salmos, David recibió la inspiración del Espíritu de Dios para afirmar que el don de la vida viene del Señor. En el Salmo 139, David escribió: «Tú creaste mis entrañas» (v. 13). Luego él declara que Dios está íntimamente involucrado en la creación del ser físico de todos los niños, pero en este punto él nos está diciendo, por revelación divina, que Dios es el Creador de toda *alma* viviente. Esto nos dice que nuestra propia personalidad, la esencia de quienes somos, es un don del Padre.

Dios conoce hasta las circunstancias de nuestro nacimiento, y esto es parte de su divino plan para cada vida. Él inspiró a David a escribir: «Pero tú me sacaste del vientre materno» (Salmo 22:9). Y también: «Todo estaba ya escrito en tu libro; todos mis días se estaban diseñando, aunque no existía uno solo de ellos» (Salmo 139:16).

La sabiduría hebrea, inspirada por Dios, le ha dado al mundo un gran don: el concepto de que cada vida humana es de valor. Jesús destacó el valor que Dios da a las vidas que aparentemente no aportan nada al mundo y que desde nuestra perspectiva humana pudiéramos considerar como vidas sin valor. Él dijo: «Fíjense en las aves del cielo: no siembran ni cosechan ni almacenan en graneros; sin embargo, el Padre celestial las alimenta. ¿No valen ustedes mucho más que ellas?» (Mateo 6:26).

Lógico, Dios no solo tiene el supremo derecho de tomar decisiones acerca de nuestras vidas, sino que también ama la vida. Podemos confiar en que esas decisiones que él hace en cuanto a nuestras circunstancias personales son buenas, a pesar de lo que parezcan a nuestros ojos.

Semejante charla es objetable para la mente liberal y, para muchos norteamericanos promedio que ingieren casi diariamente la retórica liberal en los medios de comunicación, dicho tema les parece incómodo. El grito de guerra del individuo estadounidense es: «Pero este es mi cuerpo y mi vida, y yo puedo hacer lo que quiera con él».

Poco valor para la vida humana

¿Por qué en la actualidad el Sexto Mandamiento «No mates» es una ofensa?

Hasta en el nivel superficial de la cultura popular norteamericana, podemos ver que la vida parece tener menos y menos valor. Vea nuestras películas o escuche nuestra música popular, y la violencia es espantosa. Se estima que cuando los jóvenes en los Estados Unidos lleguen a los dieciocho años de edad, él o ella habrán sido testigos de 200.000 actos espantosos de violencia solo por televisión. Hasta los juegos de vídeos para niños, como el ultra violento *Grand Theft Auto* [Robo en mayor cuantía de auto] y *Man Hunt* [Cacería de hombre], celebran la carnicería y la nauseabunda destrucción sin sentido de la vida humana. Al proclamar los derechos de escoger nuestra propia manera de vivir y nuestros propios medios de entretenimiento, estamos escogiendo celebrar la violencia y la muerte. Satisfacernos con las fantasías destructivas y los juegos raros se ha convertido en nuestra actividad para los ratos de ocio.

En este ambiente: «No mates», es una declaración para burlarse. «No seas tan serio» dicen los defensores liberales de la libre expresión. «Tenemos el derecho de entretenernos de la manera que queramos». Se supone que obviemos el hecho de que los dos muchachos que cometieron crímenes en masa en la escuela *Columbine High School* en Littleton, Colorado, aparentemente estaban insensibilizados para matar por causa de los violentos juegos vídeos computarizados. Tenemos que pasar por alto el hecho de que estos juegos son similares a los vídeos de realidad virtual que usan los militares para ayudar a los soldados —que se están preparando para entrar en combate— a vencer su aversión natural de matar a otro ser humano.

El hecho de que podamos ver tal violencia como un entretenimiento es una señal de que profundamente debajo del paisaje cultural sucedió un cambio peligroso en nuestra actitud hacia la vida.

La calidad de vida como algo supremo

En los Estados Unidos ya dejamos de creer que el derecho a la vida misma es nuestro primer derecho. En su lugar hemos cambiado nuestra postura y ahora insistimos en que, junto con el derecho de la libertad personal, el derecho de determinar nuestra propia *calidad de vida* es supremo. Cualquier cosa que yo escoja hacer para mejorar la «calidad» de mi propia vida se ha convertido en la actitud que impera.

En la superficie, tener la libertad de actuar para nuestro propio beneficio y elegir nuestra calidad de vida parece ser una cosa muy buena. Cuando hablamos acerca del tema de la calidad de vida, a menudo lo hacemos con referencia a alguien que está enfermo o severamente incapacitado. En nuestro país se está desarrollando un sentimiento liberal que insiste en que si llegamos a tener una enfermedad terminal o nos quedamos incapaces de funcionar normalmente, debemos tener el derecho de terminar con la vida si así lo decidimos. Es una ofensa sugerir que hay un Creador que es el único que determina la duración de nuestra vida. Consideramos lo que sería sufrir y estar incapacitados para escapar. Tal vez hasta hayamos sido testigos del sufrimiento o incapacidad de alguien cercano, y pensamos: *Yo no quiero pasar por esto, ni tampoco quiero que un ser querido lo pase. Si de alguna forma es posible, quiero evitar una enfermedad larga y una muerte prolongada y tortuosa.* Estos son sentimientos humanos y nobles.

Pero existe el lado oscuro de este tema respecto a la «calidad de vida». Por ejemplo, se ha convertido en algo común quejarse de que nuestra calidad de vida se está afectando negativamente, cuando lo que realmente queremos decir es que estamos en una situación que ha hecho difícil o inconveniente la vida. «Calidad» de vida se sustituye con mucha frecuencia por lo que realmente es la «comodidad» de la vida.

Cuando se trata del asunto de envejecer y sufrir una enfermedad que nos incapacite, no queremos aceptar algunas de las condiciones que nos trae la vida. No nos gusta enfrentarnos al hecho de que las capacidades humanas pueden disminuir por la edad, debilidad, limitación y dolor, eso hace vernos como las criaturas pequeñas que realmente somos. Queremos vernos como amos de nuestro propio destino. Queremos creer que podemos tomar en nuestras manos las riendas de la vida.

El tema de la «calidad de vida»

Recientemente los médicos y ciertas investigaciones de genética comenzaron a buscar los genes que nos hacen envejecer. La portada de una publicación reciente que sacó *Life Extension Foundation* [Fundación de la extensión de la vida] en la Florida, pregona la meta de algunos de estos investigadores: *Reaching for Immortality* [Alcanzar la inmortalidad]. En esta publicación, Michael D. West, un líder investigador en este campo, escribió: «En 1997, nosotros … logramos aislar el gen [que] codifica una proteína llamada *telomerasa* que rebobina el reloj de la vejez al final de los cromosomas. El aislamiento de este "gen de inmortalidad" provocó una considerable controversia en cuanto a su potencial para rebobinar el reloj de las células en el cuerpo humano cuando mostramos que en verdad funciona en los ensayos de laboratorio. Introducir el gen en un estado activo literalmente detiene el envejecimiento celular. Las células se convierten en inmortales aunque por lo demás siguen siendo normales».

West sigue explicando que hay serios problemas con esto de

introducir este «gen de la inmortalidad», creado en un tubo de ensayo, al cuerpo humano. Para hacerlo, los investigadores necesitan aislar y cultivar células madres del cuerpo humano, y ellos deben obtener estas células de «embriones humanos previos a la implantación» (bolas microscópicas de células que todavía no han comenzado a desarrollarse y se adhieren al útero para comenzar el embarazo).

Mientras que West y otros investigadores como él tienen metas nobles que yo personalmente apoyo —para mejorar la calidad de vida y reducir las enfermedades debilitantes de la vejez—, el problema es que muchos en este campo se han encargado de determinar cuándo comienza y termina la vida. Ellos se han inmiscuido en el papel de Dios. El plan de Dios para la vida humana, el cual comienza en la concepción y termina en el día y la hora que él elija, es una creencia que muchos de estos investigadores niegan por completo. En el mismo artículo, West reflexiona acerca de la muerte de su madre, que él dice que fue la motivación para esta investigación. Él concluye diciendo: «Con todo lo buena que fue la vida de mi madre al completar el trabajo de reproducción, yo [considero] que la estrategia del ciclo de la vida es completamente inaceptable».

Con esta manera de razonar, la vida se reduce solo a biología. Solo la continua vida biológica iguala «el éxito». Lejos de ser la terminación divinamente ordenada de una vida normal, la «estrategia del ciclo de la vida» que termina en la muerte física es «completamente inaceptable». El concepto de una vida eterna o una resurrección en la cual el alma y el cuerpo volverán a reunirse es algo que aquí está completamente fuera de lugar. West y otros como él han llegado a creer que es su derecho y algo de su obligación para la humanidad, crear vida en un tubo de laboratorio con el propósito específico de cosecharlo en la especulación que beneficiará a otros. Pero sugerir que están violando el mandamiento: «No mates», es ofensivo.

Apoyados por este punto de vista puramente científico e insistiendo en que es nuestro derecho tener «calidad de vida», nos hemos convertido en una cultura en la cual la vida ha perdido su valor intrínseco. Si creemos que cuidar un hijo que hemos concebido va a limitarnos financieramente o limitar nuestras decisiones, o si ese hijo nacerá en una familia de solo uno de los padres, insistiremos en el tema de la «calidad de vida». Decimos cosas como estas: «Este bebé habría nacido en la pobreza y no hubiera tenido el beneficio de un buen cuidado de salud y educación» o «Este niño no habría nacido en un hogar amoroso con dos padres que lo cuidaran». Hablamos como si la calidad de vida del *hijo* fuera nuestra preocupación. Si fuéramos honestos con nosotros mismos, sabemos que esta no es estrictamente la verdad.

Vida y conveniencia

La triste verdad es, para la mayoría de los estadounidenses que buscan abortar, que terminar la vida de un hijo por nacer es un asunto de conveniencia personal. Tener un hijo interferirá con su educación, su disfrute de la vida, sus metas financieras, o su relación con el cónyuge o amante que no quiere cuidar de un hijo. La decisión de terminar la vida de su bebé por nacer tiene poco o nada que ver con las consideraciones acerca de la calidad de vida del hijo y mucho que ver con las esperanzas y planes de los padres.

La misma actitud egoísta generalmente prevalece en nuestra cultura cuando se trata de hacer decisiones acerca del cuidado de nuestros ancianos. Aunque es verdad que algunos padres ancianos necesitan que médicos profesionales los monitorizan constantemente, la mayoría no lo necesita. Pero parece que el temor prevalece. En la mente norteamericana se ha metido la idea de que cuidar de un padre anciano va a demandar demasiado tiempo, energía y recursos financieros y eso disminuirá nuestra calidad de vida.

Por último, el derecho de determinar la «calidad de vida» ha llegado a incluir las elecciones que queremos hacer en cuanto a cómo deseamos terminar nuestras vidas. «Quiero el derecho de hacer lo que es bueno para *mí*», dijo un defensor liberal acerca del suicidio ayudado en un reciente noticiero nacional de televisión. «Y no quiero que ni el estado ni la iglesia me digan que no puedo terminar con mi propia vida si esa es mi decisión». Es evidente que «No mates» es una ofensa para aquellos que mantienen esta opinión.

En resumen, el Sexto Mandamiento afirma que un Dios todopoderoso es el Creador de la vida y que, por lo tanto, él tiene la autoridad máxima sobre el tema concerniente a la vida y la muerte. Por extensión, Dios es el dueño máximo de nuestros cuerpos. Estos conceptos son repelentes para las mentes liberales que dominan en los Estados Unidos, y cualquiera que apoye la vida se considera opresivo.

Sin embargo, lo opuesto es cierto. Mientras más hemos permitido que la línea liberal otorgue al individuo su «derecho» para tomar la decisión final acerca de la vida, menos valor ha tenido la vida y más peligro tienen nuestros bebés, nuestros ancianos y nuestros enfermos. Mientras más valor le demos a la «calidad de vida» sobre la misma vida, más vidas hemos dado al oscuro cataclismo de la muerte conocida como aborto. Espiritualmente, los Estados Unidos ha llegado a ser como la nación extranjera más criminal, la visión que horrorizó al profeta Isaías del Antiguo Testamento, haciéndolo exclamar con pavor: «ni tendrán compasión de los niños» (Isaías 13:18).

¿Cuántas más vidas se perderán en las décadas por venir si continuamos devaluando las vidas de los ancianos, los enfermos y de los incapacitados? ¿Cuántos más muertos estarán en nuestras manos si, como personas, continuamos ofendidos por las palabras: «No mates»?

La bendición de respetar la vida humana

Es triste y nos estorba un poco estar a un punto en nuestra historia de la nación donde necesitemos que se nos recuerde que honrar y respetar la vida trae bendiciones. Pero son muchas las voces que nos están diciendo que la vida se puede escoger o desechar como una mera comodidad, que los bebés en el útero son «tejidos fetal» o «productos de concepción», y que un anciano, enfermo o incapacitado es un inconveniente que nos resta «calidad de vida».

Pero si obedeciéramos estos mandamientos, descubriríamos que una actitud piadosa que honra y respeta la vida, trae bendición. Y los Estados Unidos, como nación, también sería bendecida.

Cuando, como nación, volvamos al Señor y obedezcamos sus mandamientos sobre este asunto crucial de la vida, experimentaremos el derramamiento de la bendición. Necesitamos prohibir el asesinato de los niños por nacer. No podemos apoyar la investigación médica que concibe la vida en tubos de ensayo de laboratorios, usando óvulos humanos fertilizados que están destinados a destruirse. No le podemos abrir la puerta al suicidio asistido.

La vida humana es de increíble valor para el Señor. La vida, su principio y su fin, le pertenecen a él. Si volvemos al Señor en este vasto e importante asunto, nuestra nación experimentará el divino favor que el mismo Dios prometió:

> Si obedeces al SEÑOR tu Dios, todas estas bendiciones
>   vendrán sobre ti y te acompañarán siempre:
> Bendito serás en la ciudad, y bendito en el campo.
> Benditos serán el fruto de tu vientre, tus cosechas,
>   las crías de tu ganado, los terneritos de tus manadas
>   y los corderitos de tus rebaños.
> Benditas serán tu canasta y tu mesa de amasar.
> Bendito serás en el hogar, y bendito en el camino.
> El SEÑOR te concederá la victoria sobre tus enemigos.
>   Avanzarán contra ti en perfecta formación,
>   pero huirán en desbandada.
> El SEÑOR bendecirá tus graneros,
>   y todo el trabajo de tus manos.
> El SEÑOR tu Dios te bendecirá en la tierra
>   que te ha dado.
>
> *(Deuteronomio 28:2-8).*

También hay bendición personal cuando obedecemos al Señor honrando y respetando la vida humana.

En el nivel más amplio, experimentamos la bendición de seguridad. «No mates» nos impide permitir que gobiernen nuestras cualidades más bajas. Coloca una barrera entre nosotros y nuestro enojo, avaricia o impulso de tomar venganza. Nos protege de aquellos que de otra forma no pueden controlar su ira. Nos brinda protección y seguridad de aquellos que nos matarían para tener lo que nosotros poseemos. Nos protege de aquellos que nos odian por causa de nuestra religión, nacionalidad, nivel de ganancia o color de la piel.

«No mates» nos recuerda a todos que no tenemos el derecho de hacer daño a otra persona ni disponer de la vida de otros. Ese derecho le pertenece a Uno solo, y ese es el Señor de la vida.

La vida tiene significado porque hay un Dios que coloca el máximo valor en la vida humana. Cada vida tiene un propósito.

Un significado más profundo de sus mandamientos

Jesucristo sacó a relucir un sentido más profundo del Sexto Mandamiento que no es solo el acto físico de asesinar. Él dijo: «Ustedes han oído que se dijo a sus antepasados: "No mates, y todo el que mate quedará sujeto al juicio del tribunal." Pero yo les digo que todo el que se enoje con su hermano quedará sujeto al juicio del tribunal. Es más, cualquiera que insulte a su hermano quedará sujeto al juicio del Consejo. Pero cualquiera que lo maldiga quedará sujeto al juicio del infierno» (Mateo 5:21-22).

Aquí, de acuerdo con Jesús, hay tres maneras no físicas que, conciente o inconcientemente hace que la gente quebrante el Sexto Mandamiento.

Primero está la ira violenta que explota en otra persona. Con frecuencia oímos que alguien dice: «Estaba tan bravo que pude haberlo matado». Es probable que la persona que está diciendo algo así nunca soñó completar el hecho. Esto es solo una expresión común. Pero en el mundo espiritual, el enojo violento hacia otra persona, ya sea dicho o silente, es lo mismo que asesinar. Si no hay otra razón, esto explica por qué los padres deben enseñar a sus hijos la autodisciplina. Un niño de cuatro años de edad dado a rabietas puede parecer inofensivo, pero un hombre que todavía es dado a esas rabietas se convierte en alguien que le pega a la esposa, un tirano y un asesino en potencia.

Segundo, Jesús dijo que una persona era culpable si llama a otra persona «raca». Como se mencionó en el capítulo 7 «raca» es una palabra aramea que significa que su objeto no tiene valor y es más inferior que despreciable. Nuestro idioma, especialmente entre los adolescentes, está lleno de palabras que se pueden comparar: «cretino», «grosero», «torpe», «animal», «bruto», «lerdo», «nulo», «tonto» y «zoquete». Los que escriben para la televisión han comenzado a hacer que sus caracteres digan frases repulsivas como «No es nada más que un pedazo de (excremento humano) sin valor alguno».

Cada uno de estos términos reduce al ser humano a algo menos que humano. Estos epítetos causan que un individuo hecho a la imagen de Dios se haga despreciable y sin dignidad alguna. de acuerdo con Jesucristo, cuando aplicamos estos términos a alguien, somos culpables de asesinato.

Entonces Jesús advirtió a los que maldicen a otro ser humano llamándolo «necio» que estarían en peligro de caer en las llamas del infierno. Con esto, Jesús no se está refiriendo a las acciones que son necias sino al necio que dice en su corazón: «No hay Dios» (Salmo 53:1). Un necio tal está condenado al infierno, así que, pronunciar dicho juramento no es solo atentar asesinato en esta vida, sino en el mundo que viene. Junto con esto se debe agregar las palabras que se han hecho demasiado comunes en los labios de la gente de hoy, pedirle a Dios que «maldiga» a una persona. Con esta expresión, no solo estamos mencionando el nombre del Señor a la ligera, estamos realmente pidiéndole a Dios que condene al objeto de esta rabieta a una eternidad en el infierno.

Estoy seguro de que alguien que esté leyendo esto dirá: «Pero eso solo es una expresión. Ni mis amigos ni yo lo diríamos con esa intención». Con la intención o no, la verdad es que ese es el significado de la palabra. De acuerdo con la Biblia, las personas «tendrán que dar cuenta de toda palabra ociosa que hayan pronunciado. Porque por tus palabras se te absolverá, y por tus palabras se te condenará» (Mateo 12:36-37).

En su enseñanza, Jesús no se detuvo aquí. Él entiende que cada uno de nosotros puede hacer o decir cosas a otros que causan resentimientos, rabia o violencia. No solo que debemos controlar nuestras explosiones e insultos, además, debemos asegurarnos de que nuestras acciones no provoquen la rabia de otra persona en nuestra contra. Esto explica este mandamiento: «Por lo tanto, si estás presentando tu ofrenda en el altar y allí recuerdas que tu hermano tiene algo contra ti, deja tu ofrenda allí delante del altar. Ve primero y reconcíliate con tu hermano; luego vuelve y presenta tu ofrenda» (Mateo 5:23-24).

Dicho brevemente, no cometa asesinato con sus palabras ni en su corazón, y asegúrese de que sus acciones egoístas o insensibles no motiven el asesinato en su contra en el corazón de alguien más.

Disfrute al supremo dador de la vida

Nuestras vidas son un don de Dios. Si seguimos los mandamientos de Dios, podremos tener confianza espiritual, libertad de las ansiedades y una paz permanente y profunda. Sabemos que nuestras vidas descansan bajo la protección y dirección de Uno que es mayor que cualquiera que se levanta en contra de nosotros o cualquier circunstancia que venga a abrumarnos. Podemos librarnos de la vida errabunda, vacía y desarraigada que es la plaga de la humanidad moderna e incrédula. Conocer la vida es un don de Dios que nos libera de la depresión y el desespero. No solo es Dios nuestra razón de ser, él tiene un propósito para nuestras vidas y cada incidente en ella.

Cuando Moisés oró: «Enséñanos a contar bien nuestros

días, para que nuestro corazón adquiera sabiduría» (Salmo 90:12), estaba reconociendo que una vida que se viva en obediencia a los mandamientos de Dios es rica en bendiciones. Él reconoce que Dios es el dador supremo de la vida, y es él quien determina la «duración» de nuestros años y la calidad de nuestras vidas (v. 10).

Fue el apóstol Pablo quien dijo al Señor Jesús: «Señor ... ¿a quién iremos? Tú tienes palabras de vida eterna» (Juan 6:68).

Como estadounidenses, necesitamos volver a honrar y respetar cada vida igual que hicimos en el nacimiento de nuestra nación. El derecho de vivir todavía viene antes de nuestro derecho de libertad. De nuevo debemos abrir los ojos a la verdad de que nuestras vidas están en las manos de Dios. Mi oración personal es que nuestra nación vuelva al Señor en cada aspecto referente a la vida. Oro pidiendo que experimentemos todas las bendiciones que él derramará en nosotros cuando pongamos sus palabras de vida en primer lugar, no la exigencia para libertades personales.

DIEZ

Séptimo Mandamiento: Mantener la pureza sexual

No cometas adulterio.

ÉXODO 20:14

En el principio, el Dios todopoderoso dijo a la primera pareja: «Por eso el hombre deja a su padre y a su madre, y se une a su mujer, y los dos se funden en un solo ser» (Génesis 2:24).

Nuestra más preciosa posesión es la vida. Nuestra segunda posesión más preciosa es nuestro matrimonio, porque en el matrimonio el cónyuge realmente viene a ser parte de nosotros, un solo ser. Si alguien nos quita a nuestro cónyuge, está literalmente desprendiéndonos de parte de nuestro ser.

Estoy de acuerdo con la sabiduría de un piadoso pastor que dijo: «En la ceremonia del matrimonio, usamos el término "hasta que la muerte los separe". Las parejas juran ante Dios que su unión permanecerá hasta la muerte. Por lo tanto, cuando se presenta el divorcio, una muerte se produce con este. Con un solemne juramento ellos acuerdan que su separación solo se producirá por causa de la muerte. Así que si ellos voluntariamente terminan su unión, eso que juraron ante Dios se realizará y parte de ellos morirá».

En el libro de Génesis encontramos la historia del peregrinaje de Abraham, el gran patriarca, con su esposa Sara, que era una mujer extraordinariamente hermosa. En uno de los casos aprendemos que Abraham creyó que Abimélec, el rey de la región, lo mataría para apoderarse de su esposa. Como él y Sara tenían el mismo padre, aunque diferentes madres, él le pidió que le dijera a Abimélec que él (Abraham) y ella eran hermanos. Luego de oír esto, Abimélec se llevó a Sara para su casa para que fuera parte de su harén.

La Biblia nos dice que antes de que Abimélec y Sara tuvieran relaciones sexuales, Dios se le apareció a Abimélec en un sueño y le dijo:

—Puedes darte por muerto a causa de la mujer que has tomado, porque ella es casada.

Pero como Abimélec todavía no se había acostado con ella, le contestó:

—Señor, ¿acaso vas a matar al inocente? Como Abraham me dijo que ella era su hermana, y ella me lo confirmó, yo hice todo esto de buena fe y sin mala intención.

—Sí, ya sé que has hecho todo esto de buena fe —le respondió Dios en el sueño—; ... Pero ahora devuelve esa mujer a su esposo, ... Si no lo haces, ten por seguro que morirás junto con todos los tuyos...

Entonces Abimélec llamó a Abraham y le reclamó:

—¡Qué nos has hecho! ¿En qué te he ofendido, *que has traído un pecado tan grande sobre mí y sobre mi reino?* ... porque a causa de lo ocurrido con Sara, la esposa de Abraham, el SEÑOR había hecho que todas las mujeres en la casa de Abimélec quedaran estériles (Véase Génesis 20).

En esta historia considere la penalidad por causa del adulterio. Dios estaba preparado para matar a un rey y a toda su casa, si este cometía adulterio con la esposa del profeta de Dios. La consecuencia del adulterio no era solo la muerte, sino la infertilidad para todas las mujeres hasta que Sara fuera devuelta a su esposo. Este mal llamado rey pagano reconoció el adulterio como un «gran pecado».

Punto de vista estadounidense respecto al adulterio

Hay una increíble diferencia entre un Dios que está preparado para mandar a matar a un rey que intenta tener relaciones sexuales con la esposa de otro hombre, y la actitud descuidada de la Norteamérica moderna que percibe el sexo fuera del matrimonio como algo sin importancia.

Una reciente encuesta que publicó Barna muestra que más del 40 por ciento de la gente no ve nada malo «moralmente» con el flirteo sexual de hombres y mujeres casados con personas del sexo opuesto que no son su pareja. La historia en la cubierta de una revista reciente de *Business Week* [Negocios de la semana] proclamó con audacia *Unmarried America* [Nortemérica sin casarse] y describía la tendencia alarmante de vivir en pareja sin casarse.

Los jóvenes adultos no hablan de matrimonio, ellos hablan de empezar una «relación» o «arrimarse». Cohabitan unos con otros, tienen relaciones sexuales unos con otros, y si la relación no funciona, entonces escogen una de las «cincuenta maneras de dejar a su amante» y toman un receso. Luego, después de unos meses, comienzan otra relación, y así continúa el ciclo.

La formalidad del matrimonio se evita o se pospone durante años. En el censo de EE.UU. del año 2000, había 5.5 millones de parejas viviendo juntas sin casarse, y la tendencia está aumentando. Trágicamente para la nación, de cada dos nuevos matrimonios que se llevan a cabo en los Estados Unidos, un matrimonio termina en divorcio —un cincuenta por ciento es el nivel de divorcio. Desde el punto de vista de los Diez Mandamientos, esto de formar y destruir parejas es equivalente a la práctica nacional del adulterio.

El declive de los Estados Unidos en el adulterio

Hubo un tiempo, no hace mucho, en el que prevalecía el punto de vista cristiano sobre la sexualidad. Desde luego, había besuqueo y toqueteo entre las parejas jóvenes. Sí, los hombres jóvenes se consideraban depredadores, pero a los hombres jóvenes y a las mujeres se les enseñaba que la relación sexual era para el matrimonio, y que el sexo fuera del matrimonio era un pecado. Recuerdo muy bien los días de estudiante de universidad después de la Segunda Guerra Mundial. En esos días, en norteamérica, las mujeres jóvenes no eran tan promiscuas, y hasta los rapaces hombres solteros se horrorizaban de que los compañeros casados consideraran engañar a sus esposas. Ni siquiera las multitudes más desenfrenadas de las fraternidades estudiantiles aprobaban el adulterio.

Luego Margaret Sanger, la fundadora de *Planned Parenthood* [Paternidad planeada], deseó presentar la eugenesia a los norteamericanos mediante la esterilización de los ineptos. Para obtener este fin, parece que ella creía que la manera más eficiente de ganar el apoyo público para la esterilización era tener adolescentes involucrados en un sexo desenfrenado y quedando embarazadas fuera del matrimonio. Su campaña ganó un poderoso apoyo financiero, incluyendo un enorme subsidio del gobierno que pagaron los contribuyentes.

Junto con la campaña de *Planned Parenthood* estaba el muy destacado *Informe Kinsey* sobre la sexualidad norteamericana. Los hallazgos supuestamente científicos de Kinsey representaron a los norteamericanos como mucho más libres de restricciones sexuales de lo que se había imaginado. Kinsey parecía dar crédito a los que querían una expresión sexual sin restricciones. Solo había un problema. Más adelante, una información acerca del trabajo de Kinsey reveló que sus «participantes típicos» incluían a prostitutas y a presidiarios por delitos sexuales. Algunos niños en el estudio realmente sollozaron y lloraron mientras se realizaban experimentos sexuales con ellos. Y hasta resultó que el mismo Kinsey era un bisexual y sospechoso de pedofilia. Este descubrimiento llegó muy tarde. El daño estaba hecho gracias a la amplia difusión de sus descubrimientos «científicos».

En las décadas de 1960 y 1970, una mujer llamada Mary Calderone y una organización llamada Consejo de educación e información de la sexualidad en los Estados Unidos (SIECUS, por sus siglas en inglés), comenzó una campaña a todo andar para introducir la educación sexual en las escuelas públicas. Este currículo, y otros como ese, no mostraban el aspecto espiritual de la reproducción humana ni el concepto cristiano de la abstinencia sexual antes del matrimonio. SIECUS comenzó a imponer a los adolescentes y niños más jóvenes, un punto de vista completamente secular y amoral de la anatomía humana y las relaciones sexuales.

Hace pocos años dí un vistazo a un manual de maestros para una escuela superior del área. Los cuadros eran tan explícitos que no se podían reproducir en las cadenas de televisión. Pero este era el punto de vista de los educadores de lo que debía enseñarse a los adolescentes.

¿Existe duda alguna de que para el siglo veintiuno, más y más personas en los Estados Unidos lleguen a ver que no hay nada «inmoral» acerca de las relaciones sexuales entre personas no casadas que viven juntas o que tengan experiencias sexuales fuera del matrimonio?

Escuche las advertencias en Proverbios: «Te librará de la mujer ajena, de la extraña de palabras seductoras que, olvidándose de su pacto con Dios, abandona al compañero de su juventud. Ciertamente su casa conduce a la muerte; sus sendas llevan al reino de las sombras» (Proverbios 2:16-18).

Estas palabras son serias. Está claro que Dios toma el matrimonio con mucha seriedad y él irá hasta límites extraordinarios para defenderlo y castigar a los que lo profanan.

¿Por qué el matrimonio es tan importante?

El matrimonio es importante por varias razones, pero para

nuestro propósito aquí, déjeme concentrarme en solo dos de ellas. Primero que nada, el matrimonio es un mecanismo escogido por Dios para llevar adelante la vida creada a su imagen. Dios hizo que el acto sexual fuera disfrutable para que las parejas casadas pudieran tener un incentivo para procrear y, por lo tanto, sostener la raza humana.

Segundo, el matrimonio es importante porque es esencial para el cuidado de los jóvenes. Los niños que están creciendo necesitan los cuidados maternos y el amor de un padre. Hay docenas de estudios sicológicos y sociológicos que revelan el daño hecho a los niños que se crían sin un padre: falta de motivación, falta de atención, bajas calificaciones, conducta inapropiada y propensión a las drogas. Aunque hay excepciones notables, la función crucial del cuidado de un padre en el desarrollo de los niños y niñas no tiene discusión.

Como mostré en el capítulo nueve, la unidad de la familia es el bloque esencial en el cual se construye la sociedad. Pueblos y villas, ciudades, estados y naciones se edifican sobre la familia. Si la unidad de la familia es fuerte, la sociedad es fuerte. Si a las familias les falta cohesión, la sociedad terminará por destruirse.

Las consecuencias del adulterio

El hombre promedio trabaja para mantenerse él y mantener a su familia. Él quiere proveer la comida, el techo y la ropa para su esposa e hijos. Trabajará muchas horas para que sus hijos tengan los cuidados médicos apropiados, beneficios recreativos, una educación bien formada y un buen principio en la vida. Tal vez esto suene como pasado de moda, pero es la verdad.

Él hace estas cosas mientras sus energías vitales estén centradas en su hogar. Una vez que comience una o más aventuras amorosas, su vida se convertirá en una mentira. Tiene que esconder su conducta de la esposa e hijos. Pierde el foco. Su trabajo sufre. Pronto la esposa notará que la atención de su esposo no es abierta y amorosa sino superficial y mecánica. Ella se siente rechazada y dolida y por lo tanto arremete contra él. La situación se empeora a medida que los niños se ven en el medio de una batalla amarga y la esposa teme estar infectada con enfermedades provocadas por una vida sexual potencialmente amenazadora que trajo al hogar su esposo mujeriego.

En este caso, el precio del adulterio es dañino para el futuro del esposo, dañino para la esposa, dañino para los hijos, dañino para los empleados del esposo y dañino para la salud cívica, moral y financiera de la comunidad.

Considere las consecuencias del adulterio de la esposa. Existe el mismo dolor, sentido de rechazo, disputa familiar, la posibilidad de transmitir enfermedades sexuales, ruptura marital, daño a los niños y daños a la sociedad. Pero, ¿cuál es la actitud de un padre que se entera que el hijo o hijos por quienes él está trabajando tanto para proveerle un futuro, realmente son hijos del amante de su esposa? ¿Qué acerca de la herencia, el hogar de la familia, la finca de la familia, el negocio de la familia, los seguros caros? El peligro de un desliz sexual fuera del matrimonio puede traer consecuencias que a veces no se pueden calcular.

¿Será motivo de asombro que un Dios amoroso dijera: «Yo aborrezco el divorcio» (Malaquías 2:16) y a los que quiere proteger de una de las mayores tragedias de la vida les diga: «No cometas adulterio» (Éxodo 20:14)?

¿Qué es el adulterio?

El *adulterio* es la relación sexual, del esposo o esposa, fuera del matrimonio. El término *fornicación*, que el apóstol Pablo describe en 1 Corintios 6:18 «peca contra su propio cuerpo» es la relación sexual entre dos personas que no son casadas.

Jesucristo elevó el concepto del adulterio desde el puro acto físico sexual hasta un acto de la mente. Él dijo que «cualquiera que mira a una mujer y la codicia ya ha cometido adulterio con ella en el corazón» (Mateo 5:28). Para Jesús, inmiscuirse en un acto sexual en el corazón es equivalente a hacerlo con el cuerpo.

En síntesis, si un hombre casado tuviera en su corazón fantasías sexuales con una mujer, no hay duda alguna de lo que seguiría físicamente si se le presentara la oportunidad. Ya que somos seres espirituales para la eternidad y seres físicos solo durante unos años, lo que se haga en el espíritu tiene consecuencias mucho más profundas ante Dios que lo que hacemos físicamente.

De acuerdo con una de sus ex novias, el que fuera presidente de los Estados Unidos, Bill Clinton, era un adicto sexual que no podía quitar las manos de las mujeres. En algún momento durante su travesía, Clinton se convenció a sí mismo de que el sexo oral y por teléfono no eran adulterio. La demanda de Paula Jones involucró sus presuntos intentos, mientras que era gobernador, de hacer que una desconocida empleada del estado le practicara sexo oral para él. El episodio de Monica Lewinski involucró a una joven interna de la Casa Blanca a la que supuestamente se le pidió que realizara repetidos actos de sexo oral con él en una habitación junto a la Oficina Oval. La mente de Clinton evidentemente estaba tan engañada que él creyó que esto no era sexo ni adulterio y declaró ante el pueblo estadounidense: «Yo no he tenido relaciones sexuales con esa mujer, la señorita Lewinski».

Recuerde, durante todo este tiempo Bill Clinton ha estado casado con Hillary Rodham Clinton, y tienen una hija de ese matrimonio. Sin embargo, una gran cantidad de estadounidenses no creyó que esa conducta sexual fuera moralmente errónea.

Adulterio por Internet

Quizás Clinton es un indicativo de nuestros tiempos. En el año 2003 hubo 167,000 sitios en Internet que mencionan el sexo, 39,000 de ellos aparecen como XXX, además de los 57,000 que aparecen como pornográficos. Estos sitios forman la porción más lucrativa de la Internet, que la pornografía se ha convertido en una empresa multimillonaria en dólares.

Un rápido examen del contenido de algunos de estos abastecedores de basura revela temas que impactarían la sensibilidad de todos, menos los totalmente depravados. En tiempos pasados, solo una pequeñísima fracción de nuestros ciudadanos consideraría frecuentar programas de pornografía. Ahora las presentaciones de actos sexuales inimaginables están a la disposición en la intimidad del hogar de uno. Para pescar a los incautos, los pornográficos utilizan toda dirección imaginable de la Internet, tales como *LittleWomen* [Mujercita] y *WhiteHouse.com* [CasaBlanca.com].

Nuestros investigadores de noticias CBN descubrieron evidencia científica de que la pornografía es tan adictiva como la cocaína o la heroína, yendo directamente a los centros de placer del cerebro. Esta adicción es tan poderosa que miles de informes de mujeres con corazones quebrantados dan testimonio del hecho de que sus esposos, cuando les ofrecen elegir o le dan un ultimátum, eligen la fantasía voluptuosa del mundo de la pornografía y el sexo cibernético en lugar de la vida real y la intimidad real con su cónyuge.

Tal vez las cantidades sean artificialmente altas, pero varias fuentes dicen que un estimado del 45 por ciento del pueblo adulto ha usado algunas de las formas de la pornografía. Con las formas más crudas de la pornografía viene una disminución de las normas para la televisión por cable y luego para la televisión por teledifusión. Primero es un rápido vistazo a una bailarina topless, luego vienen retratos de bailarinas sentadas en el regazo de un hombre, seguidos de un completo desnudo del frente, y luego una exhibición gráfica del acto sexual. Pero aquí no acaba esto. Pronto le siguen los actos de homosexuales y entonces tales cosas como bestialidad, pornografía de niños, escenas de violación gráfica, sadomasoquismo y las muy mencionadas películas pornográfica en las que las víctimas pretenden que las mataron o realmente las matan.

Los hombres y mujeres casados que se alimentan de estas clases de fantasías están quebrantando los santos mandamientos de Dios que prohíbe el adulterio. El adulterio está barriendo con nuestra sociedad, sin embargo, el mandamiento dejó de considerarse una bendición, y ahora se ve como una ofensa.

Cuando los estadounidenses preocupados intentan levantar las normas para apoyar el Séptimo Mandamiento y la moralidad bíblica, los acusan de violar «los derechos de la Primera Enmienda» para los pornógrafos. Los que no quieren ninguna restricción de las prácticas sexuales o presentaciones de estas en público, ridiculizan y denigran a aquellos que protestan en contra de la pornografía. Los pornógrafos se esconden detrás de la Primera Enmienda de la Constitución y la usan para quitar nuestra afirmación pública de la fe religiosa, mientras que al mismo tiempo declaran su protección para la expresión sexual sin restricciones.

La ofensa del Séptimo Mandamiento

Cualquier llamado a la pureza sexual se ve, cada vez más, como una restricción puritana acerca de la libertad de expresión y una «ofensa» que da risa.

Nunca olvidaré la experiencia que tuve en la década de 1960 cuando el capítulo de la Phi Beta Kappa (una fraternidad universitaria) de la universidad de William y Mary celebró un debate acerca del papel de la ley y la pornografía. De la otra parte estaban el crítico de películas del *New York Daily News* y Russ Meyer, un veterano productor y director de películas pornográficas. Meyer y sus secuaces comentaban que a los artistas se les debía permitir la expresión artística de manera que pudieran producir «películas de alta calidad y con un presupuesto grande».

Desde luego, todo lo que decían era una mentira descarada, pero las muchachas universitarias en la audiencia apoyaron cada palabra. Estas muchachas jóvenes se negaron a afirmar la clara premisa de que la pornografía es un atentado masivo que denigra y explota sexualmente a las mujeres.

Un caso particular: Más adelante supe que «una película de arte que tiene un gran presupuesto», la producción de *Deep Throat* [Garganta profunda], había costado $25,000, sin embargo, las ganancias brutas llegaron a $145 millones (ajuste por la inflación) solo en los Estados Unidos. También supe que a la estrella femenina (o víctima), cuyo nombre de escenario era Linda Lovelace, le pagaron solo $200 a la semana por su actuación espantosa. Además, supe que ella era casada con uno de los principales en la compañía, que según dijeron le pegaba y la endrogaba para forzarla a representar actos asquerosos en la película. Por último, supe que su mamá era una fundamentalista cristiana que supo de la manera en que maltrataban a su hija pero le dijo que era «la voluntad de Dios que ella se sometiera a su esposo». ¡Qué completa distorsión de la doctrina cristiana!

¿Esto es «la película con un gran presupuesto para la expresión del arte» que la Primera Enmienda protege? Mi argumento en este debate era simple. Los liberales ejercen todo esfuerzo posible para quitar la contaminación atmosférica del aire y de nuestra agua. ¿Por qué no se nos permite quitar la contaminación dañina de nuestras películas y televisión? Tal vez un día despertemos del daño que este veneno nocivo está haciendo en nuestra sociedad, pero hasta el momento los pornógrafos, ayudados por los tribunales, parecen estar ganando.

La bendición del Séptimo Mandamiento

Pongamos a un lado el efecto corrosivo que quebrantar el Séptimo Mandamiento tiene en nuestra sociedad, para considerar la bendición de mantenerlo.

Piense en la paz mental que viene a una mujer que pueda decir: «Mi esposo me escogió para que fuera su única compañera durante la vida. Él me ama y me cuida, y yo puedo confiar en su fidelidad para mí». O el esposo que pueda decir: «Mi esposa me escogió para ser su esposo durante toda la vida. Juntos edificaremos un hogar, criaremos a nuestros hijos y trabajaremos juntos para el bienestar mutuo de nuestra familia. Yo la amo y ella me ama, y ninguno de nosotros se dará a ninguna otra persona».

Ese matrimonio se edificó sobre la confianza, sin celos ni sospechas. El mandamiento de Dios da la completa paz mental de que cada compañero puede estar seguro en el matrimonio, la más preciosa posesión además de la misma vida. El esposo y la esposa construyen sobre un fundamento seguro. Sus hijos nunca tendrán que encarar la trágica consecuencia de un hogar dividido. Y ellos, a su vez, tienen un ejemplo que seguir cuando se casen y edifiquen su propio hogar seguro. El salmista lo expresa muy hermosamente:

> Dichosos todos los que temen al Señor,
> los que van por sus caminos.
> Lo que ganes con tus manos, eso comerás;
> gozarás de dicha y prosperidad.
> En el seno de tu hogar,
> tu esposa será como vid llena de uvas;
> alrededor de tu mesa,
> tus hijos serán como vástagos de olivo.
> Tales son las bendiciones
> de los que temen al Señor.
>
> *(Salmo 128:1-4)*

La *fidelidad* es una palabra que no oímos mucho en la actualidad. Significa fiel devoción y lealtad. Si obedecemos el Séptimo Mandamiento, experimentaremos las bendiciones que vienen de la devoción fiel y de recibir lealtad de la otra persona.

Primero, la fidelidad a otra persona nos permite experimentar bendiciones personales que tienen mucho más peso que los placeres momentáneos que encontramos cuando hacemos nuestro dios de los placeres personales. No quiero decir con esto que el matrimonio sea fácil. No lo es. El matrimonio es un compromiso de toda la vida en el que cada uno se desarrolla y se une profundamente con otro ser humano que es, como nosotros, defectuoso. Así que está cargado de luchas y esfuerzos. Aquí necesitamos a alguien que nos vea tal y como somos, que nos acepte y nos perdone, y anime lo mejor de nosotros. Tenemos la bendición de este desafío de crecer y vencer los defectos personales y las debilidades y convertirnos en mejores seres humanos.

Desde luego, hay otras bendiciones más allá de esto que vienen al mantener nuestro compromiso con la otra persona durante toda la vida. Experimentamos los beneficios emocionales de compartir la historia, la cual da raíces y estabilidad a nuestras almas. Sentimos el sentimiento profundo y tranquilo que viene al saber que pertenecemos a una persona y a un lugar. Sabemos que no estamos solos en el mundo, sino que hay alguien a quien le interesamos. Alguien, una esposa, un esposo, hijos, que esperan vernos llegar a la casa.

La bendición emocional que viene con la fidelidad incluye consuelo y fuerzas para los tiempos difíciles. La mayoría de nosotros nos casamos en algún momento de la vida cuando teníamos juventud, esperanzas, salud y la visión de un futuro brillante que se proyectaba en la distancia. Pero la vida está llena de momentos oscuros y trabajo difícil. Necesitamos la bendición de la fidelidad para el día en que el médico nos dé noticias aterradoras o el día cuando nuestra carrera llegue a su final. Tan seguro como que necesitamos de alguien para compartir los grandes y brillantes momentos de la vida, necesitamos a alguien a nuestro lado que camine con nosotros a través de las pérdidas, el dolor, la depresión y el desespero hasta que vuelvan días mejores.

Una bendición en Espíritu

Obedecer el Séptimo Mandamiento contiene otra bendición más, una bendición en el espíritu. Desde el momento en que juramos fidelidad el uno al otro nos destinamos a encontrar todo tipo de tentación a nuestra lealtad y todo punto débil en las murallas de nuestra moral. Si fuéramos honestos con nosotros mismos, llegaríamos a conocernos íntimamente, a nosotros y a nuestras debilidades. Sin embargo, sabiendo que por nuestras fuerzas vamos a fracasar, aprendemos a rendirnos ante la misericordia de Dios y depender de su poder. Como resultado, experimentaremos la bendición de una mayor comunión con Dios y más resistencia de espíritu.

Solo después de caer en el adulterio fue que David aprendió a orar: «Examíname, oh Dios, y sondea mi corazón … Fíjate si voy por mal camino» (Salmo 139:23-24). David le dio la bienvenida a los reflectores del Espíritu de Dios, incluso rogándole que descubriera los pensamientos de lujuria y los lugares débiles en su alma. Mediante las dolorosas y devastadoras consecuencias de su pecado con Betsabé, David aprendió que permitir que Dios descubra las raíces de la tentación es la única forma de evitar que crezcan y lleguen a tener el fruto destructivo del pecado. Junto con este conocimiento, David descubrió la bendición de una relación más profunda, fuerte y recta con el Creador de su alma. Fue mediante esta relación que David, el adúltero, llegó a ser un hombre de carácter.

Desde adentro, el adulterio está carcomiendo a la nación. No es de asombrarse, porque el espíritu que motiva el adulterio es un espíritu hambriento e insatisfecho.

Y, sin embargo, todavía podríamos tener la bendición de Dios … si nos apartáramos del espíritu de esta era y le pidiéramos al Señor que nos fortaleciera en el interior. Donde estamos débiles, Dios es constante. Su amor y fidelidad perduran para siempre (véase el Salmo 136).

En esta hora de la historia de la nación, con la corrupción sexual en su nivel más alto, necesitamos que Dios restaure la pureza en nuestra tierra. Ruego que el compromiso con la pureza siga fuerte en mi corazón y en los corazones de hombres y mujeres en toda la nación, de todos aquellos que anhelan que la bendición reemplace la ruina de nuestra nación.

ONCE

Octavo Mandamiento: Respete la propiedad de los demás

No robes.

ÉXODO 20:15

Edward Stern es uno de los hombres más ricos en el país y es fundador de *Canary Capital Partners*, una firma de inversionistas de mucho éxito. Es también el último de una fila de magnates financieros estadounidenses encontrados culpables de prácticas ilegales, en este caso culpable esencialmente de robos al tomar ventaja de sus competidores en el mercado de la bolsa mediante prácticas faltas de ética. Por poco termina con casi $30 millones de ganancias ilegales.

Lo que hace que el caso de Stern sea tan interesante es que el hombre que ingenió el plan es una persona rica, extremadamente rica.

Un escritor del periódico *New York Times* describe a Stern como un miembro de «las once familias más ricas de la ciudad de Nueva York». Es heredero de una fortuna que amasó su abuelo, Max Stern, fundador de *Hartz Mountain*, una compañía de mercancía para animales y quien más tarde aumentó la fortuna de su familia alquilando espacios de almacén a otras compañías, dejándole a su familia utilidades que exceden los

$3 mil millones de dólares. Edward Stern no estuvo satisfecho con ser hereditario de una fortuna y todos los privilegios que esto trae, incluyendo un condominio de lujo al oeste del parque central.

Cuando el *Bank of America* vino a cortejarlo porque quería obtener las cuentas bancarias del *Canary Capital,* Stern vio una oportunidad. Él podría trabajar con *Bank of America* a cambio de un favor, la habilidad de mover dinero con rapidez para comprar y vender las acciones de varios fondos de inversiones. Esta práctica de la compra y venta de acciones y fondos de inversión a corto plazo en el momento preciso no es ilegal ni falto de ética en sí. Pero eso no fue todo.

Stern insistió en que los corredores de su firma tuvieran acceso a una computadora del banco que les permitiera seguir comprando y vendiendo acciones de los fondos de inversiones durante horas después que la bolsa cerrara a las 4:00 p.m. El *Bank of America* accedió a su petición con el fin de tener acceso a todo el nuevo capital de Stern. Ellos no eran la única institución que se sentía atraída con el plan de Stern. También la Compañía *Security Trust* de Fenix, Arizona, hizo un trato con Stern que le dio acceso a sus ordenadores para hacer compras y ventas desde el cierre de la bolsa hasta las 9:00 pm.

Lo que hizo este negocio falto de ética fue permitirle actuar a Stern de acuerdo con la información financiera que salía después que en la Bolsa de Valores de *Wall Street* se tocaba la campana del toque de clausura. Si la información tardía del día le decía que cuando el mercado abriera a la mañana siguiente caería el precio de las acciones de una empresa que tenía un fondo de inversiones, él podía vender el fondo con el precio alto de hoy. Si por el contrario las noticias le decían que una acción subiría de precio, él invertía en acciones que tenían un fondo de inversiones al precio más bajo de hoy. Desde luego, los demás inversionistas tenían que esperar hasta el próximo día para hacer sus compras y ventas. Con este beneficio injusto, alimentando sus «predicciones», *Canary Capital* pareció tener una perspicacia asombrosa. Esta aura de «genio» financiero ganaba más y más inversionistas ricos, haciendo que el saldo de la firma para invertir ascendiera a un alto nivel de casi $730 millones.

Realmente Stern no era un éxito, excepto si usted considera un éxito robar para superar a los demás. Por poco se escapa con estas tácticas deshonestas de comercio que le permitían obtener tremendas ganancias a expensas de otros inversionistas en los fondos de inversión.

Lo que le sirvió a Stern para evitar la prisión federal fue que literalmente no robó dinero y aunque no admitió ningún hurto, acordó devolver $30 millones para restituir a los inversionistas.

No obstante, yo uso la palabra *hurto* porque Stern estuvo involucrado en otra clase de robo. Al encontrar una manera de hacer trampas en el sistema de inversiones, le robó clientes a otras firmas de inversionistas, compañías que se guiaban por las reglas. Después de ganar su confianza, él le robaba a estos inversionistas las ganancias que su dinero hubiera logrado con inversiones honestas. A ellos les devolvieron lo que invirtieron, pero perdieron todo la rentabilidad que su dinero habría tenido.

Sin embargo, Stern no está solo. De hecho, sus acciones eran poca cosa si se comparan con los enormes escándalos de grandes corporaciones durante los últimos años. La familia Rigas está acusada de saquear un exceso de $2 mil millones de dólares de una compañía pública que fundó y controló, *Adelphia Communications*. Dennis Kozlowski y sus asociados están acusados de enriquecerse supuestamente a expensas de Tyco. La prensa ha estado llena de detalles sórdidos por su modo de vivir como un rey, cortinas de baño con un valor de $6,000 dólares, un estante para paraguas de $15,000, muebles para un apartamento valorados en $12 millones, pinturas de millones de dólares, un carísimo yate y también una lujosa residencia en la Florida. A Richard Scrushy, fundador y presidente de HealthSouth, lo han acusado con ochenta y cinco cargos por ganancias fraudulentas e infladas en su compañía pública mientras que se enriqueció con «varios cientos de millones de dólares».

Luego está la historia de un maestro de Escuela Dominical, Bernie Ebbers, cuyo WorldCom, después de apropiarse de la gigantesca compañía de teléfono MCI, está acusado de haber perpetrado el mayor fraude de contabilidad en la historia de las corporaciones. Y por supuesto, está Enron, cuyo oficial principal de finanzas, Andrew Fastow, estableció una serie de sociedades que no aparecieron en los libros de la empresa para esconder deudas y hacer que los estados de cuenta de Enron para sus prestamistas e inversionistas aparecieran mejor de lo que realmente estaban. Enron practicó otros engaños a los inversionistas que vendían energía de una entidad a otra para hacer que sus ganancias brutas fueran mucho mayores que lo que le permitiría la contabilidad honesta.

Ahora, empresas de aparente confianza como Putnam, Janus y Strong están bajo investigación por permitir la venta y compra de sus acciones después de la hora en que cierra la Bolsa. En total, es probable que los tratos deshonestos hayan costado varios miles de millones de dólares a los pequeñas inversionistas que confiaban en ellos. Y en el caso de WorldCom y Enron, las bancarrotas fueron virtualmente la causa de una pérdida total del dinero invertido en sus acciones comunes, todo debido a la avaricia, la mentira y el robo.

Varias formas para robar

Tomar lo que le pertenece a otro no es la única manera de robar. Sí, la mayoría de las grandes ciudades de la nación están plagadas de robos y robos a mano armada. Las grandes tiendas informan que cada año pierden de 10 a 12 mil millones de dólares en mercancía hurtada. Las empresas se quejan de que el robo por defalco de los oficinistas y los hurtos pequeños por parte de los obreros les cuestan sumas astronómicas tanto en efectivo como en equipos.

Para dar un ejemplo, creo que el robo de los empleados de las restaurantes ha llegado a ser un arte fino. Un hotel con el cual estoy familiarizado estaba perdiendo grandes sumas en sus populares servicios de comida. Se hizo evidente que había un robo desenfrenado entre el personal del servicio. Así que, secretamente metieron a unos guardias de seguridad entre el personal de la cocina para observar. Lo que descubrieron fue espantoso. En la basura ponían cajas enteras de bisteques congelados, carne molida, carnes asadas, jamones y pavos para que más tarde los ladrones los recogieran. Platos de plata, vajillas y otros utensilios salían de la misma manera. Identificaron a la pandilla de ladrones y luego de botarlos, el restaurante del hotel se hizo rentable. El personal que quedó se dio cuenta de que los operativos secretos los estaban observando y que el crimen no tendría ganancia.

Un amigo mío del medio oeste es dueño de lo que informan ser la franquicia MacDonald's más lucrativas en el país. Cuando se dio cuenta de que había un problema de robo, instituyó controles rigurosos. Al comenzar y terminar cada día, contaba todo lo que pudiera resultar en ingresos diarios, tapas plásticas, tazas, contenedores, todo. Si el conteo no cuadraba, el responsable quedaba sin trabajo. Me parece que me contó que la ganancia promedio de restaurantes similares sin controles de robo es el once por ciento. Sus ganancias netas son del 30 por ciento. ¡Qué triste acusación en contra de la honestidad de obreros estadounidenses que eligen ignorar el Octavo Mandamiento!

Los muchachos les roban millones de dólares a los artistas y sus empresas al descargar música por la Internet. Las empresas de televisión por cable pierden millones por causa de los adultos que se conectan a sus servicios sin pagarlos. Estas clases de robos son una plaga suficientemente seria en la sociedad, pero en los Estados Unidos, el robo directo no es la única forma de violar el Octavo Mandamiento. Continuamente inventamos nuevas formas de robo.

• *Robamos al no pagar los préstamos*. La falta de pagos a las deudas de las tarjetas de crédito cada año le cuesta más a las empresas crediticias a medida que los norteamericanos dejan de pagar deudas por bienes y servicios adquiridos para los que en primer lugar no tenían el dinero. Antes de dejar de hacer sus pagos, muchos de los que hacen esto no solo cargan el máximo en una tarjeta sino que antes de que los detengan, lo hacen con dos o tres tarjetas. Algunos tienen que recurrir a la bancarrota. Como resultado, las empresas de las tarjetas de crédito se ven obligadas a aumentar las tazas de intereses y así pasan el pago de su pérdida a nosotros, los que hacemos nuestros pagos a tiempo y regularmente. Nuestras carteras son las víctimas de estos haraganes del crédito.

• *Robamos los «logros»*. En muchas universidades de los Estados Unidos, los estudiantes y profesores trabajan unidos para inflar las calificaciones promedio a cambio de un pago. «Calificaciones fraudulentas» o el dar al estudiante su verdadera calificación de la clase, pero entrar una nota más alta en el registro permanente se ha convertido en una práctica asombrosamente común. Los graduados estafan a los empleadores en potencia al dar la impresión de altos logros. En esencia, terminan robando puestos en el cuerpo laboral que no ganaron con los logros reales.

• *Robamos poder*. En el año 2003 encontraron que Jason Blair, uno de los periodistas más destacados y poderosos del *New York Times*, estaba inventando «hechos» para sus escritos de investigaciones. Sí, mintió, pero mintió con el propósito de ganar un mejor puesto y más poder en el periódico. Lo que hizo no está muy lejos de lo que hacen muchos de los políticos norteamericanos continuamente, atraer el voto popular durante sus campañas pero con la intención de beneficiar a sus acaudalados partidarios tan pronto salgan elegidos. Este tipo de personas esencialmente roba el poder para luego usarlo en beneficio propio.

• *Robamos identidades*. El robo de la identidad es un problema cada vez más serio en el país. Ya no tenemos seguridad al usar nuestras tarjetas de crédito, ni al usar los números de seguridad social, ni al dar ninguna información personal. Una nueva clase de ladrón está robando identidades y usando con propósitos criminales el buen nombre que con trabajo hemos logrado alcanzar a través de los años. El daño que causa a las víctimas incluye años difíciles tratando de desenredar la maraña que sufre su crédito y quitando las manchas de lo que una vez fue su buen nombre.

• *Robamos sueldos.* En Norteamérica hubo un lema que decía: «Un día de trabajo honesto por un dólar honesto» y esa era la norma de los que aceptaban un sueldo. En la actualidad, este concepto es un chiste para muchos. Las personas llegan a trabajar e inmediatamente comienzan a tomar el desayuno durante horas de trabajo. Roban horas de su empleador chismoseando alrededor de la pila de agua, hablando por teléfono con familiares y amigos, repasando portafolios de acciones personales, o peor todavía, usando la conexión del Internet de la empresa para ver pornografía. Ya que la ley exige un pago de tiempo y medio para las horas extras de trabajo, a un obrero sin supervisión le es fácil aumentar sus entradas si pasa tiempo haciendo tareas innecesarias en la oficina o factoría para luego reclamar el pago de tiempo extra. Encima de robar sueldo por trabajos no realizados, hay falsas reclamaciones de reembolsos por gastos imaginarios. Si los obreros de afuera y sus supervisores están en combinación, pueden atracar al empleador hasta lo último con cuentas de gastos fraudulentos y reclamaciones de tiempo extra por trabajos no realizados.

No obstante, robar *cosas abstractus* sigue siendo un robo. En realidad, es otra forma sutil que tenemos en Norteamérica de violar los Diez Mandamientos. Pero entonces, para muchos de nosotros, la prohibición de Dios contra el robo parece crisparnos el alma.

¿Por qué es tan popular robar?

De los crímenes contra los individuos, el robo tuvo un leve declive mientras estoy escribiendo este libro. En 1999 había casi 700.000 robos a mano armada. En 2001 los robos de casas sobrepasaron 3.1 millones y los casos de robo de menor cuantía hasta cantidades importantes llegaron a más de 8.1 millones de casos. Esto quiere decir que cada año había casi 12 millones de víctimas de alguna forma de robo.

¿Cómo podemos explicar tanto crimen desenfrenado? Hay los que señalan las condiciones sociales. De hecho, hay una creciente brecha entre los que están luchando económicamente y los que les van bien. Hay más hogares con solo el padre o la madre y por consecuencia los jóvenes tienen muy poca guía. Vender drogas y artículos robados es una forma fácil de ganar dinero y esto es algo atractivo para nuestros hijos, especialmente los de familias pobres. Pero «querer» y «necesitar» no son los únicos factores contributivos. Creo que nos han infestado con algunas actitudes mentales que alimentan nuestra criminalidad y la creencia de que en realidad está bien robar.

La nación está bajo la influencia del pensamiento liberal acerca de los *derechos*. Mientras que la cosmovisión bíblica, sobre la cual se fundó esta nación, promueve la diligencia y el trabajo como el camino hacia el éxito, nos hemos convertido en un pueblo que cree merecer lo que no hemos ganado. El «sueño estadounidense» una vez estuvo fundado en un principio: El trabajo arduo lo llevará a donde usted desee ir. Hoy este sueño se ha transformado en una ilusión, una forma de desequilibrio mental. Pensamos que por vivir en la nación más rica del mundo, alguien debe entregarnos lo que queremos sin considerar la calidad de nuestro trabajo ni el nivel de nuestros logros.

Al mismo tiempo, el punto de vista liberal acerca del hombre que la mayoría de los psicólogos seculares promueven, es la idea de que robar no es tanto un crimen como una evidencia de que los ladrones son también víctimas. Dicen que robar no quiere decir que estemos moralmente imperfectos, sino que nuestros padres o maestros no nos dieron lo que nos hacía falta o que la sociedad nos ha negado algo. No es necesario que Dios nos diga cómo conducirnos; nos hace falta terapia. Como dijo Alan Wolfe en *The Transformation of American Religion* [La transformación de la religión norteamericana], incluso los pastores cristianos hacen más uso de la terminología sicológica que de las Escrituras. «Los hechos pecaminosos se justifican hábilmente a medida que los ministros invocan … la lista de los desórdenes clínicos que reunió la Asociación psicológica de América ... Son pocos los sermones que se concentran en el pecado, si al hacerlo este deja un mensaje deprimente».

No queremos decir que el robo es un pecado, y de seguro tampoco queremos llamar ladrón a un ladrón.

La fuente de nuestro descontento

Aunque los norteamericanos han estado cambiando a este punto de vista del comportamiento humano moralmente neutral, somos una nación de personas que gozan de las normas de vida más elevadas sobre la tierra y, sin embargo, no estamos contentos. Esto se debe a que hay un desfile constante de nuevos y maravillosos productos que la televisión presenta ante nuestros ojos en catálogos y en propaganda. Los anunciantes practican un arte conocido como «el descontento estratégico y creativo» lo cual quiere decir que saben precisamente cómo presentar el mensaje: «Usted necesita *esto* si quiere sentirse bien y sentirse satisfecho acerca de sí mismo». Si la sociedad estadounidense se pudiera clasificar, decididamente diríamos que es la sociedad de «sentirse bien».

Si damos un paso atrás, veríamos cómo en el alma norteamericana se combinan dos actitudes para crear un efecto tóxico. *Necesitamos* cosas, cosas que nos hagan sentir bien; y por ser estadounidenses *tenemos el derecho* de tener todo lo que queremos sin importar cómo lo adquiramos. Creemos tener el derecho de determinar nuestro destino material y hallar el camino para obtener la fortuna que amasamos durante esta vida. Es precisamente en este punto que la ley de Dios se convierte en algo extremadamente problemático.

Por supuesto, el Octavo Mandamiento está en contra de todo los rateros, ladrones de cuantía menor, atracadores, salteadores y ladrones a mano armada. Se interpone en el camino del ladrón aunque sea un niño que roba para divertirse o un ladrón profesional que tiene un largo historial de atracos. Pero, el mandamiento también penetra más profundamente, descubriendo un lado desagradable de la idea estadounidense de la autodeterminación.

«No robes» irrita nuestro sentido de que *tenemos que tener* todo lo que queremos. Por un lado, la ley de Dios se opone a nuestra creencia de que la ganancia material o el logro del rango o posición social nos hará felices. Muchas personas realmente creen que «el que muere con más juguetes es el ganador». Por otra parte, se opone a nuestra voluntad y coloca una barrera en el camino al decir: «Aunque fracasen todos los medios honestos para adquirir lo que quiero, todavía hay un camino abierto. Sencillamente tomaré lo que quiero. Después de todo, ¡lo *necesito*!» ¿Quién es Dios para decirnos que no podemos tomar lo que nos hará felices? «No robes» nos recuerda que nuestros deseos de posesión pueden tener un aspecto dañino y malvado a no ser que estén bajo el control de la ley de Dios.

Paralelo a esto, el Octavo Mandamiento molesta al espíritu estadounidense que cree tener el derecho de posesión. La retórica liberal nos ha programado para creer que debemos tener lo que no hemos ganado o logrado mediante los esfuerzos reales. En la actualidad, se considera ser enemiga cualquier voz que se oponga a los programas sociales y económicos que reparten dinero, servicios no ganados, o beneficios que no se basen en una necesidad verdadera. Solo hay que considerar el fraude en el bienestar social que tanto prevalece actualmente y nos damos cuenta del inmenso crimen que se perpetra contra los que realmente necesitan una red protectora y en contra de los obreros que sostienen el sistema con sus contribuciones a los impuestos. Cada persona en el país —realmente necesitada— debe tener la oportunidad de encontrar ayuda antes de hundirse. Pero en los Estados Unidos, el espíritu de tener el derecho de beneficios sube la escalera social creando la actitud de que: «si otros tienen lo suyo, yo debo tener lo mío» no importa si lo merecemos o no o si lo ganamos o no.

La política de los derechos

Karl Marx estableció una sociedad basada en la avaricia, la envidia y el despojo. «Dé cada cual según su capacidad; a cada cual según su necesidad» suena atractivamente bíblico. Pero en la realidad no hay nada de eso.

En el tiempo de la iglesia primitiva, los personas que tenían casas y terrenos los vendían y voluntariamente le daban el importe a los apóstoles para que estos lo distribuyeran entre los pobres. Un hombre llamado Ananías vendió sus terrenos, retuvo una porción y luego trató de hacer creer que él y su esposa lo habían dado todo, igual que los demás. Es seguro que el apóstol Pedro estaría opuesto a las premisas del comunismo cuando dijo: «—Ananías —le reclamó Pedro—. ¿Acaso no era *tuyo* [el terreno] antes de venderlo? Y una vez vendido, *¿no estaba el dinero en tu poder?*» (Hechos 5.3-4, cursivas del autor). No había ninguna fuerza, regla, o requisito de Dios que obligara a los creyentes primitivos a entregar sus propiedades para los necesitados. «¿No era tuyo? ... ¿No estaba el dinero en tu poder?»

Sin embargo, el marxismo es distinto. Los que formaban el primitivo partido bolchevique o comunista tenían pocas posesiones materiales, así que agarraron a la fuerza las propiedades de los que tenían posesiones. Se adueñaron de fincas, factorías, casas, ganado, maquinarias, cuentas bancarias, todo. Presuntamente se esperaba que todo eso fuera al estado, pero el factor clave es que se utilizó para una vida cómoda y lujosa de una clase nueva de gobernadores. Cualquiera que sea la razón, es claro que esto es sencillamente un robo que el estado patrocinó.

Los impuestos de las ganancias que aumentan vertiginosamente en proporción a lo ganado y los impuestos de los bienes de los difuntos los creó el comunismo marxista, basado en el conflicto de las clases, el proletariado en contra de la aristocracia y la burguesía.

En los Estados Unidos actual oímos a todos los candidatos demócratas a la presidencia golpeando el tambor de la guerra entre las clases. A pesar de la inquietante disparidad de bienestar que existe en el país, la simple verdad es que de las personas que ganan un sueldo, el 25 por ciento con las ganancias más bajas escasamente paga impuestos. El uno por ciento más alto paga 34 por ciento de los impuestos, el cinco por ciento más alto paga 53 por ciento, el veinticinco por ciento más alto de sueldos ganados paga el 83 por ciento de todos los impuestos y el cincuenta por ciento más alto paga 96 por ciento de todos los impuestos. El cincuenta por ciento más bajo de las entradas solo paga el 4 por ciento del total de la carga de impuesto.

Sin embargo, la política de envidia dice que el gobierno debe confiscar hasta más del poder adquisitivo del sector productivo de la sociedad para que así pueda haber más dinero para que la burocracia gaste. Yo apenas soy un apóstol de la codicia desenfrenada y de la vida lujosa en medio de la pobreza absoluta. La persona rica tiene una obligación positiva de dar generosamente a la obra del Señor y a los que son menos afortunados en la sociedad. La palabra de Jesucristo en este asunto es clara: «A todo el que se le ha dado mucho, se le exigirá mucho» (Lucas 12:48). Todos nosotros tenemos nuestras posesiones terrenales como mayordomos de la vida. Vinimos a este mundo sin nada material y lo dejaremos sin nada material.

En el Antiguo Testamento la ley de Moisés era el concepto del jubileo. Los bienes que garantizaban los préstamos a otros se podían acumular durante cuarenta y nueve años. La medios de producción de los productos agrícolas se podían acumular durante cuarenta y nueve años. Pero al final de los cuarenta y nueve años, en el año cincuenta, al igual que un gigante juego de *Monopolio*, se cancelaban todas las deudas, la tierra volvía a sus tribus originales, todos los esclavos se liberaban, y de nuevo comenzaba el juego. Durante medio siglo una persona podía jugar el juego del dinero tanto como quisiera de acuerdo con las leyes de Dios. Al final del período, un nuevo grupo de jugadores probaba sus habilidades.

El gobierno nunca se interponía ni penalizaba a un hombre por su éxito. Dios ordenó el diezmo y las ofrendas. Nada más.

El gobierno tenía que permitir que la gente disfrutara lo que Dios le daba, sin tratar de quitárselo.

La Cuarta Enmienda en la Constitución de los Estados Unidos declara en parte: «No deben violarse los derechos que la gente tiene de estar segura de sus personas, casas, papeles y efectos en contra de búsquedas irrazonables y embargos».

En los Estados Unidos de hoy, cualquier persona que tenga medios vive con el temor de los abogados rapaces. No está «segura de [sus] casas, papeles y efectos». Puede que tenga la apariencia de algo legal, pero los abogados dedicados a las demandas han organizado, como un arte fino, el robo judicial. Virtualmente cualquier persona en los Estados Unidos que tenga el mínimo de posesiones, puede verse sujeta a una demanda genuina o ilegítima que puede resultar en que el demandante y su abogado se queden con todo lo que tenga la víctima. Hay conferencias que enseñan a la persona cómo tener tranquilidad mental ante el acoso de los ladrones rapaces mediante la organización de fideicomisos en jurisdicciones y corporaciones extranjeras, transferencias al cónyuge y sociedades de familia.

El temor que estos vendedores de «tranquilidad mental» generan es hasta cierto punto inventado, pero el temor que yo he visto en América del Sur no es así.

A fines de la década de 1960, la CBN compró una estación de radio, la Emisora Nuevo Continente, en Bogotá, Colombia. Viajé a Bogotá con alguna frecuencia. En esta ciudad, normalmente las personas quitan su limpia parabrisas del carro para evitar que se los roben. Al final del día los dueños de tiendas bajan unas cortinas de metal pesado frente a las ventanas de la tienda que se fijan a la acera para evitar que los ladrones rompan los cristales de la tienda y le roben sus bienes. En distritos más adinerados las casas están rodeadas de altas murallas que arriba tienen pegadas botellas rotas, alambre de púas o ambos, no solo en Bogotá sino también en San Salvador, Ciudad Méjico, Río de Janeiro y São Paolo. Ellos quitan los automóviles de las calles asegurándolos tras rejas en áreas seguras y cerradas. Muchas personas emplean guardias de seguridad para proteger su propiedad y evitar el secuestro de ellos o de los miembros de sus familias.

A pesar de estas precauciones, hay muchos robos, asesinatos y secuestros. En estos lugares, todos viven con cierto temor. ¿Cómo puede haber paz y tranquilidad si alguien siempre está ahí para robarle a usted? Me dicen que los misioneros primitivos en Jamaica tuvieron un efecto tan profundo en los primeros tiempos que las personas se hicieron fuertes creyentes de la Ley de Jehová. Le tenían tanta antipatía al robo que no pensaban que fuera necesario tener defensa alguna. Si una persona dejaba su casa durante un tiempo, sencillamente colocaba un palo diagonalmente, de un lado a otro del marco de la puerta, indicando así que no estaba en la casa. El mandamiento de Dios estaba de guardia, nada más hacía falta.

Al prohibirnos robar, Dios nos está señalando que debemos trabajar. El trabajo arduo y honesto a veces hasta afanoso, conseguirá lo que «deseamos» y «necesitamos». Los Estados Unidos, una tierra de promesas doradas, es la nación donde supuestamente los sueños se convierten en realidad. Pero el Octavo Mandamiento es un recordatorio que, desde la caída del hombre en el Jardín del Edén, nuestro destino es el trabajo. El apóstol Pablo le dijo a los cristianos primitivos: «El que robaba, que no robe más, sino que trabaje honradamente con las manos» (Efesios 4:28). Aunque Cristo abrió las puertas celestiales para la felicidad eterna mediante su sacrificio, aquí en la tierra debemos levantarnos todos los días y dedicarnos a ganar el sostén «con el sudor de [nuestra] frente» (Génesis 3:19).

Las bendiciones del Octavo Mandamiento

Por mucho que creo que «No robes» es un recuerdo de que el hombre pecaminoso siempre está buscando obtener algo que no ha ganado, creo que también es un mandamiento con ricas bendiciones.

Por supuesto, en el nivel más sencillo, el Octavo Mandamiento protege lo que nos pertenece. Está presente en nuestra

Constitución entre las verdades que fundaron nuestra nación como el derecho de tener propiedades. Se puede enjuiciar a los ladrones debido a que el Dios que nos ama prohíbe a otros tomar lo que hemos ganado trabajando.

Hasta nuestras ideas se protegen con los derechos de autor, patentes y marcas registradas. Cada vez que alguien crea una empresa como *Napster*, donde se pueden robar las propiedades creativas y robar las entradas de los bolsillos de los artistas, ahí esta el Octavo Mandamiento de Dios para proteger a la persona de la pérdida por causa del robo. Como una nota aparte, parece especialmente paradójico, incluso irónico, que muchos artistas de grabaciones que abiertamente se oponen a las leyes de Dios y se mofan de la moralidad tradicional, dependan de su ley para protegerse cuando sus derechos de propiedad están en juego.

La bendición de este mandamiento no se detiene con nuestra protección personal. «No robes» extiende su muralla de defensa también a nuestras familias. Lo que recibimos mediante la generosidad de nuestros antepasados, también disfruta de la protección de nuestras leyes. Nadie tiene el derecho de apoderarse de la herencia que recibimos, ni tiene el derecho de quitar los bienes que hemos dejado a nuestros hijos y nietos. Con la ley de Dios que nos enseña a trabajar para obtener una ganancia honesta, enseñamos a nuestros hijos que es recto y bueno ganarse la vida. Si enseñamos a los hijos de esta forma, los ayudaremos a disfrutar las bendiciones de una autoestima saludable que se adquiere a medida que reciben el premio de sus esfuerzos y logros honestos.

Sin la intervención de la ley de Dios, la naturaleza humana nos lleva a tomar lo que queremos aunque pertenezca a otro. Para el alma separada de Dios, la pérdida real que sufre otro ser humano no tiene mucha importancia. Lo que cuenta es obtener lo que deseamos.

Debajo de nuestro impulso de robar, yace una raíz más profunda. Como humanos, parece que llevamos el deseo casi universal de tener todo lo que necesitamos o queremos, y un resentimiento latente, incluso enojo, por tener que trabajar. Sufrimos debido a nuestros deseos y realmente no nos gusta eso, en nuestra caída de la gracia nos trajimos mucho afán a nosotros mismos. Separados de Dios, nuestro trabajo se ha convertido en un afán sin sentido, apenas soportable. Debido a nuestro impulso de poseer más, trabajamos más horas que cualquier otra nación sobre la tierra y tenemos más bienes por persona que cualquier otro sobre la tierra. Sin embargo, no estamos satisfechos.

No obstante, aquellos de nosotros que conocemos el amor de Dios, vemos que el Octavo Mandamiento brinda grandes bendiciones para nosotros y para la nación. «Todo lo que te venga a la mano, hazlo con todo empeño» porque debemos trabajar «de buena gana como para el Señor» (Eclesiastés 9:10; Colosenses 3:23). Para el cristiano, el trabajo se convierte en un servicio divino y no en una privación. No tomamos lo que no nos pertenece; nos proponemos hacer un trabajo que tenga sentido.

Mientras que los Estados Unidos sufre el aumento de la falta de ley, oremos para que el Espíritu de Dios cambie nuestra nación, transformando el sentido de que la vida nos debe una supervivencia y que por ser estadounidenses tenemos el derecho de poseer todas los lujos que pensamos merecer. Como nos dice el Nuevo Testamento: «Pero gran ganancia es la piedad acompañada de contentamiento» (1 Timoteo 6:6 RVR). Que este contentamiento, bajo Dios, una vez más se convierta en las bases de la prosperidad estadounidense en espíritu y substancia.

DOCE

Noveno Mandamiento: Decir la verdad

No des falso testimonio en contra de tu prójimo

ÉXODO 20:16

Los últimos cinco de los Diez Mandamientos proveen una pared de protección alrededor de esas cosas que más nos interesan. Están allí, en parte, para limitar la conducta malvada y por otra parte para proveer paz mental y comodidad. Jehová declaró que para siempre protegerá la vida de su pueblo, los matrimonios de su pueblo y la propiedad de su pueblo.

En el Noveno Mandamiento, Jehová declara que Él protegerá la reputación e integridad de su pueblo en procedimientos judiciales que pudieran quitar la vida o propiedad. Su pueblo debía tener seguridad en, lo que para algunos es más precioso que la vida misma, su reputación. Proverbios 22:1 dice: «Vale más la buena fama que las muchas riquezas, y más que oro y plata, la buena reputación», y el Noveno Mandamiento subraya este hecho.

El Noveno Mandamiento obviamente se aplica a las mentiras en general, pero su clara intención es para los que mienten bajo juramento en los procedimientos jurídicos o los que buscan destruir la reputación dando falsos informes. Tales mentiras son increíblemente serias y como resultado pueden traer una pérdida judicial de la propiedad, encarcelamiento y hasta la muerte.

Al principio de nuestra civilización, no teníamos evidencias forenses a la disposición. El análisis de las huellas digitales no se conocía. Tampoco disponíamos de la evidencia del tipo de sangre ni el ADN. No existía el análisis del pelo o las fibras, ni las pruebas balísticas ni la información computarizada para revisar los informes bancarios, compras, informe de viajes, etc. Los juicios dependían de la evidencia física como un cuerpo, un arma, ropa manchada de sangre, documentos escritos y evidencia de las circunstancias.

Los juicios, más que nada, estaban y todavía están determinados por el testimonio de los testigos. ¿Puede usted identificar al asaltante en una fila de personas? ¿Oyó usted una discusión? ¿Oyó un disparo de revólver? ¿Puede describir al ladrón? ¿Quién estaba en la casa cuando usted llegó? ¿A qué velocidad iba el auto? ¿Había allí una señal de «Pare» en la intercesión? ¿Había hielo frente a la tienda en el momento del accidente? ¿A qué hora sucedió?

Las respuestas a preguntas como esas, y miles más parecidas, que dan los testigos en miles de juicios proveen las bases para decretar los daños de mucho dinero o la condena o exculpación de un crimen. El falso testimonio de un testigo puede tener consecuencias devastadoras, las cuales explican las penalidades elaboradas en nuestro código criminal en contra de perjurio y en contra de aquellos que solicitan o «sobornan» perjurios.

Al reconocer que los testigos están sujetos a falsos recuerdos y a una percepción imperfecta de la realidad, Moisés incluyó en la antigua ley hebrea una provisión que para establecer algo era necesario tener dos o más testigos (véase Deuteronomio 17:6; 19:15). Sin embargo, hasta con esta salvaguardia de seguridad era posible que sucedieran grandes injusticias.

Los efectos destructivos del falso testimonio

Después del reinado del Rey Salomón, el reino se dividió en dos. A la porción del norte la llamaron Israel y a la porción del sur la llamaron Judá. Por el tiempo del profeta Elías, el rey de Israel era Acab. Jezabel, la esposa de Acab, era una maquinadora y adoradora de Baal.

De acuerdo con la historia bíblica, el Rey Acab era dueño de un palacio y de tierras en Samaria, y ansiaba poseer el viñedo que estaba junto a los terrenos del palacio y que pertenecía a un hombre llamado Nabot. Esto deja establecida la situación en la cual se iban a violar cuatro de los mandamientos de Dios: codicia, falso testimonio, asesinato y robo.

Acab trató de comprar el viñedo de Nabot, pero este se negó porque era la herencia de la familia. Acab estaba frustrado. Olvidó su obligación de dirigir un reinado, su codicia por el viñedo de Nabot comenzó a consumirlo así que se fue a la cama y se negó a comer. Por fin, la astuta Jezabel no pudo soportar más la depresión de su esposo e ingenió una solución.

Salieron cartas en el nombre del rey para llamar a los ancianos de la tierra a un proceso judicial. Colocaron a Nabot en el medio. Entonces Jezabel encontró a «dos sinvergüenzas» que acusaron a Nabot de maldecir a Dios y al Rey (1 Reyes 21:13). En el testimonio de estos dos testigos falsos, sacaron a Nabot fuera de la ciudad y lo apedrearon hasta matarlo, no hubo apelaciones ni largos procedimientos judiciales. Entonces Jezabel mandó a decir a su esposo: «¡Vamos! Toma posesión del viñedo que Nabot el jezrelita se negó a venderte. Ya no vive; está muerto» (v. 15).

Desde luego, Acab y Jezabel no se escaparon de este crimen monstruoso que violaba el mandamiento expreso de Dios. Ambos murieron de maneras violentas. No obstante, Nabot murió porque dos mentirosos profesionales dieron falsos testimonios en contra de un proceso judicial.

Los efectos destructivos de los testigos falsos también son evidentes en el sistema de justicia de los Estados Unidos. El 31 de enero de 2000, George H. Ryan, gobernador de Illinois, suspendió todas las ejecuciones en el estado porque la evidencia había sacado a la superficie que la policía acusó falsamente a por lo menos doce reos que esperaban la ejecución. En el deseo de mostrar que estaban en contra del crimen, estos hombres que habían jurado mantener la ley realmente manufacturaron la evidencia y sobornaron a un falso testimonio que tuvo el efecto de condenar a muerte a hombres inocentes.

Estoy seguro de que la justicia de puertas giratorias repugna a los buenos oficiales de la policía cuando los astutos abogados de la defensa o los jueces indulgentes libran a los que son claramente culpables del crimen. Sin embargo, la policía, cuyas palabras deben ser de confianza en el procedimiento judicial, no puede usar su poder para plantar narcóticos ni armas en los sospechosos, ni dar falso testimonio bajo juramento durante los juicios.

Wall Street Journal ha hecho una campaña en sus páginas editoriales para que se haga justicia en el caso de Gerald Amirault y su mamá, Violet Amirault, quienes dirigían el Fells Acres, escuela diurna cerca de Boston, Massachusetts. Los Amiraults quedaron atrapados en una histeria que hace varios años se apoderó de toda la nación, cuando le atribuyeron a los centros diurnos para cuidados de niños todo tipo de ritos satánico viles y sexuales. Trajeron a los supuestos expertos en problemas sexuales entre niños para entrevistar a los niños. Casi en cada caso, el investigador hizo preguntas inductivas para sacar de los niños cuentos lívidos de cosas terribles. En algunos casos, los niños estaban aterrorizados y querían volver con sus padres. Sin embargo, no se les permitió excepto si daban testimonio falso en contra de sus maestros o, en algunos casos, de sus propios padres. En conclusión, los pequeños no sabían de qué estaban hablando, pero estaban devolviendo el falso testimonio que sus interrogadores habían ideado. Estos falsos testimonios dieron por resultado la destrucción de negocios, pérdidas de una reputación sin mancha y largas sentencias en prisiones para los dos Amiraults.

En una decisión devastadora la Junta Consejera del Gobernador de Massachusetts cambió el veredicto por el error demostrado. Liberaron a Violet, que está vieja y tiene una salud quebrantada. También liberaron a Gerald, pero el fiscal del distrito del condado de Suffolk está decidido a acusarlo de nuevo.

Hace pocas semanas las cámaras de televisión se enfocaron en la liberación de los reos de prisión, que en su mayoría son afroamericanos, que fueron mal identificados y acusados falsamente de violación. Solo el advenimiento de las pruebas ADN ha provisto la clara evidencia de inocencia para derrocar las condenas basadas en el «falso testimonio».

El Noveno Mandamiento y los medios de comunicación

Aunque los mandamientos que prohíben tener otros dioses, adorar ídolos, deshonrar el nombre de Dios, violar el día de reposo, cometer inmoralidad sexual o tener una avaricia extrema, se ven como ofensas para nuestras sensibilidades modernas, parece que la élite liberal de nuestra nación apoya los mandamientos para preservar la integridad de testificar en el proceso judicial. La razón es obvia. El templo liberal de adoración es el sistema judicial. Los liberales instintivamente se oponen a cualquier cosa que comprometa su sistema judicial. Segundo, la mentalidad liberal que prevalece está arraigada en contra de limitar su libertad. Obviamente, ellos pelearán contra cualquier método que la policía use para encarcelar al inocente o atrapar a los radicales del ala izquierdista, pornógrafos, o aquellos comprometidos en movimientos de protestas sociales. Sin embargo, el Noveno Mandamiento tiene un sentido que sobrepasa los procedimientos judiciales que es seguramente una ofensa para uno de los grupos más poderosos en nuestra nación: los medios de comunicación.

El Noveno Mandamiento lógicamente se dio para proteger la reputación de las calumnias. «No des falso testimonio en contra de tu prójimo», su vida, carácter o actividad para destruir la reputación de esa persona. Bernard Goldberg, un ex corresponsal para el noticiero CBS, recientemente sacó un libro titulado *Bias* [perjuicio], presentando la evidencia con detalladas gráficas del perjuicio liberal en los medios de comunicación. Viola el mandamiento decir falsamente de una figura pública que es «de la derecha reaccionaria», «un extremista», o «un obstruccionista intratable» cuando estas descripciones no correspondan bien. Las tácticas de los medios de comunicación para arruinar la reputación de los candidatos judiciales son horrorosas. Peor también es el daño que los periodistas emboscados con cámaras escondidas pueden hacerle a un negocio si los informes no son verídicos.

A menudo se acusa a los periodistas de inventar calumnias con la intención de destruir la reputación de las figuras públicas con la que ellos están en desacuerdo. Más veces de las que me gusta recordar yo he sido víctima de testigos falsos de miembros de medios de comunicación. He descubierto que esos periodistas a menudo vienen con una historia con perjuicios que son suyos personalmente o que los editores se los dieron. Entonces ellos inventan hechos para apoyar estos perjuicios. Un ejemplo de esto es la revista *Newsweek*.

En 1982 a CBN se le dio una estación de televisión con base en el sur del Líbano en el Canal 12. Le pusimos *Middle Eastern Television* [Televisión del Medio Oriente] (METV, por sus siglas en inglés). Esta estación operaba bajo los auspicios del comandante Haddad, un simple y recto católico cristiano que el presidente Camille Chamoun mandó al Líbano con el propósito de proteger el enclave cristiano en el límete del Líbano que linda con el norte de Israel. El comandante Haddad era un peleador, pero para nosotros él era un honesto trabajador defensor de la libertad.

Después que Israel invadió el Líbano, hubo una masacre brutal de los guerrilleros de Palestina y de los civiles de Sabra y Shatila, campos de refugiados al sur de Beirut. Nadie supo con seguridad quién fue el responsable, pero culparon al general israelí Ariel Sahron por haber permitido que sucediera este incidente. De toda la información que nos dieron, el comandante Haddad nunca dejó el sur del Líbano en el momento de la masacre y, por lo tanto, no tenía nada que ver con esto.

No obstante, *Newsweek* creó un cuento ficticio, completo hasta con un mapa detallado, mostrando cómo el comandante Haddad había ido al norte de Beirut, marchó a través de los campos de Sabra y Shatila matando a la gente y luego regresó al sur. Todo este cuento de la participación del comandante Haddad no fue real y representó un ejemplo flagrante de un testigo falso, acusando a un hombre inocente de perpetrar una masacre. A propósito, *Newsweek* no presentó esta historia como una conjetura sino como un hecho absoluto.

Agarré a *Newsweek* en otra mentira atroz durante la sublevación comunista en El Salvador y el reino de los sandinistas en Nicaragua. Yo estaba en San Salvador, la capital de El Salvador, alrededor de dos semanas antes de navidad para hacer un reportaje noticioso para mi programa de televisión. Entrevisté al presidente del país, líderes del ejército, líderes estudiantiles y ex líderes rebeldes y ciudadanos. Volamos en un helicóptero Huey sobre el territorio rebelde y vimos los efectos de la guerra. Al final de mi visita, yo grabé un informe frente a un pequeño centro comercial en la capital, San Salvador. Detrás de mí había un hombre con un traje rojo de Santa Claus tocando una campana y gritando: «¡Feliz Navidad!» Entonces yo sostuve una copia del último *Newsweek* con otro de sus mapas imprecisos. Este mostraba a un rebelde fuerte sobre una colina al norte de la capital. Nuestro productor voló hasta allí por helicóptero y pasó horas caminando para bajar la montaña. No encontró ni un solo rebelde.

El artículo de *Newsweek* dio un falso testimonio en contra del gobierno de El Salvador al decir que la ciudad capital caería bajo el comunismo en navidad. Estuve allí dos semanas antes de navidad, y sospeché que *Newsweek* estaba creando un cuento para avanzar su agenda izquierdista. Le mostré a nuestra audiencia televisiva al feliz Santa Claus y también les mostré la historia del *Newsweek*. El falso testimonio era palpable y demostrable. Me imagino que el *Newsweek* no esperaba que alguien con un equipo de camarógrafos de televisión y un productor que habla español los agarrara así. Solo unos días antes de terminar de escribir este libro, Les Moonves, el presidente de la cadena televisiva CBS, sacó un supuesto documental acerca del ex presidente Ronald Reagan, denigrando la reputación de este gran presidente. No mostraron a Reagan como el líder fuerte cuya poderosa resolución aceleró la caída del comunismo en Europa Oriental. No lo mostraron como el hombre cuyos cortes de impuestos y política fiscal trajo cerca de veinte años de prosperidad extraordinaria. En lugar de eso, lo mostraron como un inepto imbécil diciendo algo que nunca dijo en su vida: «El SIDA llegó por causa de su pecado». Mientras que este hombre de edad en el umbral de su vida está sufriendo de la enfermedad de Alzheimer, un productor de películas presenta falsos testimonios en contra de él, pone palabras en su boca que nunca dijo, y busca destruir su legado y reputación. Será difícil encontrar una violación más flagrante del Noveno Mandamiento.

Imagine la sorpresa de los editores de periódicos, productores de noticias y documentales de televisión y autores si se les dice que este falso testimonio en contra de la vida y la muerte no es «una expresión artística» o «licencia artística» sino una violación de los mandamientos de Dios a la par del asesinato. Para ellos, este mandamiento sería una ofensa.

Mientras escribo esto, en Inglaterra se está desarrollando una vuelta inesperada en torno del mandamiento de no dar falso testimonio. Un hombre llamado Paul Burrell, que era el mayordomo de la Princesa Diana, ha escrito un libro que cuenta todos los problemas de la joven dama. ¿Está diciendo la verdad o es una calumnia? Desde luego, para la mayoría, el asunto es si un empleado doméstico o cualquier otra persona que disfruta de un puesto privilegiado debe hablar acerca de la confidencia personal o asunto financiero de su empleador. Pero peor que Burrell es el ex valet del príncipe Charles de Inglaterra, que ha asegurado que el príncipe estaba involucrado en un incidente «inapropiado» con una sirviente. El príncipe Charles ha negado la acusación, pero el daño a su reputación está hecho. Si la acusación es falsa, el valet violó el Noveno Mandamiento. Si el informe es cierto, el valet publicó una calumnia, la cual, por necesidad, se hizo por malicia o con un deseo de obtener ganancias financieras a expensas de la reputación de su ex empleador.

¿Cómo se aplica a nosotros el Noveno Mandamiento?

La persona promedio en los Estados Unidos no es un testigo en un proceso legal, no trabaja en medios de comunicaciones ni tampoco sirve a la realeza. Entonces, ¿cómo se aplica a nosotros el Noveno Mandamiento?

La definición de calumniar es criticar a otra persona con la intención de herirla o difamarla. En el libro de Proverbios, Salomón dijo que: «el que propaga calumnias es un necio» (10:18).

En el Nuevo Testamento, el nombre que se le da al jefe espiritual enemigo de Dios es «el diablo», que significa «el acusador». El apóstol Pablo advierte a las esposas de los primeros cristianos que no sean «calumniadoras» (Tito 2:3). En este versículo, la palabra en griego para «calumniadora» es *diabolos*, la misma palabra que se usa para «diablo». Es decir, los que riegan falsedades en contra de otros y que buscan destruir la reputación de otros están actuando como los mismos diablos. Los que quiebran el Noveno Mandamiento están en esencia tomando la misma naturaleza del diablo porque su tarea es calumniar a Dios, calumniar al pueblo de Dios y calumniar todo lo que es santo.

A continuación encontrará algunos ejemplos de calumnias que oímos (o decimos) con regularidad:

«¿Es verdad que botaron a Guillermo por robar?»

«¿Estará el departamento de Hacienda investigando el negocio de Carlos?»

«Oí decir que el esposo de María no ha pagado su hipoteca y están perdiendo la casa».

«¿Está Lucas engañando a Priscila? Oí decir que es homosexual y tiene un amante».

«¿Supiste que agarraron a Roberto por posesión de narcóticos?»

«El negocio no está al día con sus pagos. Oí decir que pronto se irán a la bancarrota».

«¿Oíste hablar del tipo que llega a la casa de Susana después que el esposo se va para el trabajo?»

«El supervisor de ella dice que su trabajo es inferior. Es solo cuestión de tiempo antes de que la boten».

Si ninguno de estos informes es cierto, son el producto de falso testimonio y pueden matar la reputación de la persona a quien se refieren.

Hasta los cristianos son culpables de calumnias

Recientemente me contaron esta historia acerca de un hombre que llamaremos Jorge, un contratista de edificios. Durante un tiempo de una gran crisis en su matrimonio, Jorge siguió las instrucciones de su consejero y se separó de su esposa temporalmente, con el propósito de que ambos tuvieron un tiempo para calmarse. Debido a las tensiones que tenía en su matrimonio, su negocio estaba sufriendo.

Luego, de la nada, alguien regó historias de que ese negocio tenía problemas y que su matrimonio estaba en peligro porque Jorge estaba involucrado en negocios de cocaína. En su pequeña comunidad, este tipo de historia es algo explosivo. Como Jorge estaba sufriendo en el aspecto financiero y tenía problemas para pagarle a sus acreedores, la gente comenzó a creer que el rumor era cierto. No obtuvo más contratos de nuevos negocios. Los distribuidores y los bancos con quienes él trabajó durante años también sospecharon de él.

Forzaron a Jorge a declararse en bancarrota. En un intento desesperado por salvar su reputación y sus entradas, vendió su casa para pagar las deudas y esta tensión adicional motivó que su esposa exigiera divorciarse. Aunque tenía esperanzas de salvar su matrimonio y restablecer su vida de nuevo, vio que por el contrario todo se fue a la ruina. Luego hubo otro golpe mortal.

Finalmente Jorge siguió la pista de los rumores acerca de él hasta encontrar la fuente: un hombre que ocasionalmente iba a su iglesia y que también estaba en negocios de construcción de repartos de viviendas, en efecto, un negociante competitivo. Que este hombre regara el falso testimonio acerca de él ya era malo, pero fue peor que otros creyentes de su iglesia repitieran las mentiras hasta esparcirlas por toda la comunidad. Compañeros cristianos, que debajo de la sutil rúbrica de «orar por Jorge» y «expresar preocupación» por él, redujeron su reputación y por último sacudieron los fundamentos de su vida. Jorge está en camino de restablecer su reputación y su negocio. Pero después de saber que los cristianos ayudaron a asesinar su reputación, no es de sorprenderse que ahora diga: «Me es difícil desear tener algo que ver con los cristianos. Me llevará mucho tiempo antes de que pueda confiar en ellos de nuevo».

Esta manera viciosa de acabar con la reputación de las personas ocurre en todos los Estados Unidos. Es correcto decir que las grandes mentes hablan sobre ideas, pero las mentes pequeñas hablan de las personas. Los chismosos de pequeñeces se ofenden si se les dice que son pecadores, pero lo son.

La verdad en nuestros corazones

La Biblia dice que «Eviten toda conversación obscena. Por el contrario, que sus palabras contribuyan a la necesaria edificación y sean de bendición para quieres escuchan» (Efesios 4:29). Es la intención de Jehová que seamos celosos para proteger las reputaciones de nuestros vecinos y que solo hablemos la verdad en amor (véase Efesios 4:13). A cambio, es su deseo que estemos a salvo de aquellas mentiras viciosas que destruyen nuestras reputaciones, nuestras familias y el trabajo de nuestra vida.

Al menos que abracemos la idea de que hay un Dios cuyas

palabras son ciertas y absolutas, al menos que aceptemos el desafío de ser honestos en todos nuestros caminos, somos una sociedad de personas viviendo en nuestras horas del ocaso. Ninguna nación, ningún ser humano, puede pararse durante mucho tiempo sobre un fundamento de mentiras.

En 1997 yo fui el accionista controlador de una compañía grande y de éxito en los medios de comunicación, cuyas acciones se venden y se compran en la bolsa de Nueva York. Dos cosas parecían obvias para nosotros. Por una parte, los precios que teníamos que pagarle a los productores de Hollywood por los programas alcanzaron un nivel tal que repetir un programa popular por cable se estaba vendiendo al precio de $1 millón de dólares por cada episodio. Multiplicado por 120 episodios, el compromiso para solo un programa, que tal vez no tendría éxito, costaría $120 millones. Por otra parte, los precios de las acciones parecían muy altos, y tal vez no permanecerían altos para siempre. Así que pusimos la compañía a la venta y tuvimos la suerte de encontrar dos compradores muy motivados, la Compañía Walt Disney y la Corporación de noticias Rupert Murdoch. Las sumas a las que nos estábamos refiriendo sobrepasaban los mil millones, sin embargo, llegado a un punto crucial en la discusión Rupert Murdoch dijo: «En esto yo les doy mi palabra». Nada más. No hubo contratos largos. Solo su palabra. Pero para mí esto significó más que el mejor contrato que los abogados de Nueve York pudieran redactar. Este hombre ha alcanzado un éxito financiero enorme, y para explicar su éxito esta simple declaración puede llegar lejos. En los negocios, la gente le da mucho valor al tratar con personas cuyas palabras son de fiar.

Después de todo es la verdad y la virtud de la veracidad lo que prepara el terreno con estabilidad para nuestros tratos públicos tanto como para nuestras relaciones privadas. Y es solo la Palabra de Dios la que nos amonesta a decir la simple verdad aunque fuera más fácil mentir, y en su lugar vivir por la verdad eterna.

Creo que es hora de volver como nación e individuos a un

compromiso con la verdad. Que Dios plante este deseo en nuestros corazones, que nos convirtamos en personas que estén ansiosas de arrepentirse de palabras mentirosas y obedezcan las palabras de Jesús al decir: «Cuando ustedes digan "sí", que sea realmente sí; y cuando digan "no", que sea no».

TRECE

Décimo Mandamiento: Esté satisfecho con lo que tiene

No codicies la casa de tu prójimo …
ni nada que le pertenezca.

ÉXODO 20:17

En 1989 Saddam Huseín, el dictador de Iraq, miró a través de la arena a la pequeña e indefensa nación de Kuwait. Quedó fascinado con lo que vio: miles de millones de barriles de petróleo de fácil acceso, un portafolio de inversiones en el extranjero con un valor de cientos de miles de millones de dólares, y la gente nadando en el lujo. Huseín tenía un ejército poderoso, Kuwait virtualmente no tenía nada. En cuestión de horas, sus fuerzas podrían someter a Kuwait, y ese tesoro de riquezas podría ser suyo.

Lo que pasó por la mente de Saddam Huseín se llama codicia. «Codiciar» es desear ardientemente, tener la mente en eso, desear más. La codicia no es en sí un pecado. En el Nuevo Testamento, el apóstol Pablo le enseñó a la iglesia de Corinto «ambicionen [codicien] los mejores dones» (1 Corintios 12:31). Los cristianos deben ambicionar los atributos de Dios. La razón por lo cual es apropiado codiciar a Dios y su justicia es simple, Dios es infinito, por lo tanto, Dios tiene suficiente para todos. Nunca hay menos Dios, así que cuando usted recibe de la plenitud de las bendiciones espirituales de Dios, de ninguna manera las resta de mí, ni tampoco lo que yo recibo de la naturaleza de Dios lo recibo de usted. No hay nada malo en codiciar lo que existe de forma ilimitada, como tampoco es pecado desear honestamente respirar el aire fresco o tomar el sol.

El Décimo Mandamiento no prohíbe toda la codicia, solo codiciar lo que escasea y que pertenece a alguien más, su cónyuge, su casa, sus empleados, su automóvil, su éxito, su trabajo o sus posesiones.

La primera guerra de Iraq comenzó por causa de la codicia, primero el pensamiento, luego el hecho. Las fuerzas armadas de Iraq invadieron a Kuwait y enseguida la dominaron. Los desesperanzados kuwaitíes vieron sus vidas destruidas, sus mujeres violadas y los hombres muertos o prisioneros y torturados. El pequeño país, a pesar de su gran riqueza, descansaba sin esperanzas ante la fuerza armada de su vecino.

Desde luego, si la mente de Saddam no se hubiera enceguecido por la codicia, él habría reconocido que las naciones del mundo no le iban a permitir una megalómana para ganar hegemonía sobre la fuente clave del petróleo del mundo. Pronto surgió una gran fuerza que sacó a los iraquíes de Kuwait, aplastó su ejército, e impuso sanciones punitivas en la nación. La negativa de Saddam de atenerse a los mandatos de las Naciones Unidas llevaron a la Segunda Guerra del Golfo, la caída de su régimen, la muerte de sus hijos y la ocupación de su país por las fuerzas armadas de los Estados Unidos y sus compañeros de la Coalición.

Todo porque Saddam violó el Décimo Mandamiento.

Las consecuencias de la codicia.

En la década de 1930 otro dictador llamado Adolfo Hitler comenzó a codiciar lo que les pertenecía a sus vecinos. Quería poseer a Sudeten en Checoslovaquia. Quería las tierras del Rin. Quería el puerto de Danzig en Polonia. Por último, codició toda Europa y Rusia. La excusa que usó fue fraudulenta. Él no era un codiciador agresivo; él solo necesitaba *lebensraum* o «espacio para vivir» dicho en alemán.

Su codicia causó la marcha de tropas sacabotas y divisiones blindadas para destruir el corazón de Europa. Los bomberos nazis destruyeron ciudades y villas sin misericordia alguna. Demolieron hogares y factorías. Las carreteras estaban atestadas con una inundación de refugiados. El aire estaba lleno de sollozos y gemidos de personas indefensas. Antes que terminara la locura, se le había dado muerte a cincuenta millones de seres humanos.

Todo porque un loco codició lo que pertenecía a sus vecinos.

Como ya repasé el panorama de la civilización, es difícil encontrar cualquiera de los imperios fabricados en la historia: Alejandro el Grande, los romanos, Atila de los hunos, los godos y visigodos, los vikingos, los mahometanos, Gengis Kan y los mongoles, el turco otomano, el imperio español, Napoleón, los poderes coloniales, que no fueron los primeros motivados por la codicia de lo que no era de ellos. Ellos querían riquezas, despojo, sexualidad desenfrenada con mujeres capturadas, el dominio de los demás, poder, gloria y fama. Solo Dios sabe el sufrimiento que la violación del Décimo Mandamiento ha motivado en la gente del planeta tierra desde su comienzo. Pero como es claro, Dios conoce lo que hay en el alma de algunos hombres codiciosos que acumularon imperios, reinos y una vasta riqueza.

En la década de 1920, John D. Rockefeller era el hombre más rico del mundo. Una vez le preguntaron: «¿Cuánta riqueza es suficiente?» Rockefeller contestó: «¡Solo un poquito más!»

La gente puede ganar fama y fortuna de manera legítima o pueden tramar maneras para quitársela a otra persona. Pueden contentarse con tener comida, ropa, techo y una familia querida, o pueden violar el mandamiento: «No codicies la casa de tu prójimo … ni nada que le pertenezca».

La codicia de un rey

Considere el caso de David, a quien le llamaron «un varón

conforme a su corazón (Dios)» (1 Samuel 13:14). David era el rey de Israel, y a él se le permitía tener un harén de mujeres. Primero se había casado con la hija del rey Saúl, su predecesor. Luego se casó con Abigaíl, la viuda de un hombre rico y mezquino llamado Nabal. Entonces, para satisfacer su antojo, tomó a otras mujeres y tuvo hijos con ellas. Cuando Saúl murió y David fue coronado rey, David tomó para sí las esposas y concubinas de Saúl. Para no decir mucho, este rey vigoroso no tenía privación sexual ni estaba solitario.

Sin embargo, un día de primavera «que era la época en que los reyes salían de campaña» (2 Samuel 11:1), David se quedó en la casa sin mucho que hacer. Mientras caminaba por el techo de su palacio, notó a una hermosa mujer bañándose en una azotea cercana. Esta mujer era la esposa de otro hombre, y David comenzó a codiciarla. La codicia es la fuente de la acción. Como rey, David tenía acceso a todo lo que quisiera. Esta mujer era tan atractiva que David hizo que sus sirvientes se la trajeran, y tuvo relaciones sexuales con ella. Primero la codicia, luego el adulterio.

Pero la historia no termina ahí. Después de unos meses, la mujer mandó a decirle a David que estaba embarazada. Así que David comenzó a controlar los daños. El esposo de ella estaba en el campo de batalla con el ejército, así que David hizo que lo devolvieran al hogar. David lo entretuvo en el palacio, lo emborrachó y lo mandó a dormir a la casa con su esposa. Por desgracia, este hombre era tan justo que se negó a disfrutar las comodidades de su esposa y su hogar mientras que sus compañeros estaban peleando en el campo de batalla. Así que, en un intento desesperado por cubrir su adulterio, David arregló que mataran al esposo en la batalla. Entonces él tomó a la mujer, Betsabé, por esposa.

Hasta el momento David había quebrantado tres de los mandamientos de Jehová. Primero, codició la esposa de otro hombre. Luego cometió adulterio. Después cometió asesinato. Dios mandó a un profeta a David que en otras palabras le dijo: «¿Qué has hecho? Qué increíblemente egoísta eres. Dios te ha dado todo lo que tienes y, como si no fuera suficiente te ha dado mucho más. ¿Por qué hiciste estas cosas? Ahora la espada nunca se apartará de tu casa». Aunque David se arrepintió de su pecado y Dios lo perdonó, sus hijos sufrieron las trágicas consecuencias de su codicia.

Ejemplos diarios de la codicia

Considere esto como un cuento típico de ficción. Un hombre trabaja en una oficina. Él asiste regularmente a la iglesia. Su esposa es atractiva, inteligente, una buena madre y una gran compañera de por vida. Pero en la oficina, trabaja muy cerca a él, una mujer casada con veinte y tantos años, de buen cuerpo con una sonrisa coqueta, facciones claras y pelo sedoso. Sentado al frente de ella, día tras día, el Sr. Típico Trabajador de Oficina comienza a fantasear que algún día ella pueda ser suya. Él la desea, él la codicia. Ya ha violado el Décimo Mandamiento. ¿Pero es eso todo?

Las probabilidades son que el Sr. Típico Trabajador de Oficina se esté engañando. Pero si no, ¿terminará en adulterio? ¿Un rompimiento de su maravilloso hogar? ¿Incluso el asesinato del esposo de la joven dama? Esto no es solo asunto de ficción, puede y sucede en la vida real.

O considere esto. Dos hombres trabajan para la misma compañía. Uno apenas llega a su cuota, el otro tiene mucho éxito. El Vendedor A podría preguntarle qué pudiera aprender él del éxito de su asociado, el Vendedor B. ¿Qué técnicas podría emplear? ¿Es el secreto del éxito del Vendedor B que él trabaja más o que tiene una actitud más positiva? El Vendedor A hasta podría ir a su asociado y humildemente pedirle ayuda para que su actuación mejore.

O él podría desarrollar los celos y comenzar a codiciar el éxito del Vendedor B. Podría tratar de robar a los clientes del Vendedor B o buscar la manera de obtener parte de su territorio. Él podría comenzar a regar falsedades acerca del Vendedor B que resultarían en la pérdida del trabajo de B.

Violar el Décimo Mandamiento con facilidad lleva a robar y calumniar. Por desgracia, lo que llamamos arrancarle la cabeza compitiendo para robar mercados, conceptos, clientes y reputaciones no es solo perfectamente legal, sino que a menudo los que aprecian el éxito material por encima de todo, hasta lo elogian.

La codicia garantiza el fracaso

La Biblia nos dice de un tiempo en la historia de la humanidad cuando la gente quería fabricar un monumento a sus logros que alcanzara el cielo. Ellos estaban construyendo un solo gobierno mundial que intentaba ser el centro de rebelión contra el todopoderoso Dios. de acuerdo con la Biblia, Dios bajó para ver la torre, luego esparció a la gente para que no les fuera posible unirse en rebelión. La reacción de Dios ante esta actividad humana es muy instructiva. «Esta gente», dijo Dios, «tienen una mente y hablan un solo idioma. Ahora nada de lo que se propongan sería imposible para ellos» (véase Génesis 11:1-9, parafraseado por el autor).

Cuando todos los miembros del equipo están trabajando para el bien del equipo, el equipo ganará. Cuando todos los miembros de la compañía están trabajando unidos, tendrán éxito. Nada será imposible para ellos.

Hace unos años, un hombre llamado Napoleon Hill hizo popular un libro que se tituló *Think and Grow Rich* [Piense y hágase rico]. El libro de Hill tenía un tono bastante fuerte de la Nueva Era, como también algunos conceptos bíblicos, uno de los cuales era la creación de lo que llamaba un Plan Maestro de Alianza. Su idea es sana. Para lograr éxito, reúna a tres o cuatro personas que estén plenamente de acuerdo con el plan. No debe haber disputa alguna, ni maledicencia, ni rencor, solo un acuerdo total entre los miembros del Plan Maestro de Alianza.

Compare este concepto del éxito basado en la unidad con las acciones de una organización cuyos miembros están intensamente celosos del éxito de cada uno, que codician las posesiones del otro, que desean los cónyuges de los otros y que no limitan los esfuerzos para disminuir el respeto y logro de los demás miembros del equipo. Esta es una organización donde prevalece la ética «cúbrete la espalda». La armonía garantiza el éxito; la codicia y la división garantiza el fracaso. En palabras de Jesús: «Todo reino dividido contra sí mismo quedará asolado, y toda ciudad o familia dividida contra sí misma no se mantendrá en pie» (Mateo 12:25). Y considere los pleitos increíblemente amargos entre hermanos y hermanas que codician la porción de los bienes de sus padres que le dieron a otro hijo.

Nuestra fascinación con la codicia

Nuestra nación es dada a eso que causará codicia. Cada año la revista *Forbes* publica una lista de las 400 personas más ricas del país. Este artículo hace que la gente desee poseer las riquezas de Bill Gates, Warren Buffett, Michael Dell, Larry Ellison, la familia Walton, la familia Mars, y así sucesivamente. Hace varios años, se calculó, sin duda alguna, que un programa de televisión llamado *Lives of the Rich y Famous* [Las vidas de los ricos y famosos] aumentó la codicia de mansiones, yates carros deportivos importados, ropa de diseñadores, pinturas incalculables y vivir en la Rivera Francesa o en los Hamptons.

En una escala menos opulenta, virtualmente todos los anuncios de la televisión están calculados para que aumente la lujuria por cosas o por un modo de vida diferente o por mujeres de apariencia sensual. La codicia y la lujuria andan mano a mano. Cada una contiene la semilla de acciones que causa una violación física de las leyes de Dios y las leyes de la tierra. La codicia precede al robo en las tiendas, robo de mayor cuantía de autos y de mano armado, la codicia precede el adulterio y el abuso; la codicia precede el romper, entrar y asesinar y la codicia puede llevar a perjurar bajo juramento en un tribunal de leyes. La codicia puede derivar en el tráfico de narcóticos, en la falsificación de dinero, lavado de dinero y crímenes de obreros de oficina, o puede resultar en el robo de identidad, el uso de tarjetas de crédito robadas y fraudulentas. La codicia hasta puede llevar a riñas sangrientas y guerras.

Los Mandamientos Sexto, Séptimo, Octavo y Noveno requieren acciones manifiestas. Es posible que una persona devota diga, en las palabras de un joven gobernador rico que vino a pedirle consejo a Jesús: «Todo esto lo he cumplido desde que era joven» (Marcos 10:20). Después de todo, no hemos matado a nadie, no hemos cometido robos a mano armada, no hemos tenido ninguna aventura adúltera y no hemos mentido como testigos en tribunales.

De muchas maneras somos como el apóstol Pablo, quien mantuvo una evidencia de piedad externa. Pero entonces el Décimo Mandamiento, el cual trata acerca de una actitud de la mente y el espíritu, lo alcanzó y lo prendió. Aquí están sus palabras:

¿Qué concluiremos? ¿Que la ley es pecado? ¡De ninguna manera! Sin embargo, si no fuera por la ley, no me habría dado cuenta de lo que es el pecado. Por ejemplo, nunca habría sabido yo lo que es codiciar si la ley no hubiera dicho: «No codicies.» Pero el pecado, aprovechando la oportunidad que le proporcionó el mandamiento, despertó en mí toda clase de codicia. Porque aparte de la ley el pecado está muerto. En otro tiempo yo tenía vida aparte de la ley; pero cuando vino el mandamiento, cobró vida el pecado y yo morí.

Aunque afirmaban ser sabios, se volvieron necios y cambiaron la gloria del Dios inmortal por imágenes que eran réplicas del hombre mortal, de las aves, de los cuadrúpedos y de los reptiles.

Por eso Dios los entregó a los malos deseos de sus corazones, que conducen a la impureza sexual, de modo que degradaron sus cuerpos los unos con los otros. Cambiaron la verdad de Dios por la mentira, adorando y sirviendo a los seres creados antes que al Creador, quien es bendito por siempre. Amén. (Romanos 7:7-9, 22-25)

El apóstol Pablo reconoció que los deseos internos de su ser que lo empujaban hacia la autogratificación solo se podría controlar por una transformación espiritual en Jesucristo, lo que se llama nacer de nuevo, (véase Juan 3:3). Como él lo dijo: «Por lo tanto, si alguno está en Cristo, es una nueva creación. ¡Lo viejo ha pasado, ha llegado ya lo nuevo!» (2 Corintios 5:17).

Para Pablo, la ley de Dios era algo santo y bueno para nuestro beneficio en la tierra. Pero para él, la mayor bendición de los mandamientos de Dios era que servían como un tutor para guiarnos a Cristo (Gálatas 3:24). Cristo, dijo él, es el fin de la ley para los creyentes (Romanos 10:4). La ley es una sombra de los bienes venideros, pero la última realidad es una existencia celestial con Jesucristo (Hebreos 10:1).

Desde luego, hasta para los pensadores liberales actuales los mandamientos de Dios son una restricción tonta en la actualización del potencial humano, una ofensa de punta a cabo.

En el análisis final, lo que esencialmente nos hace rebelde es la voluntad propia, la voluntad aparte de Dios.

Quebrar el encanto del ego

Hoy, mientras los Estados Unidos están bajo la influencia de aquellos que promueven el individualismo radical y alimentan a nuestra voluntad propia, nosotros, como una nación, nos estamos entumeciendo ante las voces de Dios y la conciencia. Hemos caído bajo el encanto del ego.

James Hillman, un líder en el área del sicoanálisis profundo, escribió *The Force of Character and the Lasting Life* [La fuerza del carácter y la vida perdurable], una exploración de lo que Hillman cree que constituye el «carácter». En él, Hillman alaba el «ego» porque, desde su punto de vista, el ego no tiene «características limitadoras. El ego se combina con Dios».

En otras palabras, el ego es Dios. Cada uno de nosotros es nuestra propia deidad. Esta es la idea que se está apoderando de la nación en la actualidad. Desde sus proponentes liberales para abajo, esta idea se ha infiltrado sigilosamente a través de nuestra cultura, en el gobierno, la educación, ley, finanza, ciencia y nuestras agencias de beneficio social. Cualquiera que se oponga a la supremacía del ego y de la voluntad propia aparte de Dios, es un enemigo.

Hillman es, desde luego, solo una voz entre el panteón de pensadores liberales que promueven el individualismo radical que impulsa la nación actual. Hay muchos otros y cada uno promueve la idea de que liberar el espíritu humano de las limitaciones es salvar la humanidad y reformar la sociedad norteamericana. Con libertad ilimitada, el hombre se levantará a una altura espiritual sin precedentes. Dicho pensamiento es idealista en el mejor de los casos. En el peor, es rebajar a diario el fundamento judeo-cristiano de nuestra sociedad.

Uno de los gigantes espirituales del último siglo, A.W. Tozer, previó los peligros inherentes de promover una espiritualidad que coloca al hombre en el centro de todas las cosas y proclama el ego como supremo. La verdad es que, cuando nos entregamos a nuestros deseos egoístas y vivimos aparte de Dios, nos convertimos en seres corruptos. Creados por Dios y declarados «buenos» a sus ojos, cada uno de nosotros ha seguido su propia voluntad, la cual nos ha guiado a perjudicar a otras personas. Luego de quebrar el Primer Mandamiento, estamos destinados a quebrar estos que vienen después. Todos hemos pecado contra Dios y contra el hombre. Somos pecadores, y las intenciones malignas que salen de nosotros entumen nuestras conciencias y lentamente adormecen nuestras almas. Si no nos despertamos, experimentaremos el sueño de la muerte espiritual. Este es el fin que yace por delante si pasamos todas nuestras vidas apartados de Dios, desafiando sus leyes y adorando el culto del ego.

Aunque es muy terrible estar perdido espiritualmente, no es un estado en el cual estemos encallados sin esperanzas. Tozer escribió: «En la Biblia, el ofrecimiento de perdón de parte de Dios está condicionado a la intención del hombre de reformarse».

Una vez que despertemos al hecho de que hemos obviado a

Dios y quebrantado sus leyes, podemos volver a Dios y recibir gracia. El arrepentimiento no es tanto una manera de sentirse mal acerca de lo que hayamos hecho o dejado de hacer. Sí, tal vez nos sintamos tristes por haber violado las leyes de Dios al reconocer el daño que hemos hecho a otros y a la condición de nuestras almas. A veces las emociones obstaculizan el camino de la verdadera conversión y el crecimiento espiritual continuo. Las iglesias en los Estados Unidos están llenas de personas que se sienten mal acerca de las cosas que hicieron mal, mientras que esto es un comienzo, la verdadera conversión del espíritu de la madurez, la clase que altera la conducta, es un asunto de volver a comenzar con las convicciones correctas, como lo dijo Tozer, con la plena «intención» en nuestros corazones de «reformar».

Reformarse espiritualmente

¿Qué significa reformarse espiritualmente? ¿Quién nos reformará a nosotros?

La Biblia nos dice que somos salvos de la penalidad de nuestro pecado si confiamos en el sacrificio de Jesucristo, que vertió su sangre en la cruz para salvarnos. «Mas a cuantos lo *recibieron*» en su corazón por fe, el apóstol Pablo les dice: «a los que *creen* en su nombre, [Dios] les dio el derecho de ser hijos de Dios». Hijos nacidos no de un descendiente natural «sino que nacen de Dios» (véase Juan 1:12-13). Aquellos que le piden a Dios este gran don de salvación, lo reciben y ninguno se desecha. De esta manera es que nacemos en la familia de Dios.

Recibir a Jesucristo en nuestros corazones es encontrar su Santo Espíritu. Es el Espíritu que se mueve a lugares más profundos dentro de nosotros, allá en nuestra alma, y comienza a sacar a relucir las «intenciones» de nuestros corazones (Romanos 8:27; 1 Corintios 2:10). Es esta operación continua, la obra perspicaz del Espíritu Santo, la que nos muestra diariamente cómo distinguir entre las intensiones egoístas de nuestra humanidad natural y las intenciones más puras de la nueva fuerza en nuestra alma, el Espíritu de Cristo (Hebreos 4:12). A medida que dejemos atrás nuestras actitudes egocéntricas, estaremos reformados desde adentro mientras que el Espíritu de Dios nos dé nuevos ánimos y fuerzas, urgiéndonos para ser dadivosos y actuar con amabilidad, bondad, ser pacíficos ... paz y amor (Gálatas 5:22).

Estar reformados en espíritu no es convertirse en legalistas que señalan con sus dedos a otros y juzgan sus equivocaciones. Es tener el carácter de Cristo formado en nosotros (Gálatas 4:19). De esta manera, surgimos en el mundo como una nueva creación (2 Corintios 5:17), como los hijos e hijas obedientes del Dios vivo. De esta manera, por una confianza interior y diaria en el Espíritu de Dios y la gracia, él nos ayuda a madurar en espíritu y obedecer su ley más y más perfectamente.

Dios, voluntariamente nos da su Espíritu si nos humillamos y se lo pedimos. Por su Espíritu él nos reformará interiormente, creando un nuevo pueblo libre de la ley del pecado y de la muerte ... libre de obedecer las leyes de Dios, que dan vida. Él nos tendrá listos para la obra que necesita hacerse en nuestra nación en esta hora crucial.

Lo que necesita nuestra nación

Si observamos la evidencia: el asesinato del que está por nacer, la violencia desenfrenada, el adulterio, el robo y la mentira que caracteriza a los Estados Unidos, sabremos que necesitamos un avivamiento espiritual arrasador en esta hora de la historia de nuestra nación. No necesitamos conversiones sentimentales que nos den sensaciones cálidas y agradables acerca de Dios y otra gente. Necesitamos una transformación de carácter que llegue de la obra del Espíritu Santo. Esto es lo que necesitamos como individuos. Y si vamos a sobrevivir como una «nación bajo Dios», es también esto lo que necesitamos desesperadamente como país.

A través de este libro hemos examinado detalladamente la necesidad de recuperar el respeto para la ley de Dios. Es cierto que los estadounidenses reaccionamos indignamente cuando los grupos liberales procuran quitar una tabla de piedra con los Diez Mandamientos en un tribunal de Alabama. Reaccionamos cuando alguien sugiere que cambiemos el *Pledge of Allegiance* (Juramento a la bandera) cortando las palabras «bajo Dios». Marchamos para protestar contra las leyes que promueven el aborto y presionamos a nuestros legisladores cuando llega proyectos de leyes ante el Congreso para apoyar modos de vida alternativos que desafían la Palabra de Dios. Debe terminarse el desmantelamiento de la moralidad cristiana sobre la cual se fundaron los Estados Unidos. Nuestras protestas y trabajo público son realmente señales externas de la devoción a Dios, necesarias, incluso críticas, en un mundo donde las voces y los votos todavía influyen en las opiniones de nuestros legisladores.

Pero también debemos recordar que en la economía de Dios, amarlo es obedecerlo. Obedecemos y demostramos nuestro amor por Dios tanto en los hechos de adoración y devoción privada como en la manera en que actuamos respecto a los demás en nuestro mundo cotidiano, nuestros compañeros de trabajo y estudio y los vecinos. Como dijo Jesús: «"Ama al Señor tu Dios con todo tu corazón, con todo tu ser y con toda tu mente" … Éste es el primero y el más importante de los mandamientos. El segundo se parece a éste: "Ama a tu prójimo como a ti mismo"» (Mateo 22:37-39).

La clase de conversión que necesitamos, cada hombre, mujer y niño en los Estados Unidos, es la clase que nos hace testigos vivientes de la realidad y presencia de un Dios santo y amoroso. Debemos tomar una postura a favor de estas dos características que afirman la vida en nuestras calles, escuelas, oficinas, al igual que en nuestros lugares para votar y reuniones públicas. Como una vez observó el apologista cristiano Francis Schaeffer, el amor que está enraizado en la justicia todavía es «la marca del cristiano».

Epílogo

Un plan de acción

El estimado estadista inglés William Wilberforce, cuyo asalto resuelto durante décadas contra el comercio británico de esclavos dio por resultado la abolición en la Gran Bretaña y Estados Unidos, escribió:

> Es una verdad que la historia de todas las edades y países atestigüen y los autores más capaces tanto antiguos como modernos establezcan ... que la religión y la moralidad de un país, especialmente de todas las comunidades libres, estén inseparablemente relacionados con su preservación y bienestar; y que su estado floreciente o en declive sea un indicio seguro de su tendencia para prosperar o decaer. Se ha declarado expresamente que un pueblo groseramente corrupto es incapaz de ser libre.

Wilberforce tenía razón, como los demás incontables estadistas que dejaban claro como el agua que ninguna nación libre puede resistir sin moral pública, y, a cambio, no hay moralidad pública, para citar a George Washington «excluyendo los principios religiosos».

Ninguna nación en la historia ha sobrevivido la sodomía legalizada y el exceso sexual grosero. Ninguna nación en la historia ha sobrevivido aquellos líderes que despojan a las generaciones futuras para asegurar la continuidad en el poder. Ninguna nación es capaz de sobrevivir si se rehúsa pasar a sus jóvenes la historia, tradiciones y normas morales. Ninguna nación puede sobrevivir asesinando a los no nacidos para su propia conveniencia.

¿Acaso los Estados Unidos ha ido muy lejos, o todavía hay una oportunidad para retroceder del abismo que se abre ante nosotros?

Aquí están los hechos. De acuerdo con el programa de televisión en CBS *60 Minutes* [60 minutos], los estadounidenses gastan tanto dinero en el entretenimiento para adultos como en las entradas a los deportes profesionales. Los viles vendedores de obscenidades ahora tienen tanta aceptación como cualquier otro negocio y la pornografía empedernida se ha convertido en un centro importante de ganancia para las grandes corporaciones americanas. ¿Qué hace esto para la estabilidad de la familia y la crianza de los hijos?

Una denominación cristiana en los Estados Unidos no solo le ha dado la bienvenida a los sodomitas, sino que hasta ha ordenado como obispo a un hombre que dejó a su esposa y que hace casi quince años está comprometido en una relación homosexual con otro hombre. Recientemente el Tribunal Supremo de los Estados Unidos decidió no solo que se permita la homosexualidad sino que ahora sea una actividad *garantizada por la Constitución de los Estados Unidos*.

Desde 1973, cuando el Tribunal Supremo declaró que matar a los bebés por nacer era un «derecho constitucional», los estadounidenses han asesinado a un total de cuarenta y cinco millones de vidas por nacer.

Mientras que una corriente de maldad ha estado asaltando a nuestra tierra, el Tribunal Supremo y los tribunales federales subordinados, junto con los dirigentes de la esfera educativa, se unieron en sus esfuerzos incesantes por quitar de los Estados Unidos todas las influencias morales y espirituales que debemos tener para curar la pudrición moral que se está comiendo el corazón de nuestra nación.

Una encuesta realizada en noviembre de 2003 por un grupo conocido como la Fundación para los derechos individuales en la Educación (FIRE, por sus siglas en inglés), reveló una sorprendente ignorancia entre los estudiantes de la universidad y los administradores de escuela en cuanto a nuestros derechos constitucionales más fundamentales. La encuesta que dirigió el Centro de Investigaciones de Censos y Análisis en la universidad de Connecticut reveló que uno de cada cuatro estudiante no podía mencionar ninguna de las libertades que garantiza la Primera Enmienda; solo una minoría de un 30 por ciento consideró que la libertad de religión es un derecho protegido constitucionalmente. Solo el 6 por ciento de los administradores de las universidades y el 2 por ciento de los estudiantes nombraron la libertad de religión como la libertad que la Primera Enmienda estipuló.

Solo el 36 por ciento de los administradores en instituciones privadas y el 50 por ciento de las instituciones públicas creían que los individuos religiosos debían tener la libertad de esparcir sus creencias «de cualquier medio legal que escogierían». El veinticuatro por ciento cree tener el derecho legal de prohibir a un grupo religioso de estudiantes el procurar convertir a los estudiantes a su religión. Sin embargo, un asombroso 49 por ciento de los administradores de las escuelas privadas informaron programas *obligatorios* fuera del currículo «la meta de los cuales es guiar (a los estudiantes) *a valorar todas las preferencias sexuales y reconocer la relatividad de estos valores comparados a los valores de su crianza*» (énfasis añadido por el autor)

¿No es esto espantoso? Son pocos los administradores que reconocen la libertad religiosa, una porción considerable cree que la libertad religiosa se puede restringir arbitrariamente y casi la mitad cree que el lavado de cerebro en cuanto a temas relacionados con la homosexualidad obligatorio para los estudiantes de las universidades, está justificado. Esto es lo mucho que nuestra sociedad se ha alejado de los principios de su fundación.

Pero hay más, se pronostica que el déficit federal en este año fiscal es más de $500 mil millones. Nuestro déficit anual comercial se compara a esa cantidad. Los Estados Unidos es el deudor mayor del mundo por un gran margen y está financiando su despilfarro con préstamos del extranjero que según se estima ascienden a *¡mil millones de dólares diarios!* Nuestro endeudamiento total nacional incluyendo la Seguridad Social y el Medicare [cuidados médicos], se estima en $34 billones de dólares.

Si la mano del todopoderoso Dios se vuelve en nuestra contra, ya están colocados los elementos que podrían traer una derrota financiera de proporciones inimaginables, una derrota que podría servir para humillar a cada uno de nosotros a medida que nos despoja de nuestros empleos, ahorros, casas, nuestro modo de vida y poder como una nación.

Si el pasado sirve de guía, sabemos que un Dios justo no retendrá su juicio para siempre. Una decadencia moral general puede destruir lentamente a una gran nación. Sembramos las semillas de nuestra propia destrucción, o el mismo Dios nos puede hacer mandar repentinos golpes devastadores: temblores de tierra violentos, huracanes y tornados, inundaciones masivas, sequías prolongadas, enfermedades muy difundidas y hasta el impacto de un asteroide. O Dios puede levantar enemigos fieros que solo se deleitan en la destrucción y la muerte.

Conciente o inconcientemente, el ACLU [Liga Nacional de Acción por el Derecho al Aborto], *Planned Parenthood*, la Organización Nacional de Mujeres, la Alianza de Homosexuales y Lesbianas, los Ateístas Estadounidenses, Marxistas, *People for the American Way*, Estadounidenses unidos para la separación de la iglesia y el estado, los que abogan por el progresismo ideológico en la educación, y todos sus aliados a través de la tierra en el Congreso, la legislatura estatal y los medios de comunicación están apurando la destrucción de los Estados Unidos de América y las libertades y modo de vida que todos nosotros disfrutamos.

Si un dueño de una casa normal encontrara a un grupo de personas armadas con martillos neumáticos rompiendo el fundamento de su querida casa, la probabilidad es que haga todo lo que está a su alcance para detenerlas. Sin embargo, durante cien años los enemigos de nuestra tierra nacional han estado golpeando los pilares morales y espirituales que sirven de fundamento a nuestra casa. Ellos hablan de su deseo de ser libres de la religión, libres de las restricciones religiosas y libres «para hacer sus cosas» no importan sus efectos sobre el resto de nosotros.

Cuando gritamos horrorizados que ellos deben parar o nuestras casas se destruirán, cinco hombres y mujeres no elegidos, en batas negras, a menudo votan juntos y emiten fallos que le conceden derechos constitucionales para socavar nuestro fundamento moral, mientras que por otra parte se les prohíbe a nuestros representantes que los detengan.

Entonces, ¿qué debemos hacer mientras todavía queda tiempo?

Lo que usted puede hacer

• Primero, debemos apelar al Único a quien el patriarca Abraham llamó «el Juez de toda la tierra» (Génesis 18:25). Él está más alto que cualquier gobierno de hombre, cualquier congreso de hombres, cualquier presidente, y ciertamente más alto que cualquier tribunal de hombres.

Nuestra nación está en peligro, y como personas debemos humillarnos y rogarle a Dios que detenga al Tribunal Supremo de los Estados Unidos de usurpar injustamente el poder. Nuestro Dios es un Dios de poder y justicia. Si los corazones de su pueblo se humillan y se vuelven a él dejando sus caminos malvados, él promete oír nuestras oraciones y sanar nuestra tierra (2 Crónicas 7:14).

Necesitamos tener un sentido de urgencia. No estoy hablando acerca de tener otra experiencia religiosa sin sentido, sino de hacer la oración desesperada de uno cuya propia vida está en peligro. Una oración como la de John Know, que rogó: «¡Señor, dame a Escocia o me muero!»

• Segundo, es esencial que la reforma moral comience con cada uno de nosotros. No es adecuado para nosotros asistir a reuniones para protestar porque quitan los Diez Mandamientos de los edificios públicos si con nuestras vidas estamos quebrantando los Mandamientos. Necesitamos exaltar a Jehová Dios en los lugares prominentes de nuestras vidas y destruir los ídolos que con tanta facilidad erigimos en nuestros corazones.

¿Exaltan nuestros discursos al Señor, apartamos su día? ¿Honramos a nuestra madre y a nuestro padre? ¿Respetamos la dignidad humana de nuestro compatriota? ¿Somos honestos en nuestro trato con los demás? ¿Somos sexualmente puros y fieles a nuestro cónyuge en pensamientos y hechos? ¿Nos cuidamos de no calumniar a otros, y es nuestra palabra de confiar? ¿Nos cuidamos de no codiciar lo que otros poseen?

Si vivimos los mandamientos de Dios, entonces nuestras vidas probarán un testimonio mucho más eficiente que cualquier tabla de piedra, no importa dónde esté situada.

• Tercero, debemos dejar oír nuestra protesta por las acciones de los tribunales federales. Debemos demostrar a nuestros compatriotas y a nuestros oficiales elegidos lo absurdo que es que una nación de 270 millones de hombres y mujeres libres rindan el control de los aspectos más importantes de nuestra vida nacional a cinco jueces no elegidos.

—Debemos protestar y publicar. Debemos demostrar la verdad de nuestra posición desde el récord de la historia. Debemos organizar simposios eficientes, reuniones en los pueblos, marchas o asambleas. Debemos enviar escritos a revistas distinguidas e insistir que los publiquen.

—Debemos considerar el participar en programas de radio y televisión que reciben llamadas telefónicas, enseñar en las clases de Escuela Dominical a educar nuestros compañeros feligreses acerca de las crisis, poner señales frente a las casas, distribuir calcomanías de parachoques y escribir cartas al editor de nuestros periódicos locales.

—Debemos familiarizarnos con los asuntos, apoyar la aprobación de legislaciones que limiten la judicatura, comunicarnos con los oficiales locales y motivarlos para que apoyen la libertad religiosa, y, desde luego, inscribirnos para votar.

—Luego debemos unir los poderosos esfuerzos de cabildeo

de la voz del pueblo para mostrarle a los miembros del Senado de los Estados Unidos que no toleraremos que unos pocos grupos izquierdistas de intereses creados hagan marionetas de los senadores en los procedimientos para la confirmación judicial. Debemos exigir que cambien las reglas del Senado de los Estados Unidos para prohibir que una minoría de cuarenta senadores se aferren al control del proceso de confirmación judicial y frustren el claro mecanismo del consejo y consentimiento judicial que especifica la Constitución de los Estados Unidos. Debemos insistir en que los senadores que desean secuestrar el gobierno por mayoría, en confirmaciones judiciales, paguen un buen precio, tanto en las primarias subsecuentes como en las elecciones generales.

Nuestro trabajo debe ser resuelto y constante. A pesar de los obstáculos temporales, nunca debemos dejar de seguir adelante hasta que se derrote la tiranía judicial y la Constitución vuelva a tener su lugar central en nuestro gobierno.

- Por último, si todo lo demás falla, nuestros esfuerzos pueden establecer suficiente enojo moral en la nación para que el Congreso y los legisladores estatales vuelvan a tomar el poder que se les da en la Constitución. La Constitución nunca intentó subordinar el Congreso de los Estados Unidos ante el Tribunal Supremo. De hecho, es completamente al revés. El Congreso ha abdicado su poder y con los años el Tribunal aumentó ese poder. Pero solo porque un ladrón robe algo que no es suyo y se quede sin protesta alguna no hay razón para que su dueño legítimo no pueda reclamar lo que es suyo. El Congreso puede reclamar su poder si la voluntad moral y política existe para hacerlo.

Recuerde, el Tribunal Supremo no tiene más poder de ejecución que el que le dio la legislatura y la rama ejecutiva. Como dijo Thomas Jefferson: «Marshall hizo su decreto; ahora veremos si lo aplica». La desobediencia civil es detestable, pero no cuando hay desobediencia a los decretos ilegales o inconstitucionales. Esperemos que dicho enfrentamiento no sea necesario.

Esperemos que los Estados Unidos recupere su herencia espiritual perdida.

Esperemos con fervor y oremos para que de verdad se vuelva a decir que los Estados Unidos es «una nación bajo Dios».

Apéndice

Alabama (1901)

Preámbulo: «Nosotros, los ciudadanos del estado de Alabama, para establecer justicia, asegurar la tranquilidad doméstica y asegurar las bendiciones de libertad para nosotros mismos y nuestra posteridad, *invocamos el favor y la guía del Dios todopoderoso*, de ordenar y establecer la siguiente constitución y forma de gobierno para el estado de Alabama».

Alaska (R. 1956 O. 1959)

«Nosotros, los ciudadanos de Alaska, *agradecidos a Dios* y a los que fundaron nuestra nación y a los pioneros de esta gran tierra, para asegurar y transmitir a las generaciones subsiguientes nuestra herencia de libertad política, civil y religiosa dentro de la Unión de Estados, ordenamos y establecemos esta constitución para el estado de Alaska».

Arizona (1910)

Preámbulo: «Nosotros, los ciudadanos del estado de Arizona, *agradecidos al Dios todopoderoso por nuestra libertad*, ordenamos esta Constitución».

Arkansas (1874)

Preámbulo: «Nosotros los ciudadanos del estado de Arkansas, *agradecidos al Dios todopoderoso por el privilegio de haber escogido nuestra propia forma de gobierno, por nuestra libertad civil y religiosa, y deseando perpetuar sus bendiciones y conseguir lo mismo para nosotros y nuestra posteridad*, ordenamos y establecemos esta Constitución».

California

Preámbulo: «Nosotros, el Pueblo del Estado de California, *agradecidos a Dios Todopoderoso por nuestra libertad, con el propósito de conseguir y perpetuar sus bendiciones*, establecemos esta Constitución».

Colorado (1876)

Preámbulo: «Nosotros, el pueblo de Colorado, *con una profunda reverencia al Gobernador Supremo del Universo*, ... ordenamos y establecemos esta constitución para el «Estado de Colorado».

Connecticut (1965)

Preámbulo: «El pueblo de Connecticut reconociendo con gratitud, la buena providencia de Dios, al permitirles a ellos disfrutar un gobierno libre; ... por lo tanto, después de una cuidadosa consideración y revisión, ordenamos y establecemos la siguiente constitución y forma de gobierno civil».

Delaware (1897)

Preámbulo: *«Por medio de la bondad divina, todos los hombres tienen por naturaleza el derecho de adorar y servir a su Creador de acuerdo con los dictados de su conciencia, ...»*

Artículo 1. 1. Libertad de religión

Sección 1. *Aunque es la obligación de todos los hombres reunirse con frecuencia para la adoración pública del Dios todopoderoso; y la piedad y moralidad, de la cual depende la prosperidad de comunidades, promovemos por medio de la presente ...*

Florida (1885/1968)

Preámbulo: «Nosotros, el pueblo del Estado de la Florida, *agradecidos al Dios Todopoderoso por nuestra libertad constitucional,* con el fin de conseguir sus beneficios, mejorar nuestro gobierno, conseguir la tranquilidad doméstica, mantener el orden público y garantizar los derechos políticos y cívicos iguales para todos, ordenamos y establecemos esta constitución.

Georgia (1777/1983)

Preámbulo: «Para perpetuar los principios del libre gobierno, asegurar la justicia para todos, preservar la paz, promover el interés y la felicidad de los ciudadanos y de la familia, y transmitir a la posteridad el disfrute de la libertad, *nosotros el pueblo de Georgia, apoyándonos en la protección y guía del Dios Todopoderoso,* ordenamos y establecemos esta Constitución».

Artículo 1. Sección 1. Derechos de las personas

Párrafo III, Libertad de conciencia.

Cada persona tiene el derecho natural e inalienable de adorar a Dios, cada uno de acuerdo con el dictado de la propia conciencia de la persona; y sin que la autoridad humana, de ninguna manera, controle o interfiera con dichos derechos de conciencia.

Hawai

Preámbulo: «Nosotros, el pueblo de Hawai, *agradecidos por la Guía Divina,* y concientes de nuestra herencia y singularidad hawaiana como una isla estado, ... por lo tanto ordenamos y establecemos esta constitución para el Estado de Hawai».

Idaho (1890)

Preámbulo: «Nosotros, el pueblo del estado de Idaho, *agradecidos al Dios Todopoderoso por nuestra libertad,* para asegurar sus bendiciones y promover nuestro bienestar común establecemos esta Constitución».

Artículo 1. Sección 4. Garantía de libertad religiosa.

«La práctica y disfrute de la fe y adoración religiosa debe estar garantizada para siempre, y ninguna persona debe negar ningún derecho civil o político, privilegio o capacidad debido a sus opiniones religiosas».

Illionois (1970)

Preámbulo: «Nosotros, el Pueblo del Estado de Illinois —*agradecidos a Dios Todopoderoso par la libertad cívica, política y religiosa que nos ha permitido disfrutar y buscando sus bendiciones sobre nuestros esfuerzos*— ... ordenamos y establecemos esta Constitución para el Estado de Illinois».

Indiana (1851/2001)

Preámbulo: «Con el fin de establecer la justicia, mantener el orden público y perpetuar la libertad; NOSOTROS, el pueblo del estado de Indiana, *agradecidos al Dios Todopoderoso por la libre práctica de los derechos para escoger nuestra propia forma de gobierno,* ordenamos esta Constitución».

Artículo 1. S1.: «Nosotros declaramos, *que todas las personas fueron creadas por igual, que están dotadas por su CREADOR con ciertos derechos inalienables».*

Artículo 1. Sección 2. Derecho de adorar

«Todas las personas deben estar seguras de su derecho natural de adoración al DIOS TODOPODEROSO, de acuerdo con lo que les dicte su propia conciencia».

Iowa

Preámbulo: —Nosotros el pueblo del estado de Iowa, *agradecidos al Ser Supremo por las bendiciones que disfrutamos hasta ahora, y concientes de nuestra dependencia de Él para una continuación de estas bendiciones,* ordenamos y establecemos un gobierno independiente y libre con el nombre del Estado de Iowa … »

Kansas

Preámbulo: «Nosotros, el pueblo de Kansas, *agradecidos al Dios Todopoderoso por nuestros privilegios civiles y religiosos,* para asegurar el pleno disfrute de nuestros derechos como ciudadanos estadounidenses, ordenamos y establecemos esta constitución del estado de Kansas».

Libertad religiosa: *«El derecho de adorar a Dios de acuerdo con los dictados de conciencia nunca deberá infringirse».*

Kentucky (1792/1891)

Preámbulo: «Nosotros, el pueblo del estado de Kentucky, *agradecidos al Dios Todopoderoso por las libertades civiles, políticas y religiosas que disfrutamos, e invocando la continuación de estas bendiciones,* ordenamos y establecemos esta Constitución».

Sección 1: «Todos los hombres son, por naturaleza, libres e iguales, y tienen ciertos derechos inherentes e inalienables, entre los cuales se pueden considerar … Segundo: *El derecho de adorar al Dios Todopoderoso de acuerdo con el dictado de sus conciencias».*

Luisiana (1974)

Preámbulo: «Nosotros, el pueblo de Luisiana, *agradecidos al Dios Todopoderoso por las libertades civiles, políticas, económicas y religiosas que disfrutamos* … ordenamos y establecemos esta constitución».

Maine

Preámbulo: «Nosotros, el pueblo de Maine, … *reconocemos con corazones agradecidos la bondad del Gobernador Soberano del Universo al hacernos posible una oportunidad, de diseño tan favorable, e implorando la ayuda y dirección de Dios para su realización,* acordamos formarnos en un estado libre e independiente, por el estilo y título de Estado de Maine y ordenamos y establecemos la siguiente Constitución para el gobierno del mismo».

Sección 3. *«Todos los individuos tienen un derecho natural e inalienable de adorar al Todopoderoso Dios de acuerdo con el dictado de su propia cons\ciencia, y no se debe herir, molestar o restringir la libertad ni los bienes de ninguna persona por adorar a Dios en la manera y temporada más acorde a los dictados de la conciencia de la persona.*

Maryland (1867/2002)

Preámbulo: «Nosotros, el pueblo del Estado de Maryland, *agradecidos al Todopoderoso Dios por nuestra libertad civil y religiosa,* y tomando en seria consideración las mejores maneras de establecer una buena Constitución en este estado para la segura fundación y más inexpugnable seguridad, por lo tanto, declaramos …»

Artículo 36: *«Como es el deber de cada hombre de adorar a Dios de la manera que considere ser la más aceptable a Él…»*

Artículo 37: *«Ninguna prueba religiosa debe requerirse como una calificación para ningún puesto de ganancia o confianza en este Estado, otra que no sea una declaración de la creencia en la existencia de Dios».*

Artículo 39: «La manera de administrar un juramento o afirmación a una persona debe ser aquella que su persuasión, profesión o denominación religiosa de la cual sea miembro, *por lo general crean ser la confirmación más efectiva mediante la atestación del Ser Divino».*

Massachusetts

Preámbulo: «… Nosotros, por lo tanto, el pueblo de Massachusetts, *reconociendo, con corazones agradecidos, la bondad del gran Legislador del Universo, que nos brinda, en el curso de su providencia,* una oportunidad para deliberada y pacíficamente, sin fraude, violencia ni sorpresa, entrar en un pacto explícito y solemne unos con otros, y de formar una nueva constitución de gobierno civil para nosotros y la posteridad; y piadosamente rogando Su dirección en un designio tan interesante, acordamos, ordenamos y establecemos la siguiente Declaración de Derechos, y Modo de gobierno, como la Constitución del Estado de Massachusetts.

Artículo II. «Es el derecho como el deber de todo hombre en sociedad, en público, y en las temporadas establecidas *adorar el Ser Supremo, el gran Creador y Sostenedor del universo. No se dañará, molestará ni impedirá a ningún sujeto en su libertad o bienes adorar a Dios en la manera y tiempo que acuerden mejor con los mandatos de su conciencia;* o por su declaración o sentimientos religiosos; con tal que no estorbe la tranquilidad pública ni impida o otros su adoración religiosa».

Michigan

Preámbulo: «Nosotros, el pueblo del Estado de Michigan, *agradecidos al Dios Todopoderoso por las bendiciones de libertad,* y sinceramente deseando conseguir la seguridad de estas bendiciones sin disminuirlas para nosotros y nuestra posteridad ordenamos y establecemos esta constitución».

Artículo I, Sec, 4: *«Cada persona debe tener la libertad de adorar a Dios de acuerdo con los dictados de su propia conciencia».*

Minnesota (1897/1998)

Preámbulo: «Nosotros, el pueblo del estado de Minnesota, *agradecidos a Dios por nuestra libertad civil y religiosa, y deseando perpetuar estas bendiciones y conseguir lo mismo para nosotros y para la posteridad,* ordenamos y establecemos esta Constitución».

Misisipí (1890)

Preámbulo: «Nosotros, el pueblo de Misisipí reunidos en una convención, agradecidos al Dios Todopoderoso, e involucrando sus bendiciones en nuestro trabajo, ordenamos y establecemos esta Constitución».

Artículo 3, Sec, 18. «No se debe requerir ninguna prueba como una calificación para un puesto; ni se debe tener ni dar preferencia alguna por ley a ninguna secta religiosa o modo de adorar; si no que deben considerarse sagrados el libre disfrute de los sentimientos de todas las religiones y los modos diferentes de adorar. Por lo tanto, los derechos aquí asegurados no se deben interpretar para justificar actos licenciosos que perjudique la moral, que hagan peligrar la paz y la seguridad del estado, *ni excluir la Santa Biblia del uso en cualquier escuela pública de este estado*».

Misuri

Preámbulo: «*Nosotros, el pueblo de Misuri, con profunda reverencia por el Gobernador Supremo del Universo, y agradecidos por su bondad,* establecemos esta constitución para el mejor gobierno del estado».

Artículo 1 Sec. 5: «*Que todos los hombres tengan un derecho natural e inexpugnable de adorar al Dios Todopoderoso de acuerdo con el dictado de sus propias conciencias*».

Montana

Preámbulo: «Nosotros, el pueblo de Montana, *agradecidos a Dios por la serena belleza de nuestro estado, la grandeza de nuestras montañas, lo vasto de nuestras planicies onduladas y el deseo de mejorar la calidad de vida, igualdad de oportunidades y obtener las bendiciones de libertad para esta y las futuras generaciones,* ordenamos y establecemos esta constitución».

Nebraska

Preámbulo: «Nosotros, el pueblo, *agradecidos al Dios Todopoderoso por nuestra libertad,* ordenamos y establecemos la siguiente declaración de derechos y estructura de gobierno, como la Constitución del Estado de Nebraska».

Artículo 1. Sec. 4: «*Todas las personas tienen un derecho natural e inexpugnable de adorar al Dios Todopoderoso de acuerdo con lo que les dicte su propia conciencia».*

Nevada

Preámbulo: «Nosotros, el pueblo del Estado de Nevada, *agradecidos al Dios Todopoderoso por nuestra libertad, para asegurar sus bendiciones,* asegurar la tranquilidad doméstica, y formar un gobierno más perfecto, establecemos esta Constitución».

Nuevo Hampshire (1784/1990)

[Art.] 5. [Reconocimiento de la libertad religiosa] *«Todos los individuos tienen un derecho natural e inalienable de adorar a Dios* de acuerdo con los dictados de su propia conciencia y razón».

Nuevo Jersey (1947)

Preámbulo: «Nosotros, el pueblo del Estado de New Jersey, *agradecidos al Dios Todopoderoso por la libertad civil y religiosa la cual él nos ha permitido durante tanto tiempo disfrutar y buscando de él una bendición para nuestras empresas para conseguir y transmitir lo mismo intacto para las generaciones sucesivas,* ordenamos y establecemos esta Constitución».

New Mexico (1911/1974)

Preámbulo: «Nosotros, el pueblo de New Mexico, *agradecidos al Dios Todopoderoso por la bendición de libertad y para conseguir las ventajas de un gobierno estatal,* ordenamos y establecemos esta constitución».

New York (1938/2002)

Preámbulo: «Nosotros, el pueblo del Estado de New York, *agradecidos al Dios Todopoderoso por nuestra libertad, para conseguir sus bendiciones,* establecemos esta constitución».

North Carolina

Preámbulo: «Nosotros, el pueblo del Estado de North Carolina, *agradecidos al Dios Todopoderoso, el Soberano Gobernador de las Naciones, por la preservación de la Unión Americana y la existencia de nuestras libertades civiles, políticas y religiosas, y reconociendo nuestra dependencia de él para la continuación de estas bendiciones para nosotros y nuestra posteridad,* hacemos, para la mayor seguridad y un mejor gobierno de este estado, ordenamos y establecemos esta Constitución».

Artículo 1. Sec. 13. *«Todas las personas tienen un derecho natural e ina-lienable de adorar al Dios Todopoderoso de acuerdo con los dictados de su propia conciencia, y ninguna autoridad humana debe, cualquiera que sea el caso, controlar o interferir con los derechos de conciencia».*

North Dakota

Preámbulo: «Nosotros, el pueblo de North Dakota, *agradecidos al Dios Todopoderoso por las bendiciones de la libertad civil y religiosa,* ordenamos y establecemos esta constitución».

Sección 3. *«El libre ejercicio y disfrute de la profesión religiosa y adora-ción, sin discriminación ni preferencias debe garantizarse para siempre en este estado».*

Ohio

Preámbulo: «Nosotros, el pueblo del Estado de Ohio, *agradecidos a Dios Todopoderoso por nuestra libertad, para conseguir sus bendicio-nes y promover nuestro bienestar común,* establecemos esta Constitu-ción».

1.07 «Derechos de conciencia, educación, la necesidad de religión y conocimiento (1851). *Todos los hombres tienen un derecho natural e inex-pugnable de adorar al Dios Todopoderoso de acuerdo con los dictados de su propia conciencia. … Sin embargo, siendo la religión, la moralidad y el cono-cimiento esenciales para un buen gobierno, será el deber de la asamblea gene-ral aprobar leyes apropiadas para proteger cada denominación religiosa en el disfrute apacible de su propio modo de adoración pública, y motivar las escue-las y los medios de instrucción».*

Oklahoma (1907/1975)

Artículo I. Sec 2 *«La perfecta tolerancia de los sentimientos religiosos debe ser segura, y no se debe molestar a la persona o propiedad a nin-gún habitante del Estado por causa de su modo de adoración religio-sa».*

Oregon (1857/1859)

Artículo 1, Sección 2. *«Todos los hombres deben tener la seguridad del derecho natural, para adorar al Dios Todopoderoso de acuerdo con los dictados de sus propias conciencias».*

Pensilvania

Preámbulo: «Nosotros, el pueblo del estado de Pensilvania, *agradeci-dos al Dios Todopoderoso por la bendiciones de libertad civil y religio-sa, humildemente invocamos Su guía,* ordenamos y establecemos esta Constitución.

Artículo I. Sec. 3 «*Todos los hombres tienen un derecho natural e inexpugnable de adorar al Dios Todopoderoso de acuerdo con los dictados de su propia conciencia*».

Artículo I. Sec. 4 «*Ninguna persona que reconozca la existencia de un Dios y un estado futuro de recompensas y castigos debe, por causa de sus sentimientos religiosos, ser descalificada para tener un puesto o lugar de confianza o ganancia bajo este estado*».

Rhode Island (1843)

Preámbulo: «Nosotros, el pueblo del estado de Rhode Island y Providence Plantations, *agradecidos al Dios Todopoderoso por las bendiciones de libertad civil y religiosa, las que nos ha permitido durante un gran tiempo disfrutar y buscando de él una bendición hacia nuestras empresas para asegurar y transmitir lo mismo*, intacto, a las generaciones sucesivas, ordenamos y establecemos esta Constitución de gobierno».

Artículo I. Sec. 3 «*Como Dios creó la mente dotándola con libertad;* y todo intento de influir en ella con castigos temporales, cargas o límites civiles tiende a engendrar hábitos de hipocresía o mezquindad; *y como el objeto principal de nuestros venerables antepasados en su emigración a este país y la colonización de este estado fue como decían: Hacer un experimento vivo de forma que un estado civil floreciente pueda permanecer mejor con plena libertad en cuanto a la religión*».

South Carolina

Sec. 2. «*La Asamblea General no deberá hacer una ley respecto a un establecimiento de religión ni prohibición del libre ejercicio de esta*, ni abreviar la libertad de expresión o de la prensa; ni el derecho de la persona para reunirse pacíficamente y hacer petición al gobierno o cualquier departamento de este para remediar los agravios».

South Dakota

Preámbulo: «Nosotros, el pueblo de South Dakota, *agradecidos al Dios Todopoderoso por nuestras libertades civiles y religiosas* ... ordenamos y establecemos esta Constitución para el estado de South Dakota».

Artículo 6. Sec. 3. «*El derecho de adorar a Dios de acuerdo con los dictados de conciencia nunca deberán infringirse*».

Tennessee

Artículo I. Sec. 3 «*Que todos los hombres tengan un derecho natural e inexpugnable de adorar al Dios Todopoderoso de acuerdo con los dictados de su propia conciencia...*»

Texas

Preámbulo: «*Con humildad invocamos las bendiciones del Dios Todopoderoso, el pueblo del Estado de Texas, ordena y establece esta Constitución*».

Utah

Preámbulo: «*Agradecidos al Dios Todopoderoso por la vida y libertad*, nosotros, el pueblo de Utah, para conseguir y perpetuar los principios de libre gobierno, ordenamos y establecemos esta Constitución».

Vermont (1793)

Artículo 3. «*Que todas las personas tengan un derecho natural e inexpugnable de adorar al Dios Todopoderoso, de acuerdo con los dictados de sus propias conciencias y comprensiones, guiada por la Palabra de Dios, según la opinión de la persona*».

Virginia

Artículo I. Sec. 16, «*Que la religión o el deber que le debemos a nuestro Creador, y la manera de cumplirlo, la pueden dirigir solo la razón y la convicción, y esto no por la fuerza ni la violencia; y, por lo tanto, todos los hombres tienen el mismo derecho de ejercer libremente la religión, de acuerdo con los dictados de su conciencia, y que es la obligación mutua practicar la paciencia, amor y caridad cristiana del uno para el otro*».

Washington

Preámbulo: «Nosotros, el pueblo del Estado de Washington, *agradecidos al Supremo Gobernador del Universo por nuestra libertad*, ordenamos esta constitución».

West Virginia

Preámbulo: «Ya que mediante la Providencia Divina disfrutamos las bendiciones de la libertad civil, política y religiosa, nosotros, el pueblo de West Virginia, en y a través de las provisiones de la Constitución, *reafirmamos nuestra fe y constante dependencia de Dios* y buscamos con diligencia promover, preservar y perpetuar un buen gobierno en el estado de West Virginia para el bienestar común, la libertad y la seguridad de nosotros mismos y de nuestra posteridad».

Wisconsin

Preámbulo: «*Nosotros, el pueblo de Wisconsin, agradecidos al Dios*

Todopoderoso por nuestra libertad, para asegurar sus bendiciones, formar un gobierno más perfecto, asegurar la tranquilidad doméstica y promover el bienestar general, establecemos esta constitución».

Wyoming

Preámbulo: «*Nosotros, el pueblo del Estado de Wyoming, agradecidos a Dios por nuestras libertades civiles, políticas y religiosas, y deseando asegurarlas para nosotros mismos y perpetuarlas para nuestra posteridad,* ordenamos esta Constitución».

---

[1] Cursivas solo para énfasis del autor

Bibliografía selectiva

Libros, artículos, documentos

American Academy of Pediatrics Committee on Public Education [Comité de la Academia americana de pediatras sobre la educación pública], «Media Violence» [Violencia en los medios de comunicación], *Pediatrics* [Pediátricas], Vol. 68, No. 5., Noviembre 2001, http://www.aap.org.

Barclay, William, *The Ten Commandments* [Los Diez Mandamientos], John Knox Press, Westminster, 2003.

Bork, Robert H., *Coercing Virtue: The Worldwide Rule of Judges* [Virtud coercitiva: El gobierno mundial de los jueces], AEI Press, Washington, D.C., 2003.

Bork, Robert H., *The Tempting of America: The Political Seduction of the Law* [La tentación de los Estados Unidos: La seducción política de la ley], Free Press, Nueve York, 1990.

Briscoe, D. Stuart, *The Ten Commandments: God's Rules for Living* [Los Diez Mandamientos: Las reglas de Dios para vivir], Waterproof Press, Colorado Springs, CO, 1995.

Calvino, Juan y el traductor Benjamin W. Farley, *John Calvin's Sermons on the Ten Commandments* [Sermones de Calvino sobre los Diez Mandamientos], Baker Books, Grand Rapids, MI, 2001.

Carter, Chelsea J., «U.S. Leads Richest Nations in Gun Deaths» [Los EE.UU. tienen más muertes por armas que cualquier otra nación próspera], *Associated Press* [Prensa asociada], 17 de abril de 1998 http://www.guncite.com.

Cheever, George B., ed., *The Journal of the Pilgrims at Plymouth in New England, in 1620* [El diario de los peregrinos en Plymouth, Nueva Inglaterra en 1620], http://www.churchstatelaw.com.

Conlin, Michelle con Jessi Hempel, «Unmarried America» [Norteamérica sin casarse], *Business Week Online* [Semana empresarial en la Internet], 20 de octubre de 2003, businessweek.com.

Cromie, William J., «System Tracks Gun Deaths: Details Are Being Collected on Murders, Suicides in the U.S» [Sistema registra muertes por armas: Se están reuniendo los detalles de asesinatos y suicidios en los EE.UU.], *Harvard University Gazette*, 28 de septiembre de 2000 http://www.news.harvard.edu.

Davidman, Joy., *Smoke on the Mountain: An Interpretation of the Ten Commandments* [Humo sobre la montaña: Una interpretación de los Diez Mandamientos], John Knox Press, Westminster, 1985.

Devlin, Patrick, *The Enforcement of Morals* [La ejecución de las leyes morales], Oxford University Press, Londres y Nueve York, 1965.

Elliot, Jonathan, *The Debates of the Several State Conventions on the Adoption of the Constitution* [Los debates de las varias convenciones estatales sobre la adopción de la Constitución], 2da ed., J.B. Lippincott Company, Filadelfia, PA, 1907.

Federer, William J., *The Ten Commandments and Their Influence on American Law* [Los Diez Mandamientos y su influencia en la ley americana], AmeriSearch, Incorporated, St. Louis, MO, 2002.

Foundation for Individual Rights in Education [Fundación de los derechos individuales en la educación], «FIRE Survey» [Encuesta FIRE], Noviembre 2003, http://www.thefire.org.

Hanson, Jeff, *The Mars Hill Review* [La revista del Aerópago], No. 12., Mars Hill Forum, Bainbridge, WA, otoño 1998.

Hill, Napoleon, *Think and Grow Rich* [Piense y hágase rico], Renaissance Books, Los Ángeles, CA, 2001.

Hillman, James, *The Force of Character and the Lasting Life* [La fuerza del carácter y la vida perdurable], Random House, Nueve York, 1999.

Himmelfarb, Gertrude, *One Nation, Two Cultures* [Una nación, dos culturas], Knopf, Nueve York, 1999.

Hybels, Bill, *Engraved on Your Heart: Living the Ten Commandments Day by Day* [Grabados en su corazón: Viva los Diez Mandamientos día por día], Cook Communications Ministries, Colorado Springs, CO, 2000.

Inaugural Addresses of the Presidents of the United States from George Washington to Bill Clinton [Discurso inaugural de los presidentes de los Estados Unidos desde George Washington hasta Bill Clinton], Champaign, IL: Project Gutenberg; e-Books.

Isaac, Robert y Samuel Wilberforce, *The Life of William Wilberforce* [La vida de William Wilberforce], Vol. 1, John Murray, Londres, 1838.

Joseph, Mike M., *Middle East: Blueprint for the Final Solution: The Coming Fall and Rise of Western Democracy* [Medio Oriente: Prueba para la Solución final: La inminente caída y resurgimiento de la democracia occidental], 1ˢᵗBooks Library, Bloomington, IN, 2003.

Kimball, Roger, *The Long March* [La gran marcha], Encounter Books, San Francisco, 2000.

Kramer, Noah, *Mythologies of the Ancient World* [Mitologías del mundo antiguo], Anchor, 1960.

Kraft, Steve, «Porn in the U.S.A.» [La pornografía en los EE.UU.], *60 Minutes*, 21 de noviembre de 2003, http://cbsnews.com (televisado el 25 de noviembre de 2003).

Laband, David N. y Deborah Hendry Heinbuch, *Blue Laws: The History, Economics, and Politics of Sunday-Closing Laws* [Leyes azules: La historia, economía y política de las leyes de cierre los domingos], Roman & Littlefield, Langham, MD, 1987.

Lasch, Christopher, *The Revolt of the Elites and the Betrayal of Democracy* [La revuelta de las élites y la traición de la democracia], W.W. Norton, Nueve York, NY, 1995.

«Making It Add Up» [Hacer que se sume], *Los Angeles Times* editorial, 21 de abril de 1986.

Martin, Glen S., *God's Top Ten List: The Ten Commandments* [Lista de las diez prioridades de Dios: Los Diez Mandamientos], Moody Press, Chicago, IL, 1999.

Mehl, Ron, *The Ten-der Commandments: Reflections on the Father's Love* [Los mandamientos tiernos: Reflexiones sobre el amor del Padre], Multnomah Publishers, Sisters, OR, 2001.

Mikva, Rachel S., ed., *Broken Tablets: Restoring the Ten Commandments and Ourselves* [Las tablas de la ley rotas: Restauración de los Diez Mandamientos y de nosotros], Jewish Lights Publishing, Woodstock, VT, 1999.

Moore, Thomas, *Care of the Soul* [Cuidado del alma], HarperCollins, Nueve York, NY, 1992.

Morgan, G. Campbell, *The Ten Commandments* [Los Diez Mandamientos], Emerald House, Septiembre 1997.

Murray, Andrew, David Hazard, ed., *Mighty Is Your Hand* [Poderosa es la mano de Dios], Bethany House Publishers, Minneapolis, MN, 1994.

National Commission on Excellence in Education [Comisión nacional sobre la excelencia en la educación], «A Nation at Risk» [Una nación en riesgo], 26 de abril de 1983, http://www.ed.gov.

Neuhaus, Richard John, *The Naked Public Square: Religion and Democracy in America* [La plaza pública al desnudo: Religión y democracia en los Estados Unidos], W.B. Eerdmans, Grand Rapids, MI, 1984.

Nisbet, Robert, *Prejudices: A Philosophical Dictionary* [Prejuicios: Un diccionario filosófico], Harvard University Press, Cambridge, MA, 1982.

O'Callaghan, E.B., ed., *Documents Relative to the Colonial History of the State of New-York* [Documentos relativos a la historia colonial del estado de Nueva York], http://www.churchstatelaw.com.

Penn, William, *Select Works of William Penn. To Which is Prefixed a Journal of His life* [Obras selectas de William Penn. a la cual sc adjunta un diario de su vida], http://www.churchstatelaw.com.

Peterson, Merrill D., ed., *Thomas Jefferson: Writings* [Escritos de Thomas Jefferson], pp. 346-48 (1984), http://www.churchstatelaw.com.

Phillips, Timothy R. y Dennis L. Okholm, eds., *Christian Apologetics in the Postmodern World* [Apologética Cristiana en el Mundo Postmoderno], InterVarsity Press, Downers Grove, IL, 1995.

Poore, Ben Berley, ed., *The Federal and State Constitutions, Colonial Charters, and Other Organic Laws of the United States 1888—93* [Las constituciones federales y estatales, fuero colonial, y otras leyes orgánicas de los Estados Unidos 1888-93], 2nd ed., http://www.churchstatelaw.com.

Rabkin, Jeremy, *Why Sovereignty Matters* [Por qué importa la soberanía], AEI Press, Washington, D.C., 1998.

Reisman, Judith A., *Kinsey: Crimes & Consequences* [Kinsey: Crimenes y consecuencias], 2da Edición, The Institute for Media Education, Inc., Crestwood, KY, 1998, 2000.

Rushdie, Salman, *The Satanic Verses* [Los versos satánicos], Picador, Nueve York, NY, 2000.

Salemi, Peter, «The Plain Truth about Islam and Other Religions [La simple verdad acerca del Islamismo y otras religiones], www.cgsf.org.

Schlessinger, Laura y Rabbi Stewart Vogel, *The Ten Commandments: The Significance of God's Law in Everyday Life* [Los Diez Mandamientos: El significado de la ley de Dios en la vida cotidiana], HarperCollins Publishers, Nueve York, NY, 1998.

Shane, Scott, «Locked Up in Land of the Free» [Encarcelado en la tierra de la libertad], *Baltimore Sun,* 1ro de junio de 2003.

Singh, S., & Darroch, J.E., «Adolescent Pregnancy and Childbearing: Levels and Trends in Developed Countries» [Embarazo de los adolescentes y parto: Niveles y tendencias en los países desarrollados], *Family Planning Perspectives* [Perspectivas de la natalidad planeada], 32, 2000.

Statistical Abstract of the United States: 2002 [Resumen estadístico de los Estados Unidos: 2002], Ed. 122, Washington, D.C., U.S. Census Bureau.

Stedman, Edmund C. y Ellen Hutchinson, eds., *IV A Library of American Literature* [Una biblioteca de literatura americana], pp. 36-38, http://www.churchstatelaw.com.

Tozer, A.W., *The Knowledge of the Holy* [El conocimiento de lo santo], Harper & Brothers, Nueve York, NY, 1961.

Tozer, A.W., *The Root of the Righteous* [La raíz de los justos], Moody Press, Chicago, IL, 1955.

Van Biema, David, «Buddhism in America» [Budismo en los Estados Unidos], *Time,* 13 de octubre de 1997.

Washington, George, «The Farewell Address» [Discurso de despedida], *The Papers of George Washington* [Los papeles de George Washington], Universidad de Virginia, http://gwpapers.virginia.edu.

Washington, Henry A., ed. *8, The Writings of Thomas Jefferson* [Tomo 8, Los escritos de Thomas Jefferson], http://www.churchstatelaw.com.

Weber, Max, *The Sociology of Religion* [La sociología de la religión], Beacon Press, Boston, 1963.

West, Michael D., «Back to Immortality: The Opportunities and Challenges of Therapeutic Cloning» [De vuelta a la inmoralidad: Las oportunidades y desafíos de la clonación terapéutica], *Life Extension Magazine* [Revista de la extensión de la vida], Life Extension Media LLC, Fort Lauderdale, FL, Noviembre 2003.

Wolfe, Alan, *The Transformation of American Religion: How We Actually Live Our Faith* [La transformación de la religión norteamericana: Cómo vivimos realmente nuestra fe], Simon & Schuster/Free Press, Nueve York, NY, 2003.

Sitios del internet

FindLaw, http://www.findlaw.com

FrontPage Magazine [Revista de primera página], 23 de agosto de 2000, http://www.frontpagemag.com

Hinduism Today [Hinduísmo actual], http://www.hindunet.org

Legal Information Institute [Instituto de información legal], http://www.law.cornell.edu

PBS NewsHour [Hora noticiosa del Sistema público de transmisión], http://www.pbs.org

The Supreme Court [El Tribunal Supremo], http://www.supremecourtus.gov

World Jewish Congress [Congreso mundial de los judíos], http://www.wjc.org.il

Nos agradaría recibir noticias suyas.
Por favor, envíe sus comentarios sobre este libro
a la dirección que aparece a continuación.
Muchas gracias.

ZONDERVAN

EDITORIAL VIDA
7500 NW 25th Street, Suite 239
Miami, Florida 33122

Vidapub.sales@zondervan.com
http://www.editorialvida.com